퇴직 후
나는
다른 일을 한다

퇴직 후 나는 다른 일을 한다

2022년 01월 31일 제1판 발행
2023년 07월 05일 제2판 발행

지은이 김부규 | **펴낸이** 이찬규 | **교정교열** 정난진 | **펴낸곳** 북코리아
등록번호 제03-01240호 | **전화** 02-704-7840 | **팩스** 02-704-7848
이메일 ibookorea@naver.com | **홈페이지** www.북코리아.kr
주소 13209 경기도 성남시 중원구 사기막골로 45번길 14 우림2차 A동 1007호
ISBN 978-89-6324-875-2 (03190)

값 17,000원

제2판

퇴직 후
나는
다른 일을 한다

김부규 지음

북코리아

제2판 들어가는 말

퇴직을 4~5년 앞두고 야심 차게 생애 첫 책 출판에 도전하여 계획한 대로 실현되어 가는 것이 너무나 신기하고 뿌듯했다. 많은 인생 선배분이 선뜻 인터뷰에 응해 주시고 도와주셔서 큰 어려움 없이 이 책의 초판을 쓸 수 있었다.

책 출판에 있어서 가장 큰 과제는 출판사로부터 원고 출판 제안을 받는 것이다. 인터뷰를 시작한 초기부터 은퇴자나 주변 지인들로부터 아이디어가 좋다는 평을 많이 들어왔던 터라 출판사 문은 쉽게 열릴 것으로 생각했다. 그러나 생각만큼 쉽지가 않았다. 시간과의 싸움이 시작되었다. 하루하루 간절함으로 변해갔다.

유교 경전 五經(오경) 중 하나인 『周易(주역)』의 「繫辭下傳(계사하전)」 제2장에 이런 말이 나온다.

'窮則變, 變則通'(궁즉변 변즉통). 그 줄임말이 '窮則通(궁즉통)'이다.

간절하면 통한다는 말이다. 포기하지 않고 간절히 문을 두드리니까 통하더라. 북코리아로부터 정식 출판 제안이 들어왔다. 출판 계약을 맺고 돌아오는 길은 필자가 마치 왕이 된 듯한 기분이었다.

두 번째는 인터뷰 대상자 섭외다. 지인을 통해 필자가 원하는 직종에 종사하시는 분을 추천받거나 우연한 기회에 알게 되어 인터뷰 요청을 해도 "내가 뭐 대단한 일을 한다고 인터뷰식이나 하냐?"라고 하며 극구 고사하신 분들이 많았다. 필자 또한 유명한 사람이 아니다 보니 인터뷰 대상자 입장에서는 더더욱 신뢰하기 어려운 면도 있었을 것이다.

그러나 이 또한 알음알음 친분이 있는 사람들에게 부탁도 하고, 고사하신 분을 여러 차례 찾아가서 적극 설득함으로써 문제를 해결하려고 노력했다.

인터뷰에 응해주신 은퇴자의 주옥같은 실제 인생 경험담은 삶의 방향을 찾고 있는 예비 퇴직자들에게는 인생 나침반으로 삼아야 할 명언들이다.

> "퇴직하면 뭐 할 게 있겠지 싶었는데 절대 그렇지 않다는 걸 뼈저리게 체험했다"
>
> "은퇴 후에 뭔가 빨리 결과를 봐야 한다는 심한 압박감이 몰려왔다."
>
> "무엇보다 좋아해야 한다. 좋아하니까 극복하는 길도 생기는 것이다"
>
> "노는 것 위주의 취미생활은 금방 싫증 난다. 생산적인 활동을 해야 건강하게 오래간다" 등등

은퇴자들은 어쩌다 노인의 대열에 들어섰다. 누구든 거부할 수 없는 나의 미래다. 육십 고개를 넘기기 전에 이 명언들을 두고두고 곱씹으며 가슴에 깊이 새기고 한 번도 가보지 않은 길의 방향타로 삼길 바란다.

이 책 제1판에는 20명의 인터뷰를 실었으나 여러 가지 여건이 허락하지 않아 유통에 어려움을 겪다가 오마이뉴스에 연재된 후속 인터뷰와 함께 엮어 개정증보판을 내기로 했다. 출판사 대표님께서 흔쾌히 수락해 주셔서 두 번째 책을 낼 수 있게 되었다.

인터뷰에 응해 주신 많은 인생 선배님께 깊은 감사의 말씀을 먼저 드린다. 그리고 못난 작가 때문에 호되게 마음고생을 했으면서도 출판 수락을 해주신 이찬규 대표님께 이 자리를 빌려 감사의 말씀을 드린다. 또 부족한 책 구석구석을 빛이 나게 다듬어주신 출판사 오유경 선생님께도 감사드린다.

더 나은 제2 인생을 위하여

김부규

제1판 들어가는 말

1955년부터 1963년 사이에 폭발적으로 인구를 증가시킨 베이비 부머(baby boomer) 세대는 대한민국을 세계 최빈국에서 세계 10위권 경제대국으로 만든 역군이며, 세계가 부러워하며 닮고 싶어 하는 국가로 만든 장본인이다. 그러나 최근 경제대국 건설 역군이던 65세 이상 노령층은 빈곤과 자살이라는 비참한 현실 앞에 내몰렸다.

한국의 노인 빈곤율은 2018년 43.4%로, OECD 평균(14.8%)의 약 3배에 달했다. G5 국가인 미국(23.1%), 독일(10.2%), 영국(14.9%), 프랑스(4.1%), 일본(19.6%)보다 비교하기 민망할 정도로 높았다.

또한 2019년 기준 우리나라 인구 10만 명당 65세 이상 노인 자살률은 46.6명으로 OECD 평균(17.2명)을 2배 이상 뛰어넘었고, 2위인 슬로베니아(36.9명)와도 현격한 차이로 앞섰다(보건복지부 『2021 자살예방백서』).

이와 같이 우리나라 노인 문제는 급속한 경제발전만큼이나 빠르게 사회문제로 부각했다. 은퇴 후의 삶은 녹록지 않다. 일자리 부족은 빈곤으로 연결된다. 더 일하고 싶지만, 나이에 맞는 일자리가 없다. 그렇다고 넋 놓고 누가 일을 주기만을 기다릴 수는 없다. 적극적으로 찾아 나서야 한다.

나는 은퇴 이후의 삶에 관심을 갖고 제2의 인생을 성공적으로 개척하신 분들의 이야기를 찾아 나섰다. 자신에게 맞는 일을 찾아 열정적으로 일하고 계신 분들이 생각보다 많았다. 그리고 은퇴는 아니지만 50세 전후에 전직해야 하는 절박한 상황에서 완전히 새로운 직업에 도전하여 안착하신 분들도 있었다.

나 역시 베이비붐 세대 끝자락에서 1~2년 뒤진 세대로 퇴직을 10여 년쯤 남겨놓은 시점부터 퇴직 후의 삶을 고민해왔다. 나는 예비 퇴직자로 경기도 부천시에 재직 중인 28년 차 공무원이다. 퇴직 후 어떻게 사는 것이 바람직한지에 대한 고민은 자연스럽게 책으로 연결되었다. 도서관에서 퇴직 후의 생활이나 취업 등에 관한 책을 많이 읽었다. 어떤 책을 읽어야 하는지도 모르고 무턱대고 눈길이 가는 책을 두루두루 읽기 시작했다. 비슷한 내용의 퇴직 지침서들이 대부분이었다.

한 가지 직업에 관해 상세하게 엮어놓은 책은 몇 권 있었다. 피자 가맹점을 운영하며 인생 2막의 실제 경험담을 실은 『빨간 모자 아저씨의 거침없는 도전』(신재규, 2020)과 어쩌다 편의점 주인이 되어 6년이 넘는 기간 동안 편의점의 일상을 재조명한 생활 밀착 에세이 『매일 갑니다, 편의점』(봉달호, 2018) 등이 그것이다.

은퇴 후 또는 40~50대 전직 후 새 인생 개척 사례에 관한 개인적인 실제 경험담과 그들이 살아가는 이야기를 모아 요약하여 정리해놓은 책은 없었다. 그때 번쩍 떠오른 아이디어가 제2 인생 이야기 인터뷰였다.

내가 궁금하면 다른 사람들도 마찬가지로 궁금할 것이다. 나와 그들에게 도움이 될 수 있는 직업 또는 일거리를 찾아 새 인생을 개척하신 분들을 인터뷰하기로 마음먹고 인터뷰 관련 책을 섭렵해나가기 시작했다.

내가 읽은 책 중에 『300 프로젝트』(조연심 · 김태진, 2014)라는 책이 있다. 100명의 인터뷰와 100권의 책을 읽고, 100개의 칼럼을 쓰는 것이었다. 나는 이 책을 통해 인터뷰와 책 출판의 꿈을 키우게 되었다.

도대체 뭘 해야 할지 모르는 사람들에게 주는 팁(57쪽)

"하나, 무슨 책을 읽어야 할지 모를 땐 서점에 가서 눈에 띄는 분야의 책 다섯 권을 산다.
그 책을 읽으면서 계속해서 궁금증이 생기고 더 읽고 싶은 마음이 든다면 그 분야는 자신의 관심사와 맞는 책이다.
그 후에 같은 분야의 책 열다섯 권을 더 산다. 그렇게 한 분야의 책 스무 권을 읽으면 이 분야가 앞으로 자기 일인지 아닌지 결정할 수 있게 된다. 만일 처음 다섯 권을 읽으면서 이건 아니라는 생각이 들면 다시 다른 분야의 책 다섯 권을 사서 읽기 시작한다. 그렇게 자신의 분야를 찾을 수 있다."

또 유명 작가 강연회에서 우연히 한 권의 책과 운명적인 만남이 이루어졌다. 일본 작가 마루야마 겐지의 『산 자에게(生者へ)』(2017)는 독특한 문체를 지향하며 생애 전반을 되돌아보는 자전적 에세이다. 소설가의 길을 걷게 된 동기가 "근무하는 회사의 경영상태가 불안해져 목이 잘릴 것 같아서 … 자금 없이 시작할 수 있는 장사이기 때문에 실패해도 아무렇지 않으니까 … 모든 책임을 나 스스로 질 수 있는 일을 하고 싶었기 때문에 …"(116쪽 '맥락 없이 들이닥친 소설가의 삶'에서)였다.

이 내용을 읽고 난 후 묘한 동질감을 느끼게 되었다. 퇴직 후의 실패는 나 한 사람으로 끝나지 않고 온 가족에게 그 충격파가 고스란히 전달될 것이다. 그걸 줄이거나 아예 없앨 수만 있다면 뭔 일인들 못하겠나? 나는 이 말에서 안도할 수 있었다. 글쓰기와 책 출판은 제2 인생의 도전과제가 되었다. 이로써 퇴직 또는 전직하신 소시민들의 새 인생 개척 이야기를 인터뷰하여 책으로 출판할 결심을 확고히 굳히게 되었다.

인터뷰 초기에 코로나19 세계적 대유행이라는 큰 장애물을 만났다. 인터뷰 기간이 길어졌고, 책 출판의 길은 요원했다. 적합한 인터뷰 대상자를 찾는 것도 어려웠지만, 인터뷰 허락을 받아내는 일이 더 힘들었다. 꼭 인터뷰하고 싶었던 직종과 대상자가 있었지만, 여러 은퇴자가 고사하는 바람에 성사되지 못하는 일이 자꾸 발생했다. 우여곡절 끝에 당초 2020년 말로 예정한 출판이 1년이나 연기되었다. 그러나 한 분 한 분 인터뷰를 이어갈수록 직업의 이면에 숨겨진 뒷이야기와 퇴직 후 소감을 들으며 인생의 깊이와 의미를 되새겨보는 계기가 되었다.

19개 업종 종사자의 성공사례와 1개 업종 실패사례 인터뷰 자료를 확보하여 책으로 출간하게 되었다. 앞으로 더 많은 새 인생 개척 사례 인터뷰를 계속해서 이어갈 계획이다. 여건이 된다면 제2권에도 도전해볼 생각이다.

여러 가지로 부족한 책이지만, 출판의 길이 순탄하게 열릴 수 있도록 배려해주신 북코리아 출판사 이찬규 대표님께 감사드린다.

경기도 부천에서

김부규

CONTENTS

CONTENTS

CONTENTS

01 70세 넘어도 할 수 있어요

아파트 관리소장

퇴직 후 새 인생을 준비하시는 분들에게 많이 추천하는 자격증으로 '주택관리사'가 인기를 끌고 있다. 유명학원에 다니며 몇 년간 준비하여 자격증을 취득한 분들의 이야기를 심심찮게 듣게 된다. 아파트 주민들과의 원만한 관계를 유지할 수 있는 능력과 자격증만 있다면 충분히 해 볼 수 있는 직종이다.

신도시 아파트 관리사무소 소장으로서 맡은 바 직책을 성실히 수행하고 계시는 은퇴자 한 분을 만났다. 인터뷰 초기부터 꾸준히 섭외해왔던 직종이라 은퇴자와의 만남은 그 어느 때보다 설렌다.

퇴직 후 소감 한 말씀해주세요.

인생 2막을 앞두고 제일 실력 있는 사람은 지금 이 순간 바로 '당신'입니다. 그 실력은 인생 1막에서 2막으로 바뀌면서 하루하루 시간이 지날수록 줄어들고 인지도는 떨어져요. 그래서 기회가 주어진

김상완(63세)

1998년 12월 주택관리사보 자격증 취득(제5회), 2020년 6월 말 직장 퇴직, 2020년 7월 1일 ○○○시 ○○○아파트 관리사무소 소장 취임, 전기산업기사 취득(2022년), 전기기사 시험 응시 중(2023년)

주택관리사(보)

공동주택을 안전하고 효율적으로 관리하고 공동주택 입주자의 권익을 보호하기 위하여 공동주택의 운영 · 관리 · 유지 · 보수 등을 실시하고 이에 필요한 경비를 관리하며, 공동주택의 공용부분과 공동소유인 부대시설 및 복리시설의 유지 · 관리 및 안전관리를 실시하는 등 주택 관리 서비스를 수행하기 위해 주택관리사보 자격시험애 합격한 자

출처: 한국산업인력공단

다면 쉬는 시간 없이 바로 취업전선에 뛰어드는 게 맞다고 봐요. 만약에 자리가 없어서 부득이 쉬어야 한다면 자기 계발을 필히 해야 해요. 그렇지 않으면 인생 2막을 기대하긴 어려워요.

인생 2막을 잘하려면 1막을 빨리 잊어버리고 2막에 집중해야 행복한 2막이 될 수 있어요. 월급은 조금 적게 받지만, 봉사하는 마음을 가지면 힘이 들어도 만족도가 높아요. 그리고 순수한 인생 2막으로 취직을 해야지 전직을 알리고 취직하지 마세요. 전직을 알리고 취직하면 그 자체가 내 뒷다리를 붙잡히는 거예요.

어떤 과정을 거쳐서 이 일을 하게 되셨나요?

2020년 4월에 퇴직 신청을 하고, 퇴직 준비 휴가 중에 저를 눈여겨본 회사에서 아파트 관리 자격증이 있다는 걸 알고 아파트 관리 일을 해 보라고 제안이 들어왔어요. 이력서를 넣고 어떻게 된 일인지 이유를 알아보니까 50대 후반 인생 1막 직장생활 중에 직장 내부 사람들과 직장과 연관된 외부 사람들을 가리지 않고 덕을 많이 쌓으려고 노력했었는데 그 덕을 보게 되었지요.

퇴직을 얼마 남겨놓지 않은 시기에 아파트 관리하는 위탁관리 회사에서 현직 때 저의 행동을 눈여겨보고 있었어요. 저를 잘 알고 있었기 때문에 면접이랄 것도 없이 커피 마시면서 이야기 나누며 취업이 되었어요.

아파트 관리사무소는 주로 어떤 일을 하는 곳인가요?

아파트 관리에는 두 가지 종류가 있어요. 공동주택관리법 제5조에 명시되어 있다시피 자치관리와 위탁관리로 나뉘어져 있어요. 아파트 입주자 대표회의가 직접 사람들을 고용해서 월급을 주는 방식이 '자치관리'고, '위탁관리'는 종합주택관리회사 즉, 위탁회사에 위탁계약을 해서 아파트를 관리하게 하는 거죠. 자치관리는 많지 않고 대부분 위탁관리를 하고 있어요.

아파트 관리사무소의 의무는 세 가지가 있어요. 가장 큰 의무는 '시설 유지관리'고요. 그 다음에 주민 안전을 위한 '보안', 그다음에 주민 위생을 위한 '청결'이에요. 그리고 아파트 단지규모(세대수)에 따라

김상완 소장

다른데 우리아파트는 관리실(6명)이 있고, 관리실 안에 기전실(공용부분 수리 및 세대방문 민원처리)을 두게 되고, 그 밑에 경비반(12명), 미화반(5명)이 있는 거예요. 이걸 모두 합해서 아파트 관리라고 해요. 직원은 총 23명이 일하고 있어요.

아파트 유지관리의 기본은 정직과 투명입니다. 사회에서 관리소장을 바라보는 시각이 좋지 않아요. 돈을 받아먹는다거나 뇌물 등 보이지 않는 나쁜 대가를 받는다는 오해를 종종 해요. 그것을 불식시키기 위해서는 정직하고 투명한 관리가 필요합니다. 또한 정직과 투명 못지않게 안전하고 효율적인 관리를 통해 시설물의 자산 가치를 높여줌으로써 그 소유자의 자산 가치가 증대될 수 있도록 희망을 주는 것도 중요한 임무이지요.

주택관리사보 자격증 취득을 1998년도에 하셨는데 아주 일찍 취득하셨네요?

제가 치른 주택관리사보 시험은 제5회(상대평가)였어요. 6회부터 절대평가로 바뀌었어요.

1998년 당시 아파트 관리소장이 고액 임금을 받을 수 있는 기술직이라는 소문과 함께 자격증 취득 붐이 일었어요. 1998년 전후 주택관리사 월급이 그때 돈으로 자격수당 30만 원 포함 250만 원이었어요. 지금 월급은 350만 원이에요. 당시엔 그래도 고가 자격증이었지요. 국가의 기술 자격증 수급 정책에 따라 적절히 조절한 것 같아요.

주택관리사는 처음 3년 간 관리사무소 소장직을 수행하는 동안에는 주택관리사보예요. 이때는 500세대 미만 공동주택만 관리할 수 있어요. 그 기간이 지나야 500세대 이상도 가능하고 '보'자도 떨어지고 자격증도 바뀌죠.

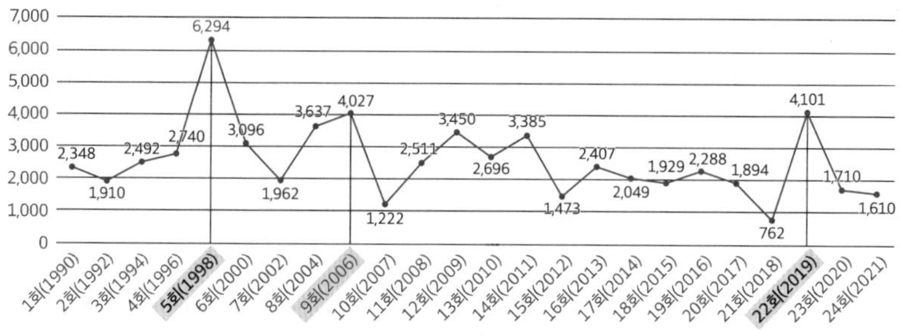

주택관리사 시험 회차별 합격자 현황

자격증을 취득할 때 공부는 얼마나 하신 건가요?

저는 96년도에 공부를 시작해서 98년도에 합격했어요. 제가 이과 출신이기 때문에 시험 준비는 그렇게 어렵진 않았어요. 저는 독학으로 혼자 공부했어요. 주변에서 친한 관리소장하시는 분들이 많이 도와줬어요. 시설에 대해서도 많이 가르쳐줬어요.

자격증 중에는 주축이 되는 자격증이 있고 거기에 부수적으로 따라가는 보조 자격증이 있어요. 주택관리사 자격증이 있으면서 추가로 있으면 가점이 되는 자격증으로는 소방안전관리자, 조경기능사, 전기기능사가 있어요. 그다음에 소독이나 물탱크 청소 등에 필요한 '위생사'가 있고요. 그래서 하나의 자격증으로 취직한다기보다는 그런 연계 자격증이 있으면 취직할 때 훨씬 유리하죠.

소장 재임 중 힘든 일이 있으셨다면?

시설 관리 업무는 사람을 다루는 부분이 많아요. 아주 악질 민원이 있긴 하지만 제가 직장생활하면서 겪은 것보다 그렇게 심하진 않아서 괜찮아요. 입주민 중에 질 나쁜 사람도 분명히 있어요. 그걸 어떻게 다루느냐의 문제이지요. 첫 번째는 도덕성의 문제죠. 입주자가 관리사무소에 와서 욕하고 큰소리칠 수 있는 것은 약점을 잡혔기 때문이에요. 그 약점이 뭐가 있겠습니까? 부정한 짓을 하는 게 약점이거든요. 약점이 없으면 동등한 관계로 큰 소리치며 맞대응을 할 수 있어요. 그래서 정직하고 투명해야 해요.

본인이 걸어가다가 미끄러져서 넘어졌다고 주장하고 보험 처리해 달라는 사람이 있었어요. 그런데 보험 처리를 함부로 해 주는 게 아니에요. 배상책임은 과실이 있어야 되거든요. 어떤 사람은 자기 목적을 달성할 때까지 지속적으로 장기간 민원을 넣고 관리사무소를 괴롭혀요. 거기에 한번 굴복하면 그 사람은 개인의 필요에 따라 조그마한 이상이 있을 때마다 똑같은 방법으로 괴롭혀요.

기억에 남는 에피소드가 있으시다면?

우리 아파트에도 소문난 민원인이 살아요. 그 사람은 법대로 다루면 꼼짝 못해요. 시청에 가서는 큰소리 빵빵 치며 공무원을 괴롭히지만, 여기 와서 큰소리 치면 '왜 큰소리 치냐? 나가라'고 해요. 그런 사람한테 약점 잡히면 소장으로 있는 동안에 끌려 다녀요. 그리고 경비원한테 갑질하는 주민들이 분명히 있어요. 동대표들 중에도 나쁜 사람이 있어요. 그러나 그런 사람들보다 그렇지 않은 사람이 훨씬 많아요.

좋은 얘기로 기억이 남는 에피소드는 90세 넘은 할머니가 손가락 두 개 만한 옥수수를 손수건에 싸가지고 와서 '예쁜 소장님 먹어라'라고 하면서 하나 꺼내 주셨어요. 그런데 그분이 치매가 조금 있으셔서 본인이 준 걸 잊어버렸어요. 그분이 기억에 남네요.

소장 일의 매력은?

직장생활 할 때는 할 말을 다 못하고 살았어요. 퇴직 후 관리소장하면서 인간 같지 않은 사람한테 왜 인간 같지 않은 짓을 하냐고 이야기를 해도 내가 도덕성만 확보되면 그 사람한테 당당하게 대응할 수가 있어요. 세상 그따위로 살지 말라고. 당신 자식이 당신을 어떻게 보는지 아느냐고. 그러면 나쁜 짓 한 사람은 알아요. 처음엔 대들다가 조용해집니다. 하고 싶은 말 다 할 수 있는 시스템, 이게 제가 생각하는 매력이에요.

그리고 아파트 관리는 시설 유지관리하는 일이에요. 시설 유지관리는 본인의 건강과 실력만 갖추면 70세까지도 할 수 있어요. 현직 소장 중에 70세가 넘은 소장도 있어요. 본인이 잘만 하면 계약직이기 때문에 계약 연장을 계속 할 수 있어요. 그게 또 매력이지요.

수입은 어느 정도 되나요?

실수령액이 300만 원 정도 돼요. 3년 이상 정상적인 궤도에 올라 있는 주택관리사 소장은 보통 월급이 370만 원에 업무추진비가 별도 20만 원이에요. 아파트 세대 수가 많으면 한 20~30만 원 정도 더 받아요. 그리고 소장 월급 수준은 최근에 지은 신규 아파트냐 옛날에 지은 아파트냐에 따라서 차이가 나요. 경기도 ○○시 ○○신도시 소장 월급이 약 400~430만 원 정도 돼요. 주택관리사보 자격증을 갓 취득하고 아무 경험 없는 소장이 아파트에 취직하려고 하면 250만 원 주는 데 가서 경력을 쌓는 경우도 있어요.

전망은 어떨까요?

일정 규모 이상의 공동주택에서는 주택관리사(보)를 의무적으로 채용해야 돼요. 아파트 유지관리는 IT와 AI시대라고해도 시설유지관리는 건물이 있는 한 있어야 돼요. 국가 경제가 좋아서 취업이 잘 되면 젊은 사람들이 소장 월급이 적기 때문에 도전자가 적어서 나이가 많아도 더 할 수 있는 확률이 높아질 것이고 반대라면 전망이 어두워지겠죠.

인생 후배들에게 꼭 해주고 싶은 말이 있으시다면?

인생 1막에서 간부나 관리자가 됐을 때 내가 좀 고달프더라도 후배들을 위해서 정의로웠으면 좋겠다는 생각이에요. 후배가 억울함을 당하면 그걸 적극적으로 막아줄 수 있는 상사가 되어야 합니다. 두 번째는 월급을 더 받는 관리자로서 후배들에게 밥도 사주고 술도 사줄 수 있는 사람이 되어야 합니다. 그리고 직장 외부 사람들에게는

관리실에서 업무 중인 모습

1	**면접관에게 단정하다는 이미지를 줘야 한다.** • 양복, 넥타이, 정장 구두에 군청색 또는 검정 양말을 신고 통일된 이미지 부각
2	**젊어 보여야 취직이 순조롭다.** • 머리카락은 검은색으로 염색, 단정한 이발 필수
3	**면접관에게 나의 이미지를 좋게 보이기 위해서는 나의 이력서와 자기소개서 서류를 접어서 작은 봉투에 구겨 넣지 말고 방금 출력한 것처럼 깔끔하고 접지 않은 상태로 큰 봉투에 넣어라.**
4	**면접 볼 곳에 한 시간 전에 미리 가서 주변을 돌아보고 내가 취직하고자 하는 직장에 관심이 있고 눈썰미가 있다는 것을 보여줘야 한다.** • 돌아본 내용을 잘못된 것과 잘 된 것을 간단히 이야기하면서 잘못된 것을 어떻게 시정해야 할지에 대한 생각을 발표하라.

은퇴자(인생 2막) 취직 면접 유의사항

내가 갑일 때 군림하지 말고 겸손하게 접근하면 인생 2막에서 그 사람들이 귀하의 인생 2막을 여는 데 도움을 줄 수도 있다는 겁니다.

앞으로 계획이 있으시다면?

최근 전기산업기사 시험에 합격했어요. 그 시험에 응시한 이유는 관리소장 일에 필요하고 칠십이 넘었을 때 일주일에 삼일만 일하고 용돈을 벌 수 있기 때문이에요. 전기기사 자격증을 따면 그만큼 시야가 넓어져요. 전기 자격증은 지금도 그렇지만, 앞으로도 각광받는 자격증이 될 거예요.

02 하루 1시간 노동에 순수익 140만 원

무인24시 애견 셀프 목욕샵

농림축산식품부 농림축산검역본부가 2021년 5월 발표한 '2020년 반려동물 보호와 복지관리 실태에 관한 조사'에 의하면 동물 중에서 반려견 수는 총 232만 1,701마리로 전년 대비 11%나 증가했고 2016년 대비 2배 이상 증가했다고 한다.

그와 더불어 우리나라 반려동물 관련 시장도 급성장 중이다. 동물병원, 동물판매업, 서비스업(미용, 호텔, 훈련 등), 사료 및 용품업, 동물장묘 및 보험업 등 반려동물 연관산업은 꾸준히 확장 발전하고 있다.

최근 반려견 관련 업종 중에서 새로운 사업으로 자리 잡은 '무인 셀프 애견 목욕업'을 개척한 홍길동씨를 만났다. 그는 소자본 투자와 1시간 이내 짧은 시간으로 가볍게 일할 수 있다는 것이 장점이라고 말했다.

홍길동(가명, 68세)

2007년 3월 2일 회사 조기 퇴직(52세), 2022년 3월 무인 셀프 애견 목욕방 개업
※ 홍길동 님의 요청으로 얼굴 비공개, 가명 사용

정년에 비해 이른 퇴직을 하셨는데 특별한 이유는?

첫 번째 이유는 직장생활에서는 하지 못하는 것, 좀 더 생산적인 일을 해보고 싶었어요. 둘째, 내부적인 갈등이 좀 있었고 셋째는 퇴직자 중에 높은 직위에 있었던 사람들보다 낮은 직위에 있던 사람들이 사회 적응을 더 잘하는 모습을 봤어요. 직장에 남아 있으면 높은 직위로 승진할 수 있지만, 사회에 일찍 나가면 부딪히며 뭔가 이룰 수 있겠다는 자신감도 있었습니다. 다소 힘들겠지만 어느 정도의 생활은 할 수 있겠다는 생각이 들어서 그만뒀어요. 퇴직할 때 아무 생각 없이 그만둔 건 아니고 친척분이 하시는 조금 규모가 있는 회사가 있었고 직장 그만두면 언제든지 오라고도 하셨어요. 또 지인을 통해서 경매 공부도 약간 했었죠.

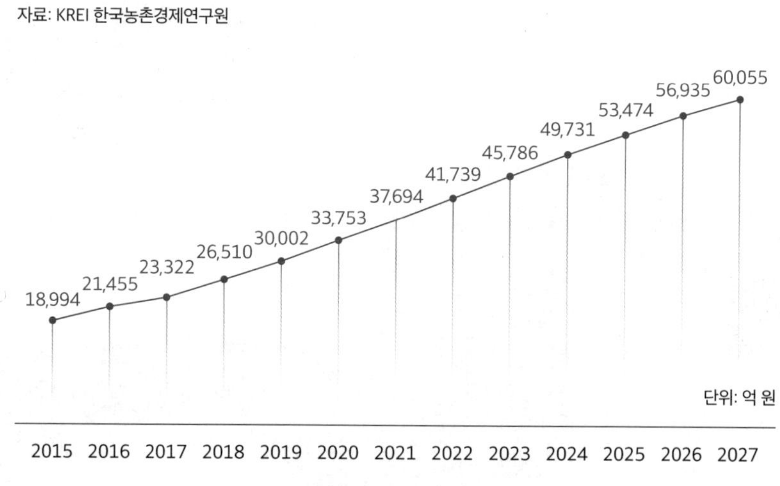

반려동물 연관산업 규모 전망

출처: 김현중, 「반려동물 연관산업 발전방안 연구」(한국농촌경제연구원, 2018) 참조하여 재작성.

애견 목욕 프랜차이즈가 여러 개 있던데 이 회사를 선택한 이유는?

애견 셀프 목욕방 관련 회사가 몇 개 있더라고요. 대략 다섯 개 정도 프랜차이즈가 있더라고요. 'A'와 'B'는 생각보다 창업비용이 비쌌어요. 조건이 비슷하다면 제일 저렴하고 인테리어가 뒤지지 않는 회사로 눈길이 갔어요. 회사에서 제공하는 기계들이 가격 차이가 커요. 창업 비용이 조금 부족하다고 했더니 그럼 중고도 괜찮겠냐고 하길래 좋다고 했지요. 본사에서 중고 목욕 기계를 소개해줘서 두세 배 비싼 신형 대신 2~3년 된 중고를 저렴한 가격에 샀어요.

무인 애견 셀프 목욕방 내부 전경

무인 운영이라고 하셨는데 일이 어떻게 진행되나요?

철저한 무인 운영을 위해 에어컨까지도 30분 후에 전원이 차단되도록 자동화 시스템을 갖추려고 노력했어요. 지금 다른 매장에 없는 것들을 직접 개발하고 제작했어요. 목욕 기계 두 개, 드라이기, 드라이룸 기계, 키오스크(무인결제 시스템)와 동전 교환기, 그리고 직접 제작한 소음 차단 청소기 설비까지 갖추고 있어요.

무인 운영의 핵심은 청결이에요. 제가 목욕 기계 두 대를 청소하는 데 소비되는 시간은 손님이 덜 온 날은 약 30~40분, 많이 온 날은 1시간 정도 걸려요. 고객은 주말에 집중되고 거의 일주일에 4~5일 많으면 매일 청소를 하게 돼요. 애견 한 마리 목욕 비용이 대략 대형견은 만 원이고 소형견은 7천 원 정도 들어요. 하루에 몇 마리쯤 와야 수지타산이 맞느냐, 20마리 정도는 와야 최대한 빨리 투자 비용을 회수할 수 있어요.

어떤 과정을 거쳐서 이 일을 하게 되셨나요?

은퇴자 대다수가 그렇겠지만 사업을 시작할 경제적 상황이 안 됐고 거기다 기술이나 경험도 없어서 결국 친척이 운영하는 회사와 지인이 운영하는 회사를 다니게 됐어요. 그러다가 70이라는 나이가 성큼 다가오니까 조금 불안한 생각이 들기 시작했어요. 지금까지는 다른 일을 통해 수입을 창출해서 어느 정도의 생활을 유지해 왔는데 이게 곧 끝날 수도 있겠구나 하는 생각이 든 거죠. 그러다가 우연한 기회에 이런 업종을 알게 되었고 마지막 도전이라 생각하고 추진하게 되었어요.

이 일을 해보고 싶다는 인생 후배가 있다면 어떤 준비를 미리 하면 좋을까요?

고객 중심의 마음가짐이 가장 중요해요. 그 다음에 개를 좋아해야 하고 개 냄새가 많이 나니까 그걸 견딜 수 있어야 해요. 무인 운영이니까 고객과 문자메시지로 대화해야 하는데 따지듯이 응대하면 안 돼요. '아! 예~! 그랬어요!'라고 하면서 들어줘야 해요. 손님이 바라는 건 서비스고 죄송하다는 말 한마디거든요. 어떤 형태로든 문제가 발생해서 연락이 오면 빨리 대응해야 해요. 100% 무인으로 운영하기 위해서 시행착오도 많이 겪었어요. 기계를 자꾸 만지면서 개선하려는 노력이 필요해요.

이 직종만의 매력은?

첫 번째, 큰돈 투자하지 않아도 돼요. 두 번째, 한 시간 이내로 청소와 관리를 할 수 있어요. 세 번째, 무인점포니까 시간상으로 크

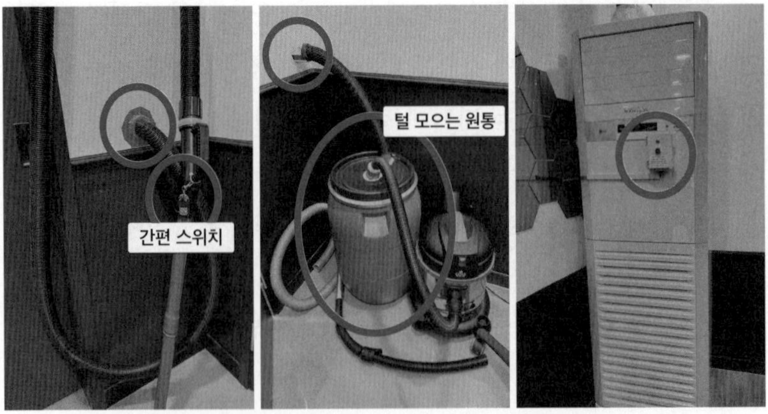

자체 제작 소음 차단 및 털 모으는 청소기/시간조절장치 부착 에어컨

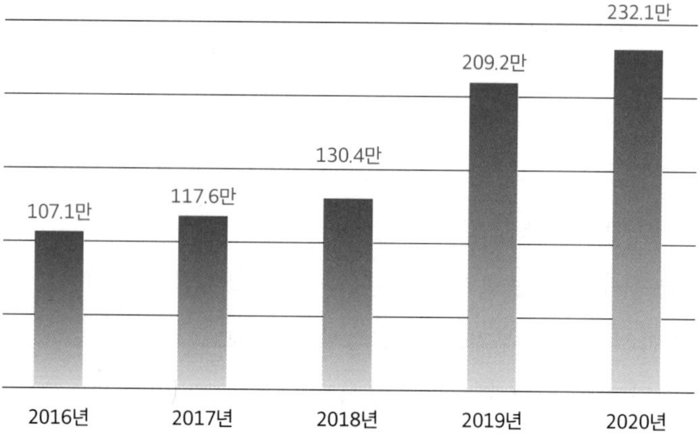

반려견 등록 누계 현황

출처: 농림축산검역본부

게 얽매이지 않습니다. 네 번째, 반려동물 수가 해마다 꾸준히 증가하는 추세라, 열심히 하면 월 200만 원 정도의 수익을 낼 수 있으니까 은퇴자에게 특화된 사업일 수도 있어요.

기억에 남는 에피소드는?

하루는 가게에 왔는데 한 분이 작은 강아지 목욕을 시키고 계셨어요. 그런데 마침 앞에 이용하신 분이 정리를 소홀히 하고 가셔서 그 뒷정리를 하시다가 저를 보더니 '그 분이 바로 지금 나였으면 어떠셨을까요?'라고 말하시더라고요.

그분의 말씀이 머리에 들어와서 바로 안내문을 제작해 붙여놨지요. 그 카피가 바로 '다음 이용객이 바로 나입니다'였어요. 아이디어를 주신 것에 감사의 표시를 하고 안내문 사진을 문자로 보내드렸죠. 또 애견 목욕방이 정말 필요한 사람들은 이곳의 장점을 몸소 느끼니까 '이거 없어지면 안 된다'고 몇 번이나 저에게 문자를 보낼 정도예요.

초기 창업자금과 수입은?

임대보증금 제외하고 모두 합해서 5천만 원 정도 들었던 것 같아요. 보증금은 지역마다 다르고 나중에 회수되는 거니까 별개로 하고요. 꼭 프랜차이즈를 고집할 필요는 없어요. 다양한 방법이 있으니까요. 저는 특수한 경우로 전기, 인테리어 등 분야별로 지인들의 도움을 많이 받아서 그나마 투자 비용이 적게 든 거예요.

6개월 정도 지난 현재까지 등록된 고객이 300명이 넘어요. 수입은 카드 결제 매출(키오스크)이 한 달 평균 100만 원 이상이고, 현금 매출은 60~70만 원 돼요. 그리고 애견 미용이 필요한 손님들을 위해 미용사 한 분과 계약해서 본인이 예약을 받아 영업을 하고 미용, 스파, 팩 등의 수입 중 일정 부분을 제가 받아요. 이 수익이 30~40만 원 돼요. 그러면 총매출이 200만 원 전후로 나와요.

여기에서 지출 비용을 정리해보면 무인이니까 인건비는 없고 수건, 앞치마 등 재료비, 전기 그리고 수도 사용료 등 약 20만 원, 그리고 가게 임대료가 40만 원. 순수익은 평균 140만 원 전후로 나와요. 이게 하루 1시간 일한 수익인데 전업으로 해서는 안 되는 사업이지만, 이런 매장 세 군데를 운영할 수 있다면 적은 게 아니죠. 매장 수가 많을수록 큰 수익을 낼 수 있는 구조죠. 1년 정도 후 250~300만 원 정도를 목표로 하고 있어요.

투자 비용을 7천만 원으로 보면 2~3년이면 투자금이 회수된다고 볼 수 있겠죠. 애견 목욕방 인테리어를 멋있게 꾸며 놓고 싶겠지만 빈티지 카페가 있듯이 인테리어 비용을 최소한으로 줄인다면 창업 비용이 훨씬 적게 들 거예요.

전망은?

모든 사업이 가게가 자기 소유가 아니면 불투명하잖아요. 계약할 때 세입자들은 '내가 이걸 오래 끌고 갔다가 안 되면 어떡하나' 또는 '잘될 때 가게에서 나가라고 하면 어떡하나' 하는 걱정을 많이 해요. 5천만 원을 투자했다고 하면 한 달에 순수익 2백만 원 이상 벌어야 2년 안에 투자금을 회수할 수 있어요. 반려견 관련 사업은 앞으로 더 많아질 가능성이 충분히 있다고 봐요.

앞으로 계획은?

제가 하루에 한 시간 근무하는 사업인데 여기서 무슨 큰돈을 벌겠다고 힘들게 하겠어요. 한 5년 정도 운영해 보면서 저 비용으로 개업이 가능한지를 검토하고, 같이 연계할 업종도 찾아봐서 이런 사업을 하려고 하는 사람들이 적당한 창업 비용을 들여서 일할 수 있는 구조를 만들어 볼까 합니다. 지금 진행 중에 있고 조만간 결과물이 나올 수 있을 것 같아요.

03 적은 월급이지만 낮시간은 온전히 제 것

학교 시설당직원

오래전 학교 야간 당직은 교사들이 순번제로 근무했으나 지금은 당직전담요원을 채용해 근무하게 한다. 용역회사를 통한 우회적 채용과 교육청 직고용 체제가 병존했으나 최근엔 직고용이 주를 이루고 있다.

경기도의 한 학교에서 당직전담요원으로 근무하면서 새로운 도전을 준비하고 있는 황수필 씨를 만났다. 그는 열악한 근무조건이지만 몸을 움직여 일할 수 있고 건강을 지킬 수 있음에 감사한다고 했다.

퇴직 후 소감 한 말씀해 주신다면?

60세에 퇴직한다고 하면 우리 생은 사실 한 50년 정도 남았다고 봐야 하거든요. 저희 아버지 연세가 지금 만 90세입니다. 작년에

황수필(가명, 60세)

2021년 3월 31일 ○○○○회사 퇴직, 2022년 4월 1일 학교 시설당직원(공무직-정규직) 취업

자전거를 타시다가 넘어지셔서 고관절을 다치셨어요. 노인 분들은 고관절을 다치면 걸을 수가 없어요. 누워있어야 하니까 욕창이 들게 되면 거의 2~3년 안에 약 30%는 돌아가신다고 하더라고요. 걱정 많이 했죠.

그런데 아버지는 고관절 수술 후에 자전거도 타시고 지팡이 없이 걸어 다니세요. 의지력과 회복력이 아주 뛰어난 거죠. 아버지를 보면서 느끼는 게 120세까지 살 수도 있다는 거예요. 그러면 뭘 하면서 살아야 하나 하는 생각을 많이 하게 되더라고요. 일하는 이유가 반드시 경제적인 문제 해결 때문만은 아니더라고요. 내 건강을 위해서 작은 일이라도 해야 하더라고요. 거기다 용돈까지 번다면 더할 나위 없이 좋겠죠.

저는 준비만 되면 퇴직은 빨리하시는 게 좋다는 생각이에요. 직장 그만두고 새로운 뭔가를 시작한다는 게 두렵기는 하지만 제가 하고 싶었던 일을 준비하는 과정이기 때문에 매일 아침 출근길이 아주 가볍고 좋아요.

학교 CCTV 운영실

어떤 과정을 거쳐서 이 일을 하게 되셨나요?

직장을 조금 일찍 퇴직한 이유는 예전부터 생각하고 있었던 농촌관광 사업 때문이었어요. 제가 하고 싶었던 것이 마을 살리기 사업 즉 농촌체험마을이었어요. 그 사업을 전체적으로 총괄하는 일을 하고 싶었어요. 직장 퇴직 후 국가지원사업인 소규모 체험마을 본부장으로 한 3~4개월 정도 사업을 했어요.

제가 당뇨병과 고혈압이 있어서 건강이 안 좋아요. 체험객 몇백 명이 몰려와서 통제가 안 되니까 스트레스가 되게 심했어요. 저혈당으로 건강을 해칠 수도 있겠다 싶어서 그만뒀어요. 뼈아픈 결정이었죠.

그 후 인천에서 다육이 사업을 하시는 친척분한테서 도와 달라는 연락이 왔어요. 다육이에 대해서 아무것도 모르던 제가 6개월 정도 열심히 친척분 일을 도왔어요. 그 와중에 저희 아버지가 다치셔서 고관절을 수술하셨는데 병간호를 할 사람이 없어서 제가 했어요. 아버지는 저를 많이 의지하세요. 아버지가 저한테 전화를 하신 거예요. 아버지 병간호하느라 다육이 농장에 못 갔지요. 결국 정리했어요.

집에 있으면서 학교에서 방과 후 교사를 하고 있던 아내와 의논한 끝에 학생들 등교 시간에 아이들의 안전을 챙겨주는 '학교 지킴이' 봉사활동을 하기로 했어요. 오전 오후로 나눠 두 사람이 하는 학교 보안관 같은 거죠. 봉사활동 중에 교장 선생님이 직원 채용 안내문을 하나 주시면서 학교 앞 아파트 주민이시니까 관리사무소장에게 얘기 좀 해 달라고 하시더라고요. 집에 와서 아내에게 보여주니까 당신이 하면 되겠네 하더라고요.

이 일은 어떻게 진행되나요?

아침 6시 45분에서 50분 사이에 학교에 출근하고 학교 건물 내외부를 한 바퀴 순찰하면서 이상 유무를 확인해요. 밤 동안 잠가뒀던 교실 문 등을 열고 당직실에 돌아오면 업무 관련 장부를 정리해요. 또 CCTV를 통해 학교 전체를 다시 점검하죠.

8시 30분에 퇴근해서 집에 가면 아내 아침 식사를 간단히 챙겨주고, 저는 탁구 등 운동하러 가요. 또 일본 여행을 좋아해서 일본어를 배우고 있고, 평생교육 대학원 강의를 일주일에 한 번 듣고 있어요. 아주 삶이 이렇게 정확하게 짜임새 있게 돌아가니까 시간이 너무 잘 가요.

오후에는 4시 반부터 10시까지 근무하는데 교내외를 꼼꼼하게 순찰하고 모든 출입문을 잠근 뒤 CCTV 운영실에서 당직 근무에 임하

당직원 근무시간(채용기관마다 약간씩 차이가 있다.)

당직전담실무원 근무시간

구분	1일 근무시간		1일 휴게시간		1일 실제 근로시간	비고
평일	16:40~ 익일 08:40	16	18:00~19:00 23:30~06:00	7.5	8.5	2인 근무형태 (격일제)
토 · 일요일 및 공휴일	08:40~ 익일 07:40	23	12:30~13:30 17:30~18:30 22:00~07:00	11	12	

※ 2023년도 인천 소재 모 초등학교 특수운영직군 종사자 채용 공고

통상적인 근무시간

구분	근무시간	비고
평일	16:30(17:00)~익일 08:30(09:00)	평일 6시간 일요일 12시간 주 6일 근무 (휴게시간 포함)
일요일(공휴일)	08:30~익일 08:30(주간)	
토요일	휴무	

당직전담원 일반적 업무

▷ 방범 · 방호 · 방화 및 그 밖의 보안상의 순찰 점검과 교문 등 출입문의 개폐관리
▷ 문서의 수발 · 인계 또는 관리와 당직근무일지, 점검일지 작성
▷ 국기의 게양 및 관리상태의 점검
▷ 무인전자 경비장치 등의 보안장비 작동 상태 점검
▷ 전화 민원응대
▷ 화재 등의 긴급사태 발생시 관할 소방관서 등 유관기관에 연락
▷ 화재 등의 긴급사태 발생시 경비 강화
▷ 기타 학교장(기관장)의 업무분장에 따라 지시받은 사항

죠. 중간에 휴게시간이 있어서 하루에 총 6시간 근무하고 일주일에 하루 쉬어요. 불상사가 없다면 만 65세 정년까지 할 수 있어요. 공무직이라는 무기계약 정규직으로 신분보장이 돼요. 바로 집 앞에 있는 학교라 저한테는 더할 나위 없이 좋은 직장이죠.

이 일을 해보고 싶은 사람은 어떤 준비를 미리 해야 할까요?

기초체력은 갖추고 있어야 해요. 당직원 응시자격으로 국민체력100 체력인증센터에서 발급하는 체력 측정 3등급 이상 인증을 받아야 해요. 계약 체결 전까지 인증서를 제출하게 되어 있어요. 그 외 별도로 준비해야 할 것은 없어요.

재직 중 힘든 일이 있으셨다면?

솔직히 힘든 일은 없었어요. 너무 재미있어요. 특히 우리 나

기억에 남는 에피소드가 있으시다면?

제가 주로 하는 일이 교내외 순찰이에요. 아침에 일찍 출근해서 순찰하면 중학교 1학년 애들이 사춘기에 특히 남녀 공학이다 보니까 좀 일찍 등교해서 남녀 학생 둘이서 약간 은밀한 곳이나 빈 교실, 계단 쪽에서 서로 기대고 앉아 있을 때가 있어요. 이럴 때는 학교 담당 선생님께 전달해요. 간혹 그런 일이 있어요.

수입은 어느 정도 되나요?

하루 6시간 근무에 기본급이 150만 원 정도 돼요. 정규직인 공무직 월급이죠. 복지 포인트가 1년에 70만 원, 명절휴가비 1년에 120만 원, 정액급식비 월 14만 원, 정기상여금 연 90만 원, 4대 보험 모두 적용받아요. 전부 합해서 연봉 2000만 원이 조금 안 돼요. 월수입은 근무시간, 근무형태, 그리고 지역에 따라 약간씩 다른 걸로 알고 있어요.

당직전담원 임금: 월급제(기본급 + 제수당)

기본급 (2022년도 기준)	제수당		
	월	년	
	급식비	명절휴가비	정기상여금
월 2,172,100원 (야간근로수당 포함)	70,000원 * 1주 소정근로시간이 20시간 이상인 경우, 지급기준일이 속한 달에 5일 이상 근무 시 지급	700,000원 * 추석 당일 재직자로서 계속 근로기간이 3개월 이상인 경우	150,000원 * 8월 17일 재직자로서 계속 근로기간이 3개월 이상인 경우

출처: 2023년도 ○○시교육청 공고
※ 2023년도 ○○시교육청 특수운영직군 종사자 채용 공고(제2022-000호)

전망은 어떨까요?

학교마다 무인경비시스템이 완비되어 있어도 불이 난다든지 비상 상황이 발생했을 때 초동대처를 즉각 할 수 있어야 하니까 당직전담요원 1명은 꼭 필요해요. 밤에 학교에서 잠을 자면서 당직 서는 학교도 있지만 좀 더 선호하는 당직 운영 방식은 제가 근무하는 방식이에요.

휴게시간 운영방식이 당직원에게 불리하다는 여론이 높아지고 있어서 앞으로 이 방식으로 바뀔 것 같아요. 학교에서 밤새우는 당직 방식은 사람 구하기가 쉽지 않은 것 같아요. 구인 광고가 많이 나오고 있다는 것은 채용이 순조롭지 않다는 것을 말해주죠. 이 직종은 앞으로 사람과 무인 경비가 병행하고 상생할 수 있는 여지는 많을 것 같아요.

앞으로 계획이 있으시다면?

하고 싶은 일이 정말 많아요. 당직이라는 일의 특성상 시간적인 여유가 많으니까 저는 여기서 공부를 좀 더 해서 평생 교육사 자격증을 취득하고, 2028년 당직원 퇴직하기 전까지 평생교육 대학원에서 석 · 박사학위를 취득한 다음 평생 교육과 관련된 일을 하고 싶어요.

04 수목진단의 달인

자한수목병해충연구소 소장

퇴직 후 자연과 함께하는 삶. 이것은 대다수 퇴직자들이 꿈꾸는 가장 큰 로망일 것이다. 자연과 함께하는 삶에는 '귀농'을 쉽게 떠올리겠지만, 산과 나무도 빼놓을 수 없다. 2020년 우리나라 국토면적 대비 산림비율은 64.5%로 OECD 국가 중 4위를 기록함으로써 우리나라는 세계적인 산림국가로 인정받고 있다. 하지만 2007년 이후 매년 나무의 양이 빠르게 감소하고 있다고 한다.

최근 정년퇴직 후 나무를 살리는 일에 일조하면서 나무 관련 개인 연구소까지 개설한 인물을 만났다. 김홍중 씨는 수목진단 이야기를 엮어 올해 책으로 출간하셨고 수목진단 컨설팅도 하고 있다. 그분께 숲과 나무 이야기를 들어봤다.

김홍중(62세)

2010년 10월 산림병해충 공부 시작, 2007년 6월 1일 충청북도산림환경연구소 연구원 입사 / 2021년 6월 30일 정년퇴임, 2022년 8월 15일 수목진단 이야기(사례집) 〈미동산, 숲과 나무에 취하다〉 책 출간, 2021년 10월 자한수목병해충연구소 개설-산림병해충사전예보시스템 연구

목재 가구업 실패라는 악재를 겪으셨다고 하셨는데 당시 전후 상황을 말씀해주신다면?

당시엔 중국과 동남아 등지에서 들어오는 값싼 가구와의 가격 경쟁에 밀린 우리나라 영세한 가구업체들이 많이 문을 닫았어요. 이미 IMF 외환위기 시절, 가구업계 대기업들은 줄도산을 맞아 문을 닫았던 상황이었기 때문에 가구업 자체가 자생력을 잃었던 거죠. 이후 저는 혼자 잘한다고 만사가 다 잘되는 건 아니라는 값진 깨달음을 얻게 되었어요.

늦은 나이에 산림병해충 공부를 시작하게 된 계기가 있으셨나요?

당시 제 나이가 40대 후반이었는데 늦었다는 생각은 안 했어요. 이유 없이 나무가 좋았어요. 그런데, 내가 좋아하는 나무들이 죽더라고요. 왜 죽나 들여다보니 나무도 병이 든다는 걸 알았어요. 무슨 병

수목진단의 달인 정년퇴임식

인지 살펴보니까 병을 매개하는 해충들이 보이더라고요. 이왕이면 공부하는 김에 직업으로 삼았으면 좋겠다 싶어서 더 열심히 파고들었어요.

충청북도산림환경연구소에는 어떻게 입사하게 되셨나요?

가구 사업을 접고 지금 이곳 청주시에 내려왔습니다. 처음엔 농사일이라도 배울 심산이었는데 좁은 면단위 지역사회다보니 이웃에 있는 수목원(충청북도산림환경연구소)에 일자리가 있다는 소문을 듣게 되었어요. 처음엔 수목원 내 산림과학박물관 일용직으로 들어가게 되었고 거기서부터 본격적으로 산림과 인연을 맺기 시작했어요.

수목진단 1인자라는 명성을 얻기까지 고생이 많으셨을 것 같은데 어떠셨나요?

수목진단 1인자니 달인이니 하는 얘기들은 남들이 좋게 평가해주는 거고 저는 아직 많이 부족해요. 2012년 전국 8개도에 공립나무병원이 동시 개원했어요. 공립나무병원 운영과 관리는 제가 속한 연구소 시험과 소관이어서 개원부터 인연을 맺게 되었어요. 개원과 함께 충청북도의 시·도 산림병해충 담당자 교육부터 충북에서 발생하는 산림병해충 관련 민원들을 컨설팅하기 시작했어요. 처음엔 경험이 없었으니 수목진단 한 건을 완결지으려면 최소 하루가 걸렸어요. 국립나무병원에 물어보거나 공부를 해서 답을 줘야 했으니까요.

공립나무병원이나 산림환경연구소 근무가 좋았던 이유는 산림병해충관련 최신자료를 접할 수 있다는 것과 관계기관과 대학들, 국내의 석학들과 교류할 수 있는 기회가 많다는 점입니다. 업무상도 그렇고 개인적 호기심으로 최신 자료들을 섭렵했지요. 그게 저를 오늘 이 자리에

수목진단과 교육 모습

오게 만들었던 거죠. 노하우가 아닌 노웨어(know-where, 정보탐색활용능력)인 셈입니다.

책 출판 결심은 언제부터 하셨나요?

연구소에 재직 시 업무상 관련 분야 책들을 써본 경험이 있었어요. 그런데, 산림병해충 관련 책들 대부분이 도감식 형태에서 벗어나질 못하더군요. 어쩌다 만나는 수목진단 관련 책들도 마찬가지고요. 자유롭게 수목진단 이야기를 써봐야지 생각한 건 퇴직을 2~3년 앞두고 였어요. 책 출판을 생각하니 한층 더 꼼꼼하게 준비하게 되더라고요.

책에서 말하는 '의식 없는 생물들과의 소통'을 위해 어떤 노력들을 하셨나요?

이 질문에 답하기 전에 우선 생각해볼 문제는 '의식 없는 생물' 이란 없다는 점이에요. 인간중심적 사고가 만들어낸 과학계의 오만입니다. 단, 소통의 방식이 다르기 때문에 우리가 눈치채지 못하고 있을 뿐이라고 저는 생각합니다. 제가 접하는 나무들은 대부분 아프거나 아파도 내색도 못 하고 꾹 참는 친구들이에요. 그들의 입장에서 바라봐야 해요. 그들이 보내는 신호는 분명 있을 테고, 그걸 찾아내려 노력합니다. '바디 랭귀지(body language)' 또는 '링구아 프랑카(Lingua franca, 공통어 또는 통용어)'인 셈이죠.

지금은 어떤 일을 하고 계신가요?

한 번에 답변하기 어려운 질문인데요. 년 단위로 말씀드리겠습니다. 6개월은 충북산림환경연구소에서 연구 보조, 기간제로 일하고 있습니다. 현장을 누비던 때와는 달리 수목 관련 연구·업무·민원·질문에 대한 일종의 자문·보조역입니다. 그밖에 충북문화재원 관련 모 기관과 몇몇 기관에 비상근 '산림병해충 자문' 역할도 하고 있습니다.

나머지 6개월 중 겨울 한 철은 원고를 정리합니다. '수목진단 이야기' 중 아직도 세상에 내놓지 않은 글들이 많아요. 그밖에 하루에 한편

김홍중 저서 『미동산, 숲과 나무에 취하다』(좌), 자한수목병해충연구소 현판(우)

씩 '수목진단 이야기'나 '숲과 나무 이야기'를 제 개인 블로그에 꾸준히 연재 중이고요. 과거 수목진단을 인연으로 만난 지인들의 요청으로 온라인 답변이나 소규모 컨설팅 등을 이어가고 있어요.

이 일을 해보고 싶다는 사람이 있다면 어떤 준비를 해야 할까요?

요즘은 '나무의사' 제도가 생겨 자격증에 관심들이 집중되고 있는데요. 물론 자격증 공부하면서 기본은 다져질 테지만, 한 분야에만 편중하지 마시고 폭넓게 공부하시라고 말씀드리고 싶어요. 중요한 것은 응용입니다. 수목진단은 수목진료의 핵입니다. 올바른 진단이 이루어져야 그다음을 생각할 수 있거든요. 누구는 수목진단 현장 경험을 우선시하기도 하는데요. 저는 그렇게 생각하지 않아요. 이론이 탄탄하지 않은 상태에서 현장을 보다 보면 쉽게 지쳐요. 그 분야의 선배나 질문에 답할 만한 분이 계시다면 모를까 자칫 잘못하면 의욕상실로 이어지거나 편법 또는 요령만 늘기 쉽다는 제 개인적 노파심에서 드리는 얘기입니다.

수목진단 업종에 종사하시면서 힘든 일도 많으셨을 것 같은데요?

수목진단 현장에서 만나는 사람들이 간혹 힘들게 해요. 개중엔 자신의 고집을 꺾지 않는 분들이 있어요. 나무를 우선하지 않고 사람들의 시선을 의식해서 조치하려 한다든가 쉽게 포기하고 '베어버리고 다시 심지 뭐' 하시는 분들을 만나면 정말 안타까워요.

이 직종만의 매력이 있으시다면?

이 직종은 대우받는 직종이에요. 수목진단 현장에 나가면 사회적 지위나 나이를 떠나서 최고의 대우를 받지요. 나이 들어가면서 제일 중요한 것은 뭐니 뭐니 해도 자신을 인정해주고 대우해주는 것만큼 좋은 건 없더라고요.

가장 기억에 남는 에피소드 하나만 말씀해 주세요.

연구소 가까이 사시는 분이 계셨어요. 이틀이 멀다하고 수목진단 의뢰를 하셨어요. 현장을 방문해보면 별거 아닌 문제일 때가 많았어요. 바쁘기도 하고 귀찮기도 해서 조금만 소홀히 하면 사무실로 전화해서 직원들을 닦달하셨어요. 이 분은 수목진단이 목적이 아니고 대화상대가 필요하셨던 거예요. 제가 한동안 연구소를 들고나며 주기적으로 들러 '오늘은 어떠셨어요?'라고 하며 말벗을 해드렸었는데요. 어느 날부터 연락이 없으셨어요. 연로하셔서 한동안 딸네 집에 가 계신다고 이웃분이 알려주셨어요.

수입은 어느 정도 되시나요?

연평균 최저임금수준은 됩니다. 돈을 벌 목적이면 강연이나 컨설팅을 늘리면 될 테지만 다른 취미생활(등산)을 희생하고 싶은 생각은 없어서 지금은 만족합니다.

이 업종의 전망은 어떤가요?

이 질문은 '나무의사'* 제도 홍보물을 참고하시면 좋겠는데요. 나무의사제도가 어떻게 정착해나가느냐에 따라 다를 수 있겠습니다. 현재는 공급이 수요를 못 따라가고 있는 게 현실입니다.

앞으로 계획이 있으시다면?

앞에서도 언급했던 '수목진단 이야기'를 쓰고 싶은 만큼 꾸준히 써보려 합니다. 제 블로그에 쌓이는 글들이 책으로 엮일 만큼 분량이 될 때마다 세상에 그 결과를 내놓겠습니다.

---

* 나무의사: 수목진료를 담당하는 사람이며, 2018년 6월 개정 · 시행된 「산림보호법」에 의해 나무의사 자격증 소지 전문가만 나무 치료 가능. 자세한 사항은 한국임업진흥원 참조(https://namudr.kofpi.or.kr/intro/ExamIntro.do?MENU_ID=A-01-00)

05 월 100만원 생각했었는데 지금은
사회복지법인 룸비니 상임이사

65세 이상 고령인구 증가와 사회의 다원화로 종교계에도 사회복지 관련 일자리가 다양하게 확대되고 있다. 종교계 사회복지법인들은 국가나 지자체로부터 노인복지관, 종합사회복지관, 다문화가족지원센터 등 사회복지시설을 위탁받아 대행 운영하고 있다.

여기엔 청년부터 은퇴자에 이르기까지 다양한 계층의 사람들이 종사자로 일하고 있다. 공직 은퇴 후 사회복지법인 상임이사로 제2의 인생을 일궈가고 있는 석중균 씨를 만났다. 그로부터 인생 2막 이야기를 들어보자

퇴직 당시 소감과 그동안을 되돌아보며 한 말씀?

직장생활에 쫓기다 보니 퇴직에 대한 걱정보다는, 퇴직하면 그냥 놀 수는 없고 100만 원 내외 일자리는 있지 않을까 막연히 생각만 하고 지내다가 막상 퇴직이 눈앞에 다가오니 무엇을 해야 할지 막막했

석중균(64세)

2018년 6월 30일 공무원 명예퇴직, 2019년 5월 31일 부천 사회복지법인 룸비니 상임이사 취임, 2020년 3월 5일 사회복지사 2급 자격증 취득

었어요.

저는 기술직이라 그 분야 자격증, 즉 기계조립산업기사, 기계설계·시공 등 건설관련 기술자격증, 소방기술관련 자격증, 건설기술경력증 등 여러 개를 가지고 있었지만, 실제 취업과 연계될 수 있으리라는 보장이 없었어요. 퇴직을 앞두고 몇몇 지인들로부터 자기들 회사에 와 달라는 제안도 있었지만, 흔쾌히 받아들일 수 있는 여건이 아니었어요.

퇴직하면 적은 보수라도 받으며 봉사할 수 있는 직장이 있을까 찾던 중에 주변에서 사회복지사 자격증을 따면 복지 분야에서 일할 수 있다는 얘기를 들었어요. 대학교 평생교육원에 취득과정을 문의한 결과 출석 수업이나 온라인 강좌 모두 현실적으로 시간 할애가 어려워 퇴직 후로 미루게 됐어요. 퇴직하고 좀 쉬면서 평생교육원 사회복지사 자격 취득과정에 입문하면서 사회복지업무로 제2의 인생길로 접어들게 된 계기가 됐어요.

석중균 이사, 사회복지법인 룸비니 사무국에서

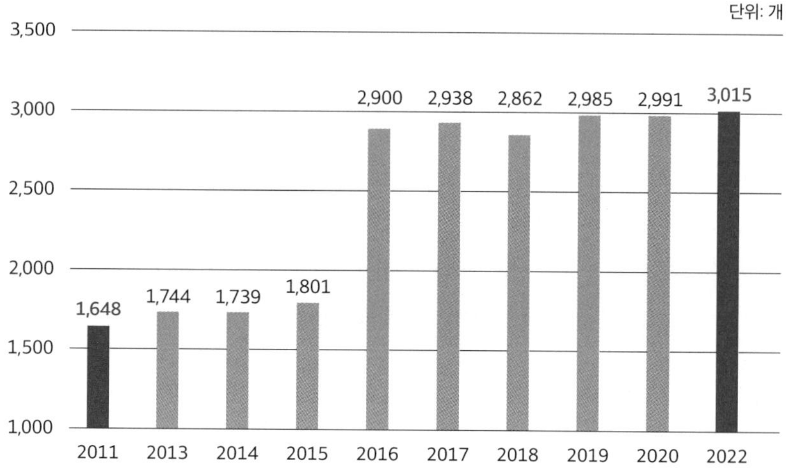

전국 사회복지법인 현황

출처: 보건복지부

어떤 과정을 거쳐서 사회복지법인 상임이사직을 맡게 되셨나요?

부천에 소재한 대한불교조계종 석왕사 창건주이면서 룸비니 사회복지법인 설립 후 현재 법인 이사장으로 계시는 분이 영담스님입니다. 제가 1986년 석왕사 청년회원으로 활동할 때 석왕사 주지스님이셨어요. 그때 인연이 인맥이 됐어요.

사회복지사 자격증 공부를 하던 중 우연히 행사장에서 이사장님을 만났는데 퇴직하고 어떻게 지내는지 물으셨어요. 사회복지 분야 공부하고 있다고 했더니 '퇴직하고도 열심히 공부하면 좋지요'라는 말씀을 듣고 헤어졌어요. 며칠 뒤 한번 보자는 연락이 왔어요. 법인 사무국장이 공석인데 사회복지사 공부도 하고 행정 경험도 있으니 함께 일해 보자고 하셨어요. 너무나 감사한 마음으로 이 자리에 오게 됐지요.

사회복지법인 룸비니는 어떤 일을 하는 단체인가요?

룸비니는 주사무소가 부천에 소재해 있고 1990년 설립돼 32년이 지난 현재 아동·청소년·장애인·노인·다문화 등의 지역복지 사업을 실천하기 위하여 부천·시흥·김포지역에서 장애인복지시설, 노인종합복지시설, 종합사회복지시설, 어린이집, 다문화가족지원센터, 작은도서관, 사회체육시설 등을 직영하거나 대행 운영하는 법인이에요.

상임이사는 주로 어떤 일을 하나요?

상임이사는 법인 이사장으로부터 업무를 위임받아 법인과 시설의 운영관리를 총괄해요. 조직·인사·예산·복무·노사업무 등 법인 전체 관리와 시설 이용자들에게 질 높은 복지서비스를 제공하기 위

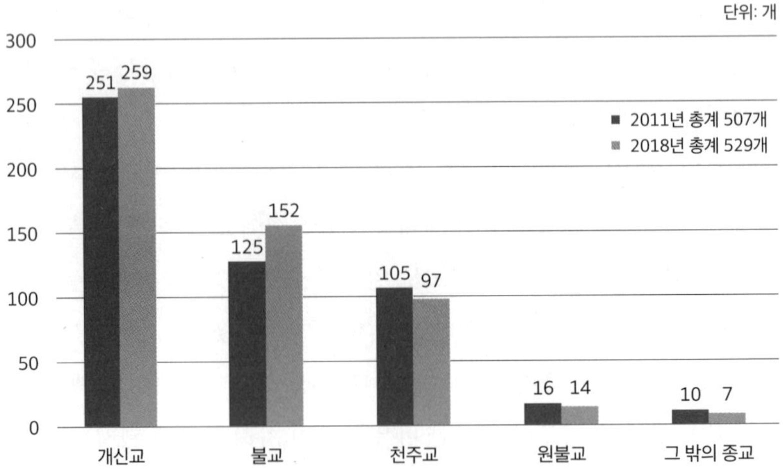

종교단체 관련 사회복지법인 수

출처: 문화체육관광부, 2018년 '한국의 종교 현황', 2011년 한국의 종교현황 조사 연구

해 시설 운영에 최선을 다하고 있어요. 또 법인 사무실이 사찰 내에 있어 사찰 행사나 재산관리, 행정업무 등을 지원하기도 해요.

인생 후배들이 이 일을 해보고 싶다면 어떤 준비를 미리 해야 할까요?

제가 가지고 있는 사회복지사 자격증은 대학교 정규과정 이외 대학교 평생교육원에서 수강할 수 있고, 출석 수업과 온라인 수강 2가지 방법이 있어요. 전공에 상관없이 2년제 이상의 전문학사 학위를 가지고 있으면 이론 16과목과 실습 1과목을 이수하는데 3학기가 소요돼요. 실습은 현장실습 160시간을 이수해야 자격을 취득할 수 있어요.

재직 중 힘든 일이 있었다면?

조직을 운영하다 보면 어디든지 어려움은 있어요. 법인에 입사한 지 1년도 되지 않아 지자체로부터 수탁받은 시설 1개소가 운영상 문제로 행정처분의 위기에 처했었어요. 처분의 수위에 따라 향후 5년간 지방자치단체로부터 수탁이 없게 되면 법인 설립 이후 처음으로 존폐의 갈림길에 서게 될 수도 있었지요.

그때 공직 경험을 살려 문제점을 신속히 파악한 후 자치단체 지적사항을 적극 수용하고 문제점 해소와 대안 제시, 소통을 통해 정말 힘든 과정을 이겨내며 난제를 해결했어요. 그 후 시설 운영 전반에 대해 재점검함으로써 전화위복의 계기가 됐어요.

이 직종만의 매력은 뭔가요?

고령화 시대를 맞아 복지 욕구는 급격히 늘어나고 있어요. 지방자치단체 예산 또한 복지예산이 가장 높은 비중을 차지하고 있고 민간 사회복지시설의 경우 정년 제한이 없어 건강하다면 평생직장처럼 다닐 수 있다는 게 매력이지요. 사회복지사가 근무할 수 있는 분야는 수요가 꾸준히 증가하고 있어서 청소년, 아동, 노인, 장애인, 다문화 등으로 계속 확장하고 있어요. 다양한 현장에서 근무할 수 있다는 장점을 가지고 있는 직종이기도 하지요.

다만, 지방자치단체로부터 수탁받은 시설이나 전액 보조금을 지원받는 시설의 경우 일반 종사자의 경우 정년이 60세이고, 시설장의 정년은 65세이나 정치권에서 법 개정을 통해 정년을 연장하는 쪽으로 검토하고 있어요. 사회복지시설 은퇴 후에는 정년이 없는 민간 복지시설로 갈 수도 있어요.

기억에 남는 에피소드가 있으시다면?

'인사(人事)가 만사(萬事)다'라는 말이 있잖아요. 복지법인도 시설마다 급여와 근무환경이 각기 다르다 보니 직원들은 근무조건이 좋은 곳에서 근무하고 싶어 해요. 그러나 장기 근무자로 인해 직원들 사이에서 다소 불만의 소리가 나오기도 했어요.

순환보직 인사에 어려움이 있었지만, 이해와 협조를 구하여 인사이동을 한 결과 조직 사기가 올라갔고, 더불어 시설환경까지 개선되는 효과를 얻어 2022년도 보건복지부 시설 운영 평가에서 모든 시설이 'A 등급'을 받는 쾌거를 이루어냈지요.

수입은 어느 정도 되나요?

월 급여는 평균 400만 원 정도 돼요. 퇴직 초기 100만 원 내외를 생각했었는데 엄청나게 행복한 거죠. 이런 기회를 주시고 배려해 주셔서 늘 감사하고 있어요.

마지막으로 인생 후배들에게 조언 한 말씀.

재직 중에 성공적인 직장생활 비결을 후배들과 적극적으로 소통해 신뢰받는 인생 선배가 되면 좋겠어요. 퇴직 후 길거리에서 마주친 후배와 인사라도 나누고 지나가면 성공한 인생이고, 소주 한 잔 나눌 기회가 주어진다면 그보다 더 행복한 일은 없겠지요. 최소한 후배들이 외면하거나 피해 가는 사람은 되지 말아야죠.

마지막으로 하고 싶은 말은 '해결하려는 마음이 없으면 법과 제도만 보이고, 해결하고자 적극적으로 나서면 방법이 보인다'는 말을 곱씹으며 모든 일에 긍정적인 사고와 적극적인 자세로 임하면 후에 반드시 좋은 일이 있을 거라는 걸 잊지 마세요.

사회복지 직종 취업자 수 전망(2020~2030 중장기 인력 수급 전망)

직업 (소분류 기준)	취업자 수(천 명)				취업자 증감 수(천 명)			
	2015	2020	2025	2030	2015~2020	2020~2025	2025~2030	2020~2030
사회복지 관련 종사자	433	449	464	480	15	16	15	31

출처: 고용노동부(2022년)

사회복지법인 룸비니 사무국 및 다문화가족지원센터 외부 전경

06 요즘엔 예쁜 펜션이 대세예요!

충남 공주 '한적한가' 펜션 대표

펜션이라는 숙박용어는 유럽에서 유래되어 우리나라에서는 2000년 전후하여 유행하기 시작한 것으로 추정된다. 단순한 민박에서 벗어나 높아진 소득수준에 따라 다양하고 폭넓은 숙박 형태가 나타나기 시작한 것이다.

최근 각종 언론 보도나 사회관계망서비스(SNS)를 통해 활발하게 올라오는 사진과 영상을 보면 펜션 자체가 예뻐야 한다는 것이 대세인 것 같다. 예쁜 펜션을 마음치유까지 할 수 있게 꾸며서 시골이 아닌 '공주 시내'에서 운영하고 있는 오주연 대표와 인터뷰를 했다. 시내에서 펜션을 어떻게 하게 되셨는지 그 궁금증을 풀어보고자 한다.

조기퇴직 하셨는데 특별한 이유가 있으셨나요?

결혼하기 전에 남편한테 미리 '결혼해서 아이를 낳으면 직장 그만두겠다'라고 얘기를 했어요. 결혼 후 첫 아이를 낳고 자연에서 아

오주연(49세)

2004년 5월 직장 조기퇴직(1997년 9월~2004년 5월), 2020년 12월 2일 '한적한가' 펜션업 사업자등록, 2020년 12월 18일 충남 공주시 '한적한가' 펜션 개업

오주연 대표

이들을 키우고 싶어서 직장을 그만두고 마당이 있는 단독 주택으로 이사를 했어요. 아이를 제 손으로 직접 키우고 싶은 것이 첫 번째 이유였어요. 애들 데리고 논밭 다니고 자전거 태워 주고 염소도 보여주는 등 너무나 행복했어요. 조기 퇴직해서 후회되지 않느냐고 물어보는데 저는 한 번도 후회해 본 적이 없어요.

두 번째는 제가 그림을 그려요. 전공이 미술은 아니지만, 그림에 대한 꿈이 있었어요. 직장생활을 하면서도 그림은 그렸었거든요. 결혼 후 남편이 동네에 있는 미술 동아리를 소개해줬어요. 선생님이 잘 가르쳐주셔서 그때 그린 수채화 첫 작품과 몇 점 그림들을 펜션에 걸어 놓게 되었지요.

'내 집같이 편안한 도심 속 힐링 펜션'이라는 개념으로 일반적인 펜션 위치와 조금 다른데 사연이 있었나요?

부천에서 외벌이로 도시 생활하기엔 힘든 면도 있고 해서

2004년에 남편 고향인 공주로 내려왔어요. '한적골'이라고 시아버님과 남편 고향이에요. 공주시 신금지구 택지개발로 토지수용이 되면서 후에 원주민용 택지를 공급받았어요. 시부모님께서는 자식 중 누구든지 이 토지에 단독주택을 짓고 살기를 원하셨고, 결국 저희가 이곳에 집을 짓게 된 거예요.

전액 빚으로 주택을 짓다 보니 경제적으로 힘들게 되었고 여러 가지 고민 끝에 펜션 본채(22평, 가실) 옆에 있는 별채(15평, 나실)에서 종이접기 교실을 했어요. 우리 집 다섯 살 둘째가 종이접기를 너무 좋아하더라고요. 그래서 주변에 아는 엄마들한테 조사해 보니까 종이접기 교실이 반응이 좋아서 바로 시작했더니 대박이 났었죠.

또 한 가지 생각한 게 제가 단독 주택을 고집했잖아요. 내 아이들을 자연에서 손으로 만지고 나무를 보고 이런 것들을 애들한테 경험해 보게 하고 싶었어요. 저와 같은 생각을 하는 부모들이 많을 거고 나이 드신 분들도 단독 주택을 좋아하시잖아요. 여기다 단독 주택 체험하듯이 빌려주는 집으로 개조하면 세종시도 가깝고 아이 있는 부모들이 많이 찾을 것 같다는 생각이 들더라고요. 인테리어 전문가와 함께 최소한의 비용만 들이기로 하고 펜션으로 가게 된 거죠.

◎ 나무 담장이 진한 회색빛으로 높이 둘러쳐져 있어서 특이하다는 느낌을 많이 받았어요.

처음에는 누구를 의식하고 마당으로 나가야 하는 낮은 담장이었어요. 좀 불편했는데 이렇게 높이 담장을 치니까 지금은 너무 편해요. 담장 재질을 선택할 때 대나무로 할까 하다가 그만두고, 돌로 하자니 돈이 너무 많이 들어갈 것 같고 해서 실내장식하시는 분과 같이 협의하면서 기와색과 어울리는 색으로 하자는 의견에 따라 검은색으로

'한적한가' 펜션 전경(상), 펜션 담장(하)

나뭇결이 살아나게 한 번만 살짝 칠하는 걸로 합의가 되었어요. 수채화 같은 느낌이 들거든요. 어둡지도 않고 나무 느낌이 나면서 세련된 울타리가 되어 사람들이 아주 좋아해요.

펜션이 두 동으로 규모가 작네요. 손님이 많이 찾아오나요?

개업하고 지금까지 평일, 주말 쉬지 않고 예약이 찼어요. 지금은 코로나로 인해서 펜션업이 수요가 폭발적이에요. 해외로 못 나가니까 국내로 가잖아요. 비대면으로 갈 수 있는 데는 한정돼 있고 펜션은 독채로 가족끼리 보내면 괜찮으니까 오히려 작은 펜션들을 사람들이 더 선호하는 거죠. 저는 주택이라서 선택의 여지 없이 그냥 이렇게 한 거예요. 또 요즘에는 코로나로 인해서 우울감 때문인지 아늑한 주택을 더 많이 찾는 것 같더라고요.

어떤 과정을 거쳐서 이 일을 하게 되셨나요?

이 주택은 저희가 살던 곳이었고 처음에 집을 장만했을 때 펜션 할 거라고는 생각도 못 했죠. 지인들이 우리 가족이 주말에 다른 곳으로 놀러 갈 때 한번 빌려달라는 농담을 많이 했었거든요. 아이들이 우리 집에 놀러 오는 거를 너무 좋아했어요. 같은 학교 다니는 아이 엄마들도 우리 집에 아이 손을 잡고 와서 여기 마당에서 애들과 같이 노는 것 자체를 너무 좋아했어요. 단독 주택을 좋아하는 엄마들이 생각보다 많다는 것을 알게 되었어요.

자연스럽게 아이들과 부모들이 함께하는 단독 주택 체험공간을 생각하게 되었어요. 그런 여러 가지 생각과 주변 여건이 쌓이고 쌓여 장기간에 걸쳐서 주변 사람들의 반응과 내가 여기서 할 수 있는 것들을 고민하게 된 거죠. 최종적으로 하나의 작품이 만들어진 거예요.

이 일을 해보고 싶다는 사람이 있으면 어떤 준비를 미리 하면 좋을까요?

먼저 이걸 하기 전에 펜션 일에 온전히 몰입할 수 있는지 물어보고 싶어요. 그리고 청소에 진심인지. 내 가족이 머무를 수 있을 정도로 깨끗하게 준비해 줄 수 있는지 자문해 봐야 해요.

저희 펜션이 깔끔하다고 소문이 나 있어요. 그렇게 하는 이유가 어쨌든 쉬러 오는 곳인데 더러우면 기분이 상하잖아요. 이불이 찝찝하고 바닥에 머리카락이 있으면 쉼이 안 되잖아요. 저는 욕실 변기 하나를 닦았으면 그 수세미는 다 버려요. 하루에 세 개를 버리는 거죠. 어떤 손님이 '너무 깨끗해서 참 좋은 시간 됐다'라고 후기를 남겼어요. 손님들이 후기 문자 보낼 때 '다음에 또 올게요'라는 말을 많이 해요. 재방문이 많아요. 온전한 쉼이 있으려면 청결이 가장 중요하다고 생각해요.

이걸 하기 위해서는 땅을 사거나 건물을 새로 짓거나 하는 부분에서는 너무 큰 투자라 굉장히 부담스러울 거예요. 이런 공간만 있다면 개조하면 되니까 전 추천해요. 예를 들어서 전원주택이 있는데 두 부부

한적한 가실 내부 전경(상), 나실 내부 전경(하)

만 살고 남는 공간이 있다면 최신 유행에 맞춰 새롭게 꾸미는 거죠. 숙박 공유서비스 회사에 내준다든지, 국내 민박처럼 활용하면 돼요.

펜션 운영 중 힘든 일은 없으셨나요?

펜션은 청소가 제일 힘들어요. 청결이 가장 소중하니까 남한테 주는 거를 대충 주지 않거든요. 이런 펜션도 손님이 만족스럽게, 내 가족이 잘 수 있고 내가 생활할 수 있을 정도로 양심적인 펜션으로 운영하려고 해요.

힘든 일은 아니지만 노쇼(No Show, 예약하고 오지 않음)라고 있잖아요. 우리는 딱 한 번 있었어요. 이유를 모르겠어요. 연락도 없고 아무리 연락해도 전화를 안 받아요. 그리고 손님과 갈등이 있을 때는 환급을 해줘요. 손님의 불만족이 제가 잘못해서 그런 게 아니라 어쩔 수 없이 생겼던 문제들이 있었어요. 우리 펜션 앞 도로 공사를 하는데 미리 통지도 하지 않고 갑자기 아침 일곱 시에 건설 인부들이 찾아와서 문 두드리고 전화하면서 차 빼달라고 하니까 손님이 주무시다가 기분을 망친 거죠. 100% 환급해드렸어요.

이 직종만의 매력은 뭔가요?

펜션업은 저랑 직원 세 명이 함께 약 2시간 집중적으로 청소를 하고 나면 끝나요. 일반 식당이나 카페 등 대부분 서비스 업종은 종일 일해야 하고 대체가 잘 안 되잖아요. 짧은 시간에 깨끗하게 청소하고 나면 온종일 손님들이 즐기는 거니까 외출하는 것도 자유로워요. 그런 점이 매력이죠.

특히 여기는 도심이라서 진짜 준비 없이 갑자기 떠나와도 힐링할 수 있는 곳이에요. 그냥 옷만 가지고 오면 인근에 맛집 카페, 식당이 많아서 편히 쉬다 갈 수 있어요. 불멍(불을 쳐다보며 멍 때리기), 바비큐 등 충분히 즐길 수 있는 준비가 되어 있어요.

기억에 남는 에피소드가 있으시다면?

저희가 처음에 개업했을 때였어요. 불멍할 때나 바비큐 할 때 밤이나 고구마를 서비스로 조금 드린 적이 있었어요. 다 드리는 건 아니고 몇 분 정도 제가 직접 대면을 하거나 어쩔 수 없는 상황이 발생했을 때 드린 건데 손님이 그걸 브이로그(영상일기) 카메라로 찍어서 블로그에 올린 거예요. 다른 손님이 그걸 보고 오셔서 서비스해달라고 엄청나게 졸랐어요. 그리고 어떤 손님이 불멍 하려는데 불이 잘 안 붙는다고 전화가 와서 갔더니 '고구마'나 '밤' 서비스해달라고 해서 지원해주고 같이 술도 마시고 술 한 잔 따라주고 했던 일이 생각나네요.

수입은 어느 정도 되나요?

먼저 이 펜션에 들어간 사업자금에 대해서 말씀드리면 공주시 택지개발에 따라 원주민 보상으로 공급받은 토지를 사고, 목조주택 신축 등 총 1억 8천만 원 정도, 펜션으로 리모델링 하는 비용이 8천만 원 정도 들어갔어요. 전체 자금은 2억 6천만 원 정도 들어간 것 같아요. 지금은 훨씬 비싸겠지요. 수입은 직원 3명의 봉급과 각종 공과금, 연료비 등의 경비를 공제한 순수익으로 보면 한 해에 중견기업 대리급 연봉 정도 번다고 할 수 있을 것 같아요.

전망은 어떨까요?

국내 여행만 할 수 있는 코로나 대유행기 또 코로나 이후에 전 세계적으로 해외여행이 풀리면 외국인도 유치할 수 있으니까 펜션 사업이 전망이 좋을 것 같아요. 특히 아늑한 펜션은 내국인, 외국인 가리지 않고 인기가 좋으니까 전망은 더 좋을 것 같아요.

앞으로 계획이 있으시다면?

우리나라 국민소득이 높아짐에 따라 숙박업계의 변화가 점점 빨라지고 있어요. 펜션업계도 유행에 민감하게 반응하고 있고요. 저도 이 업계에서 길게 보고 가려면 개성 있는 뭔가를 해야겠구나 싶더라고요. 펜션과 함께 손님들에게 해줄 수 있는 독창적 이벤트나 비법을 고민하고 있어요.

07 '동네 사랑방'이 된 카페… 성공 비결은?

경기 부천 중동 카페 클랍클랍 대표

약 9만 개에 육박하는 사업장이 있는 우리나라 커피숍 시장은 포화상태라고는 하지만, 커피 수요가 여전히 높아서 수많은 프랜차이즈와 개인 카페가 오늘도 개업하고 있다. 반대로 빚만 지고 폐업하는 가게도 적지 않다. 사전 지식이나 경험 없이 은퇴 후에 인생 2막으로 선택하기에는 부담스러운 게 한두 가지가 아니다. 그러나 그 부담을 털어내고 예쁜 개인 카페를 창업하여 동네 사랑방으로 자리 잡은 곳이 있다. 50대 후반에 개인 카페를 창업한 박윤희 씨와 만났다. 그의 성공 비결을 소개한다.

개인 창업을 하신 이유는?

소상공인들이 쉽게 할 수 있는 게 커피숍이잖아요. 남편이 귀농에 관심이 많아서 크게 벌릴 생각은 안 하고 언제든지 접을 수 있

박윤희(62세)

2018년 12월 기존 카페 그대로 인수 후 사업자등록, 2018년 12월 부천시 《CAFE CLOP CLOP》 커피전문점 개업, 남편 은퇴 후 카페 협업

는 개인 사업을 하게 된 거죠. 우리 아이들이 성인이 된 후 혼자서 너무 심심하고 힘들다고 남편한테 얘기했더니 남편이 인천에 작은 커피숍을 알아봐 줬어요. 거기에서 손님이 많고 적음에 관계없이 제가 좋아하는 퀼트(quilt, 누비 바느질 소품)도 하고 친구들 보면서 4~5년 했어요. 그게 밑거름이 돼서 커피 사업을 조금 알게 된 거죠.

남편 은퇴 시점에 이쪽으로 이사를 오게 되었어요. 남편은 귀농 준비하느라 멀지 않은 지역을 알아보고 있었지요. 그러다가 남편이 우리가 사는 아파트 상가에 커피숍이 나왔다고 하는 거예요. 집에서 5분이면 왔다 갔다 할 수 있을 정도로 가까우니까 괜찮겠다고 생각은 했었어요. 한 달 동안 시골에 다녀왔는데 그때까지도 안 팔리고 있었어요. 그래서 우리가 인수했어요.

아무 준비도 없이 집이 가깝다는 이유 하나만으로 하게 되었는데 그게 제일 큰 장점인 것 같아요. 나이가 있는 사람들은 일단 출퇴근 거리가 멀고 오다가다 지치면 힘드니까 일단 집과 가깝고 아파트 단지도

카페 외부 전경

세대 수가 많고 한번 해 본 경험도 있어서 막연히 해도 될 것 같아서 하게 된 거예요.

손님이 많다고 들었는데 특별한 노하우가 있나요?

카페 인수 후 1년 동안 단골을 많이 확보할 수 있었던 이유엔 커피 맛도 있었지만, 동네 상권이니까 친절이 제일 중요하더라고요. 초면인데도 제가 손님들을 반갑게 맞아주니까 너무 좋아하시는 거예요. 현대인은 외롭잖아요. 그동안 몰랐던 사람도 여기 와서 애들 나이가 비슷하면 서로 인사해요. 제가 소개해 주면 서로 친구가 되어서 아주 친하게 지내요. 사랑방이 돼버렸어요.

제가 처음에 여기에서 카페 개업했을 때 어떤 손님이 당신 딸에게 "커피숍 주인이 바뀌었어. 장사꾼 같지 않더라"라고 말했대요. 저는 우리 집에 오신 손님들께 차 대접한다는 마음으로 하니까 손님들한테도 통하는 것 같아요. 진짜 마음과 마음이 통하는 걸 많이 느껴요.

주방에서 조리하시는 박윤희 대표

주변에 프랜차이즈 커피전문점이 많아서 타격이 크시겠네요?

완전히 크죠. 커피는 특히 그래요. 저가 프랜차이즈 커피숍은 저렴하고 양이 많으니까 젊은 친구들이 가고, 여기는 나이가 좀 있으면서 커피 맛과 다정다감한 분위기를 좋아하시는 분들이 많이 오세요. 그런 면에서 차별성을 두는 거죠.

인테리어가 독특한데 모두 혼자 하신 건가요?

처음에 여기 인수할 때 새로 페인트칠하고 커튼만 바꾼 다음 카페 전체 분위기를 제가 좋아하는 스타일로 바꿨어요. 제가 퀼트를 좋아해서 그동안 만들었던 벽걸이 소품이나 인형, 그리고 꾸준히 모아왔던 그릇으로 장식했어요. 특이한 커피잔 조명등 같은 것도 제가 구멍 뚫고 연결해서 설치한 거예요. 큰 돈 들이지 않고 손님들이 편안하게

창가 인테리어와 장식장

쉴 수 있는 공간을 만들어 보려고 노력했어요. 프랜차이즈하고는 다른 차별화된 분위기 덕분인지 동네 여성분들이 많이 찾아오세요.

이 카페는 혼자 운영하시는 건가요?

남편이 은퇴하고 귀농 준비를 하다가 카페를 개업하고 나서 알바도 자청하면서 여기 일을 도와주고 있어요. 코로나가 터지면서 카페에 영업 제한이 들어오니까 알바를 줄이게 되었고 남편이 카페 일을 도와주게 되면서 시간이 지금까지 흘러온 거죠.

커피 관련 공부를 별도로 하셨나요?

별도로 공부한 거는 없어요. 커피 원두 업체 선정을 잘한 것 같아요. 지인이 소개를 해줘서 원두를 받았는데 그 커피가 정말 맛있었어요. 개인 창업을 희망하시는 분들은 시간이 있을 때 제과, 제빵, 샌드

내부 전경

위치 등 디저트류, 커피도 배워 놓으면 나중에 큰 힘이 될 거예요. 여기 있는 샌드위치도 제가 만들었어요. 집에서 해 먹었던 방식에 제가 최상의 맛이라고 생각하는 걸 가미해서 새롭게 만들었어요. 손님들 반응이 좋아요. 다 기술자를 채용해야 하는 부분이지만 본인이 할 줄 안다면 자기가 좋아하는 맛으로 좀 차별화 해서 더 특별하게 만들 수 있거든요.

어떤 조건으로 인수하셨나요?

처음에 인수할 때 권리금으로 몇 천만 원 나갔어요. 권리금이 없는 데는 장사가 안 된다고 봐야 한대요. 카페 현존 상태 그대로 인수했는데 커피머신만 너무 오래돼서 새로 바꿨어요. 이 카페는 임대 보증금 3천만 원에 월세 200만 원이에요. 전철역 가깝고 아파트 단지 내 상가 1층 중심 길목에 자리 잡고 있어서 입지 조건이 좋아서 세가 비싸요.

개인 창업을 희망하는 사람이라면 어떤 준비를 해야 할까요?

일단 커피에 대해서 잘 알아야 해요. 맛이 좋은 원두를 골라야 하고, 친절해야 하고 또 상권도 잘 봐야 해요. 여기가 아파트 단지다 보니까 엄마들이 요즘은 집에서 안 모이고 다 나오는 추세예요.

또 미리 제과 제빵 기술을 배워 놓으면 나중에 메뉴를 추가할 수도 있어요. 30년 전부터 퀼트 인형 만들기를 취미로 했었는데, 카페 장식에 도움이 많이 되었어요. 커피잔으로 엔틱 접시도 만들어 봤어요. 그걸 카페를 하려고 만든 거는 아니지만 그걸 배우다 보니까 욕심이 생기고 노후에 카페하고 연결이 되었죠. 또 디자인 부분에서 배치라든지 이런 것은 본인이 관심을 가지다 보면 자연스럽게 터득하게 되더라고요.

카페를 창업할 위치를 선정하는 것도 아주 중요해요. 상가 길목에서 안정적으로 수입이 나올 수 있는 자리를 얻으면 금상첨화겠죠. 괜찮은 길목을 찾을 수 있는 안목이 필요해요. 커피 맛, 분위기 등등 종합해서 사람들이 찾아오게 만들려면 한 1년 정도 기간이 필요할 것 같아요. 아파트 단지는 금방 소문이 나요. 항상 한결같아야 해요. 어떻게 보면 안정적일 수도 있고 어떻게 보면 잘해야 한다는 부담감도 있어요.

사업하시는 동안 힘든 일이 있으셨다면?

젊은 엄마들이 이런 카페 차리는 게 꿈이래요. 나중에 은퇴하고 이런 거 하고 싶다는 손님도 있었지만, 사실은 이 일이 너무 힘들어요. 커피 내리는 게 쉬운 게 아니에요. '포터필터'(portafilter, 커피 가루를 담아 원액을 내릴 때 사용하는 손잡이가 달린 도구)도 너무 무겁고 온종일 서서 일하려면 체력이 받쳐줘야 해요. 코로나 때문에 제가 가게에 오래 붙어 있어야 한다는 게 힘들었죠. 알바를 오래 못 써요. 알바 구하는 게 시간이 어중간해서 제가 힘들어도 조금씩 연장 근무를 했었죠. 그게 육체적으로 힘들었어요.

이 사업만의 매력은?

3년 넘게 카페 사업을 하다 보니 단골 손님이 오실 때가 됐는데 왜 안 오시나 어디 아프신가 그러면 그분이 딱 오세요. "안 오셔서 궁금했었어요." 그랬더니 자기도 와야 할 것 같아서 왔대요. 손님과 저 사이에 서로 끈끈한 교감이 있는 거죠.

제가 일면식도 없는 좋은 사람들, 특히 젊은 사람들을 어디 가서 만날 수 있겠어요. 기계적이고 사무적인 프랜차이즈와 달리 저는 세 명이 와서 두 개만 시키면 한 잔 더 드려요. 그러면 되게 좋아하세요. 이게 개인 카페만의 매력이라고 생각해요.

기억에 남는 에피소드가 있으시다면?

갑자기 손님들이 많아져서 제가 바쁘면 단골손님들이 주방에 들어와서 설거지도 해주고 커피도 날라주고 그래요. 또 단골손님한테 잠깐 카페 좀 봐 달라고 하고 급한 일을 보고 온 적도 있어요. 단골손님들이 저를 편하게 생각하시니까 연말에 자기들 모임이 있는데 같이 가서 식사하자는 요청도 들어와요.

아기들이 지나갈 때 캔들이라도 손에 쥐어주면 되게 좋아해요. 어떤 유치원생 아이가 여기에 엄마랑 자주 왔었는데 엄마를 놓쳤나 봐요. 상가 엘리베이터 앞에서 카페로 들어오지 못하고 저를 보면서 "나 좀 도와 주세요."하는 것처럼 울고 있더라고요. 데리고 들어와서 엄마한테 연락했지요. 그렇게 해서 아이를 찾게 되었고 그 뒤로 엄마와 함께 계속 오더라고요.

순수입은?

순수입은 연봉으로 따졌을 때 한 4~5천만 원 정도 될 것 같아요. 코로나 때문에 수입이 줄어든 거고요. 2018~2019년도에는 2배 정도 된 것 같아요. 우리 단골손님들과 이웃 주민들 덕분이지요.

전망은?

프랜차이즈 카페가 많이 생기다 보니까 개인 카페 운영이 힘들고 어려워지면서 점점 줄어들고 있어요. 카페가 속해 있는 지역의 주민들과 소통을 많이 하고 사람들이 원하는 바가 뭔지를 찾으려고 노력하다 보니까 그 진심을 알아본 손님들이 모여들기 시작했어요. 사람들과 어울리는 걸 좋아하면 전망은 얼마든지 좋게 할 수 있어요. 왜냐하면 프랜차이즈 카페를 좋아하는 사람도 있지만 사랑방처럼 이런 분위기를 좋아하는 분도 있어요. 그 틈새를 보면 돼요.

그리고 사람 수명이 길어지니까 여생을 즐길 시간도 그만큼 길어지는 거잖아요. 나이 있는 사람들이 사실 갈 데가 많지 않아요. 여기는 아기부터 어르신까지 고객층이 굉장히 넓어요. 자기가 하기에 따라서 전망은 얼마든지 좋을 수 있어요.

앞으로 계획이 있으시다면?

남편 귀농 계획이 순조롭게 이루어지면 거기 가서도 작은 카페를 하면서 농사도 지어 보려고요. 해 본 게 있으니까 커피 예쁘게 뽑아놓고 오시는 분이 한두 명이라 하더라도 포기하지 않고 소일거리로 하려고요. 거창하게 몇천 평 농사는 아니고요. 건강이 허락하는 범위 내에서 소일거리 텃밭 정도로 남편과 함께하려고 해요.

08 길게는 80세까지 일할 수 있어요

서울 아파트 보안경비직

인터뷰하고 싶었던 직종 중에 가장 많이 섭외 시도를 했던 분야가 보안경비 분야다. 내가 사는 아파트 관리사무소에서 근무하시는 분들에게도 부탁을 해봤지만, 모두 거절하셨다. 또 큰 빌딩에서 경비 일을 하시는 분과 말문을 트고 인사를 하면서 친분을 쌓았지만, 인터뷰에는 난색을 보이셨다. 그러나 가까운 지인의 지인으로부터 인터뷰 기회를 어렵게 잡았다. 육군에서 이른 시기에 전역하신 이상우 씨. 다부지고 군인다운 풍모는 그대로였다. 아파트 크기에 따라 근무환경이 다르겠지만, 겸손한 자세로 인사 잘하는 것부터 강조하신다.

퇴직 후 소감 한 말씀 해주세요.

군 전역 후 민간 사회에 나와서 처음 한 일은 주유소 알바였어요. 일단 취업을 위해 여기저기 이력서를 넣어둔 상태에서 3개월 정

이상우(55세)

2016년 6월말 육군 전역, 자격증: 심리상담사 1급(2013), 아동 · 노인심리상담사(2013), 사회복지사 2급(2015), 2016년 9월 서울 고급 아파트 보안경비직 취업

사무실에서 근무 중인 이상우 씨

도 했어요. 저는 '민간 사회는 인정사정없다'라는 말을 늘 가슴에 새기고 있어요. 이게 무슨 뜻이냐면 군대는 인정상 개인 사정을 참작해주는 융통성이라는 게 있었는데, 민간 사회는 자기 일이 아니면 관여하지 않는 등 남을 배려하는 마음이 적다는 거예요. 민간 사회에 나와서 취직하고 보니까 회사 윗사람들이 개인 사정 봐주지 않더라는 거죠. 자연스럽게 우리도 그걸 보고 배우게 되었어요. 그게 좀 아쉽더라고요. 우리 일이 고도의 기술을 요구하는 일이 아니니까 3개월 또는 6개월 만에 교체되는 경우도 있어요. 언제든 해고될 수 있다는 불안감이 늘 따라다녀요. 민간 사회는 진짜 생존 경쟁이 치열해요. 공무원이나 대기업에서는 잘못하면 징계를 내리지만, 중소기업에서는 그냥 잘라버려요.

그리고 아파트 일에서 시설 담당하는 사람들은 아파트 주민 집에 들어가서 필요하면 수도꼭지도 고쳐주고 화장실 수리도 해주잖아요. 보안경비는 그냥 앉아서 인사만 하고 CCTV나 보고 있으니까 주민 입장에서는 보안경비보다 시설담당자들을 더 인정해줘요.

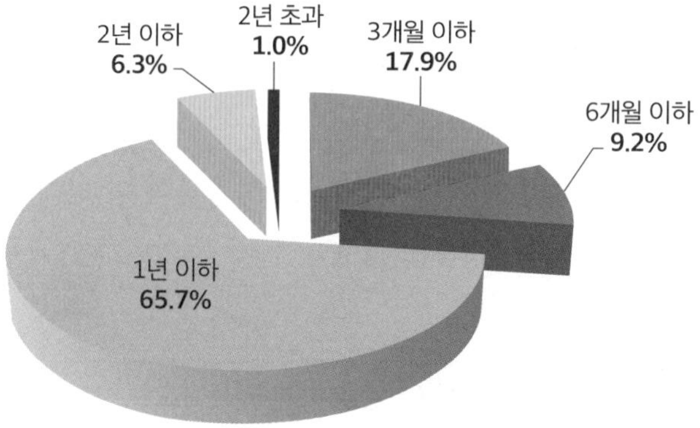

자료: 충남 아파트 경비노동자 실태조사(2020.9월)

일반경비원 근로계약기간

※ 최근 아파트 경비원 채용 시 쪼개기식 근로계약이 성행하는 내용이 언론에 보도되는 등 문제가 되고 있다.

출처: 충남노동권익센터

아파트 보안경비는 주로 어떤 일을 하나요?

가장 중요한 일은 아파트에서는 입주민의 안전입니다. 도난, 화재 등 다양한 위험 발생을 방지하는 업무를 하고 있어요. 하루 24시간 일하고 다음 날 24시간 쉬는 형태로 일하고 있어요. 기본 업무와 더불어 입주민과 인사를 나누며 잘 지내는 것도 중요해요. 우리 아파트에는 외국인들이 많아요. 대략 30% 정도 될 거예요. 외국어에 능통하지 않으니까 스마트폰 통역 앱을 통해서 대화해요. 이분들에게는 관심을 많이 가져야 해요. 특히 입주민이 새로 이사 왔을 때 시설물에 대해서 잘 모르니까 문의하시면 답변하고 친절하게 그리고 상세하게 알려드리려고 노력하고 있어요.

아파트 공용부분의 유지 · 보수 및 안전관리를 책임지고 있는 시설분야 직원들은 대부분 70대까지 다녀요. 보안경비 분야도 힘든 일을 하는 것이 아니기 때문에 건강만 허락한다면 70대까지 할 수 있다는 것이 최대의 장점이지요. 일도 잘해야 하겠지만, 오래 근무할 수 있는 비결은 인사를 잘해야 한다는 거예요. 주민들과 친숙하게 잘 지낼 수 있는 인간적인 관계 형성만이 오래 살아남을 수 있는 길이에요. 물론 다른 사회생활도 마찬가지지만 싹싹하고 사람들과 잘 친해질 수 있는 친화력이 있는 사람이 잘 되더라고요.

어떤 과정을 거쳐서 이 일을 하게 되셨나요?

군에서 전역하기 전에 퇴직 교육을 받을 기회를 줘요. 사회에서 필요로 하는 기술을 배우거나 귀농, 사회복지 등 여러 분야가 있어요. 저는 기술을 배우는 쪽보다는 사람들과 만나서 대화하는 걸 좋아해서 보안경비 쪽을 선택했어요. 일정한 교육을 받은 후 전역했더니 선배 중에 직업소개소를 운영하시는 분이 있으시더라고요. 그분의 도움으로 아파트 보안경비 일을 하게 되었어요. 일반인은 3일간 보안경비 교육을 받아야 해요.(일반경비원 신임교육-하루 8시간 3일 과정. 총 24시간. 실무 10과목 이수 후 평가시험에서 60점 이상 득점해야 이수증 취득)

더 이상 물러날 데가 없었어요. 바닥이니까 우리는 밑바닥이라고 생각해요. 여기보다 더 높이 올라갈 데도 없고 여기 이 바닥에서 나가면 갈 데가 없어요. 보안경비업에서는 여기가 그래도 근무환경이 꽤 좋은 편인데 여기보다 더 좋은 곳도 많지만, 그리로 갈 수가 없어요. 옥수동에 있는 아파트는 평균 100평이 넘어요. 경쟁이 너무 치열해요. 좋은 곳은 자리가 쉽게 나오질 않아요. 우리는 통상 3개월 계약직이 대부분이에요. 3개월 단위로 계약을 계속 갱신하는 거예요.

다른 아파트와 비교하면 근무환경이 어떤가요?

여기는 고급 아파트라서 일단 최신식 시설을 갖추고 있으니까 직원들이 손이 덜 가요. 근무환경이 좋은 거죠. 그리고 주민들이 일에 대한 간섭이 거의 없어요. 대신에 주민들이 우리한테 과일 등 먹을 걸 많이 챙겨 주세요. 너무 많아서 집에 갖고 가기도 해요.

이 일을 해보고 싶다는 사람이 있으면 어떤 준비를 미리 하면 좋을까요?

가장 먼저 일반경비원 신임교육을 받고 이수증을 취득해야 해요. 취업 전문업체에서 교육받으면 돼요. 요즘엔 워낙 퇴직하는 사람들이 많아서 정말 성실하고 인간적이지 못하면 적응하기 힘들어요. 사람을, 주민들을 상대하는 일이기 때문에 항상 웃는 얼굴로 대해야 해요. 어떻게 보면 감정노동인 거죠. 그리고 '안녕하세요? 무엇을 도와드릴까요?' 등을 해요. 내가 힘들어도 입주민이 다가와 도움을 요청했을 때 먼저 일을 도와드리는 자세가 필요해요. 그런 마음가짐이 최우선이에요.

일단 보안경비 일을 시작하면 일도 중요하지만, 직장 내 사람들 특히 윗사람들과의 관계도 굉장히 중요해요. 그 사람들이 나를 데려다 쓰는 거잖아요. 무시할 수 없는 부분이죠. 그 윗사람들이 다른 데 더 좋은 곳으로 가게 될 때 나를 데려갈 수 있을 정도로 인간관계를 형성해 놓는 게 중요해요.

재직 중 힘든 일이 있으셨다면?

아파트 보안경비는 먼저 주민과의 갈등이 없어야 하고, 직장

상사와 동료 간 인간관계를 잘 형성해야 살아남을 수 있어요. 여기서는 잘잘못을 정확히 따져야 할 때가 있어요. 자칫 잘못하면 해고당할 수 있어요. 내가 책임지겠다고 하는 것은 징계가 아니라 퇴사를 의미하거든요.

이 직종만의 매력은 뭔가요?

매력이라고 하면 길게는 80세까지 일할 수 있다는 거예요. 건강하면 계속 일할 수 있어요. 입주민들과 원만한 관계 속에서 행복한 직장생활을 만들어 갈 수 있어요. 또 한 가지, 입주민이 어떤 부탁을 했을 때 잘 처리해주면 크든 작든 감사의 표시를 해요. 그게 보람인 거죠.

기억에 남는 에피소드가 있으시다면?

제가 군시절에 틈틈이 공부해서 취득한 상담사 자격증이 있어요. 주민 중에 가정적으로 애로사항이 있는 사람에게 상담해준 적도 있었고 모 사모님한테도 부부관계를 상담해준 적도 있었어요. 제가 오며 가며 인사를 늘 잘했었는데 한 번은 모 기업 이사님이 저보고 그동안 잘해줘서 고맙다며 식사 같이하자고 했을 때가 가장 보람이 있었어요.

수입은 어느 정도 되나요?

많다고 하면 많고 적다고 하면 적은 거지만, 한 달 봉급으로 287만 원을 받고 있어요. 제 위에 있는 팀장은 저보다 조금 더 받는 수준이에요. 최저 임금보다는 조금 더 받는다고 보면 돼요. 서울 고급 대형 아파트이니까 일반 아파트보다는 많이 받는 거라고 생각해요.

전망은 어떨까요?

아직은 괜찮아요. 로봇이나 AI 등 최첨단 시스템이 나온다 해도 사람끼리 대화함으로써 소통이나 문제 해결을 순조롭게 할 수 있다고 봐요. 일부분 로봇을 쓸 수는 있어도 가장 중요한 일에는 사람이 필요할 수밖에 없다고 봐요. 한참 전부터 아파트 관리에 무인경비시스템이 도입되어 경비원 수가 많이 줄었지만, 그래도 사람은 필요하거든요. 우리 아파트도 인건비 때문에 18명에서 8명으로 줄였어요. 그렇지만 무인경비시스템이나 로봇이 100% 보안경비 일을 다 할 수는 없어요. 즉흥적인 대응에는 사람이 필요하죠. 사람이 할 수 있는 일은 반드시 있어요.

앞으로 계획이 있으시다면?

특별한 계획보다는 이 보안경비 업무를 건강이 허락하는 한 계속하고 싶어요. 저는 하루 일하고 다음 날 쉬는 시스템이 좋아요. 쉬는 날에는 제가 좋아하는 테니스를 치기 위해 빠지지 않고 동네 테니스장으로 나가요. 이것도 건강을 유지하기 위해서 하는 활동 중에 하나지요. 건강해야 무슨 일이든 할 수 있으니까요.

09 철학원, 세상 고민 해결사 역할

경기 부천 동양철학원 운영 혜일선사

작명, 궁합, 사주팔자, 운세 등 이런 단어들은 한국인들의 뇌리 깊숙이 자리 잡고 있다. 쉽게 접근하기 어려운 전통 한국 철학을 오랜 기간 공부하고 수련하신 분이 계신다. 30년간의 공직생활을 마무리하고 철학원을 개원하신 분을 인터뷰했다. 독특한 제2 인생을 개척하신 분을 소개한다.

퇴직 후 소감은?

다들 막막하겠지만 저 같은 경우 정신 수양을 20년 넘게 하고 동양철학을 10여 년 공부하였으니 달리 방법은 없었어요. 다들 퇴직하면 금전적 여유가 있었겠지만, 저는 현직에 있을 때 틈틈이 공부하느라 지출이 많아서 저축할 여유가 없었어요. 퇴직 후 오히려 지인들의 도움을 받았어요. 퇴직 후 철학원을 바로 개원했기 때문에 가고 싶었던 해외여행도 못 갔어요. 그게 매우 아쉬웠어요.

장형택(64세)

2009년 1월부터 철학 공부 본격 시작 12년 차, 2018년 12월 말 공무원 정년퇴직, 2018년 8월 경기도 부천시 현 오피스텔에서 개원

운천 철학원 혜일선사 장형택 대표

퇴직을 앞둔 인생 후배들에게 한 말씀 드린다면 '20년이든 30년이든 일 말고 뭐든지 조금씩 해봐라. 그러면 옛날부터 하고 싶었던 뭔가를 발견하게 될 것이다'라고요. 현직에 있을 때 일도 중요하지만 남는 시간에 한국방송통신대학교에 들어가서 자기가 하고 싶었던 공부를 해본다거나 특별한 취미활동을 찾아 실행에 옮겨 보기도 하며 지금까지 알았던 세상과 다른 세상에 있는 자기를 찾아가는 거죠.

철학원이 하는 일은?

철학원은 과연 나는 누구이며 향후 미래는 어떤 삶을 살 것인지 배우자와의 관계뿐만 아니라 인간사 전반을 보는 곳이에요. 또한, 건강의 취약점은 어디인지 이사택일 출산택일 각종 행사택일 성명 우리가 살아가는 인간사 모든 것을 상담하고 있어요.

가보지 않은 길을 걸어가야 하는 우리네 인생에는 오르막길이 있으면 내리막길이 있고, 나쁜 날이 있으면 좋은 날도 있어요. 동양철학에 나를 비추어 현재와 미래에 내가 주의하고 피해야 할 점이 뭔지 그리고 더 열심히 추구하거나 맞이해야 할 것이 뭔지를 짚어보는 거죠.

어떤 과정을 거쳐서 이 일을 하게 됐나?

저는 어린 시절부터 나는 누구이며 어디서 왔으며 계속 살아야 할 가치가 있는가, 무엇을 하며 살 것인가 등 세상 고민은 혼자 다 짊어진 듯이 살아왔어요. 제가 어릴 때 아버님이 일찍 돌아가시고 어머니가 생계를 꾸리시면서 힘든 것을 보았기 때문에 그 영향도 있었다고 봐요. 돈 벌겠다고 일찍 부모님과 떨어져 객지 생활을 시작하였으나 사회는 그리 녹록하지 않았어요. 뒤늦게 공부를 시작하여 대학을 가도 인생의 숙제는 풀리지 않았고 그 후 공무원이 되어도 결혼을 해도 항상 머릿속에는 삶이란 무엇인가가 숙제였어요.

그러던 중 30대 후반에 명상센터를 알게 되고 해답을 어느 정도 찾았어요. 영적 세계관이 어느 정도 확립이 되었으나 직장과 가정이 있었기에 현실을 무시할 수가 없었어요. 중간에 대학원을 진학하여 공부와 직장에 매진하다 보니 정신 수양에는 소홀할 수밖에 없었어요. 그 이후에 애들이 사춘기를 심하게 겪게 되고 애들 문제로 정신적으로 힘든 시기를 보내다가 1999년부터 알고 있던 철학원 선생님을 만나 정신 수양이 아니라 학문으로 접근하였어요. 초창기에는 사주학에 매진하고 어느 정도 이해가 되어 지리산 남원시 운봉에 계신 스승님을 만나 정신 공부와 병행했어요.

특별히 이 사무실에 자리 잡은 이유는?

대기실과 상담실이 따로 있을 필요가 있어서 두 개 공간으로 분리된 오피스텔로 오게 되었고 사람들이 찾아오기 편하게 전철역 인근으로 잡은 거예요. 8층 사무실을 선택한 이유는 내 사주에 오행(伍

운천 철학원 대기실

行)* 중에서 목(木, 나무)이 좀 약하기 때문에 그 약함을 보충해 주기 위해 팔(八, 8)을 선택한 거예요. 팔(八)이 목(木)을 의미하므로 팔(八)의 기운을 받아 토(土, 흙)의 기운을 눌러 줌으로써 철학원이 번창할 수 있게 하려는 것이었어요.

어떤 준비를 미리 해야 하나?

이 일은 사주학 책 몇 권을 달달 외웠다고 상담을 할 수는 있는 것은 아니에요. 개인마다 궁금한 사항이 다르고, 한 개인의 운명이 달린 사항이라 조심스러워요. 기초는 학원에 가서 배우고 좋은 스승을 만나 공부하고 마무리는 철학원 운영 능력까지 배워야 해요. 공부는 아무나 할 수 있어도 철학원 운영은 아무나 못 해요. 운영 기술은 안 가르쳐줘요. 동문 중에도 30년을 매진하고도 철학원 운영을 못 하는 사람을 보았어요.

---

* 오행(五行): 木(나무 목), 火(불 화), 土(흙 토), 金(쇠 금), 水(물 수)

◎ 어떤 분들이 주로 찾아오나?

사업, 진학, 취업, 주택문제, 금전거래, 승진, 부부관계, 이사, 결혼택일, 궁합, 개명, 출산택일 등 우리가 살아가면서 궁금한 사항 전부라고 보시면 돼요. 지역적으로는 서울, 인천, 안양, 안산, 수원, 성남, 멀게는 강원도 강릉, 철원에서도 와요. 한번 연을 맺어 놓으면 굳이 여기까지 오지 않아도 자료가 모두 있으니까 전화로 궁금한 것만 상담해줘요. 부부관계 쪽은 이혼하려고 오는 사람들이 많아지고 있어요.

◎ 위로가 필요한 분들에게 꼭 해드리고 싶은 말은?

아무리 괴롭고 힘들더라도 '이 또한 지나가리라.' 모든 것은 기다림의 미학이에요. 기대와 희망을 가지고 기다릴 만한 가치가 있는 것을 찾아가는 과정이 인생입니다. 정 힘들면 여행을 하세요. 국내 여행 또는 가까운 동남아로 가거나 우리나라 재래시장이나 오일장을 찾아보는 것도 좋아요. 우리 인생이 얼마나 귀하고 치열한지 볼 수 있는 곳이지요.

젊은이들은 스트레스 방어 능력이 조금 부족해요. 너무 귀하게 자랐고, 부족함 없이 자라다 보니까 직장생활 하면서 상사한테 꾸지람을 들으면 스트레스를 이겨내지 못하고 많이 고통스러워해요. 스트레스를 극복하는 방법은 혼자나 친구들끼리 여행을 떠나거나 책을 많이 읽어야 해요. 그 속에서 나를 찾는 노력을 해야 해요.

◎ 이 직종만의 매력은?

특별히 매력이라고 할 건 없지만, 상담 받으러 오신 분이 정신적으로 고통을 심하게 받거나 자녀가 뭔지 알 수 없는 기운에 의해서 고통을 받다가 저에게 찾아왔는데 상담이 끝나고 편안하고 가벼운 마음으로 돌아가셔서 정상적인 생활을 하고 계실 때 가장 뿌듯했지요.

◎ 기억에 남는 손님이나 특별한 일화는?

진주에 계신 분이었어요. 이분은 2시간마다 정신을 차릴 수 없을 만큼 고통에 시달렸어요. 일류병원은 다 다녔는데도 고칠 수가 없었어요. 사주를 적어 놓고 보니 초혼 실패하거나 그렇지 않으면 남편이 죽을 운이었어요. 남편하고 사이가 좋으냐고 물었더니 좋다고 해요. 그럼 남편이 살아 계시냐고 물었더니 4년 전에 돌아가셨대요.

돌아가신 남편과 사이가 좋은 결과로 부인 곁을 떠나지 못하고 부인을 그렇게 힘들게 한다는 생각에 조그마한 부적을 하나 작성해서 보내드리고 15일 후에 태우라고 했더니 씻은 듯이 좋아져서 그 후로 페이스북에 놀러 다니는 사진이 막 올라와요. 그 뒤로 진주, 창원에서는 그런 손님한테서만 연락이 왔어요. 한동안 난감했었어요.

◎ 전망은?

인간이 존재하는 한 없어지지 않을 학문이에요. 사주명리학(四柱命理學)은 우리 인간사 전반을 다루기 때문이지요. 가족, 친구, 동료, 사회구성원들과의 관계 모든 것이 이 학문 속에 들어있어요.

◎ 수입은?

정확하게 말할 순 없지만 저는 코로나 오기 전까지는 여유가 있었어요. 특히 신년 초에 수입이 가장 많아요. 그 이후에는 이사, 시험,

작명 등 다양한 상담을 해요. 평균적으로 직장인 수입은 될 거라고 봐요.

이 직업을 선택하려는 인생 후배들에게 조언 한마디?

철저한 동양철학 공부는 기본이고 거기에 남이 가지고 있지 않은 영업 주특기가 있어야 해요. 주변에 이 직업을 가진 분들이 풍수와 병행하고 있는 것을 자주 봐요. 실제 사례로 태백산에서 20년이 넘도록 공부하고 하산했는데도 생계유지가 안 되어 어려움을 겪고 있는 분도 있더라고요.

앞으로의 계획은?

여유가 생긴다면 지리산 등 기운 좋은 명산에서 명상 공부를 하고 싶어요. 사주명리학은 남의 인생을 살펴주는 학문이지만, 명상은 자기성찰 또는 영성을 키우는 학문, 즉 도학(道學)이에요. 이제 나이를 먹으니 갈 길이 바빠요. 사람들은 오래오래 살 것처럼 행동하지만 그렇게 길지가 않아요. 돌아보는 삶을 살고 싶어요.

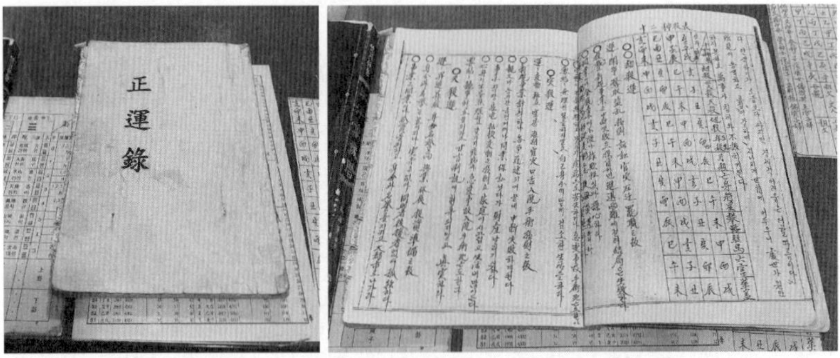

정운록(正運錄)은 사주를 보기 위한 자료로써 백호살(白虎殺), 상충살(相沖殺), 삼형살(三刑殺), 12신살(12神殺) 등 우리가 살아가면서 겪어야 할 풍파(운명)를 기록한 책이다.

10 장기요양요원 지원 일, 정말 뿌듯해요

경기 부천 장기요양요원지원센터 센터장

한국의 고령화는 세계에서 유례를 찾아볼 수 없을 만큼 빠르게 진행되고 있다. 통계청은 2025년에 65세 이상 인구가 20%를 넘을 것으로 전망하고 있다. 그에 따라 해가 갈수록 돌봄 수요가 증가하고 있고 요양보호사 등 돌봄 종사자 수도 늘어나고 있다. 그러나 돌봄 종사자들의 노동환경은 갈수록 열악해져 요양보호사 자격증 소지자 10명 중 2명만이 현장을 지키고 있다. 그만큼 사회적 인식이나 처우가 만족스럽지 못하다는 것이다.

정부는 이런 현실을 감안 각 지역에 장기요양요원지원센터 설립을 꾸준히 지원하여 돌봄 종사자 처우 개선에 힘을 보태고 있다. 경기도 부천시에서도 2021년 기초단위 지자체 중에서 단일 성격으로는 최초로 현 센터를 개관했다. 이 센터 총괄 책임자로 부임하여 돌봄 종사자의 행복한 일자리를 위해 열과 성을 다하시는 이영주 센터장을 만나 다양한 이야기를 들어봤다.

이영주(64세)

2020년 1월 공무원 퇴직, 2020년 4월 10일 부천의료복지사회적협동조합 부천시민의원 이사장 취임, 2021년 5월 1일 부천시장기요양요원지원센터장 취임, 저서: 통통(通通)해서 행복한 사회복지공무원(2014) / 희망을 나누는 복지이야기(2015)

◎ 퇴직 후 어떻게 지내셨는지?

30년 동안 공직 생활을 했어요. 그러다 부천시의료복지사회적협동조합(아래 의료사협) 부천시민의원 이사장직을 맡아달라는 요청이 들어와서 명예직이자 비상임직으로 수락한 후 1년 정도 봉사했어요. 이 센터의 민간위탁 운영자로 우리 의료사협이 선정된 후 제가 센터장으로 임명되어 활동한 지도 벌써 1년 8개월이 지났네요.

◎ 장기요양요원이란 무엇이고, 센터에서는 무슨 일을 하나요?

장기요양요원은 장기요양기관, 즉 요양원, 노인방문돌봄센터, 노인주야간보호센터 등에 소속되어 어르신의 신체활동과 가사 활동 지원, 심신기능의 유지·향상 등을 위한 서비스를 제공하는 종사자를 말하는데 여기에는 요양보호사, 사회복지사, 간호사, 간호조무사, 물리치료사 등이 있어요.

이영주 센터장

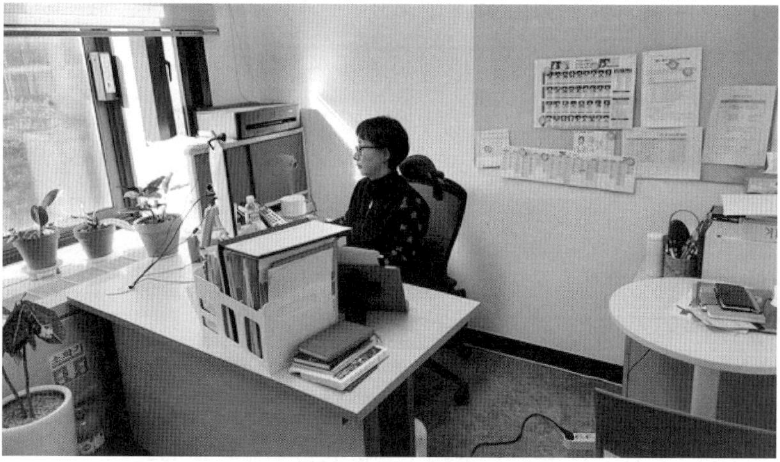

자그마한 집무실에서 이영주 센터장

우리 센터는 이런 돌봄 종사자들의 인권, 노동권, 건강권, 사회적 인식과 처우 개선까지 이분들의 권리를 지켜주기 위해 다양한 일을 하고 있어요. ① 권리 침해 상담 및 지원 ② 역량 강화 교육 지원 ③ 건강검진 등 건강관리 사업 ④ 취업 정보 제공 및 상담 ⑤ 사회적 인식 개선 사업 등 할 일이 너무 많아요.(부천시장기요양요원지원센터 홈페이지 https://bcgonggam.or.kr/)

장기요양요원지원센터가 서울에서 2013년 제일 먼저 개관했고, 서울에는 현재 총 5개가 있어요. 센터 이름은 약간씩 다르지만, 개관 준비 중인 지역이 계속 늘어나고 있어요. 부천시가 기초단위 지방자치단체 중에서 단일 성격으로는 최초로 센터를 개관했다고 자신 있게 말할 수 있어요.

요양보호사는 활동 초기에 국민 파출부나 가사도우미라고 부를 정도로 그들에 대한 인식 수준이 낮아서 아직도 우리 집에서 일하는 아줌마라고 부르는 일이 많아요. 그래서 이들에 대한 사회적 인식과 처우 개선을 위해 이분들에게 역량 강화 교육을 함으로써 능력 있는 사람들로 변화시켜 나가는 거예요.

요양보호사의 현 실태를 살펴보니까 그분들의 건강이 너무나 안 좋더라고요. 누워 계시는 노인들의 욕창 방지를 위해 체위 변경을 해야 하는데 요양보호사들이 연세가 많아서 굉장히 힘들어해요. 엄청나게 힘든 노동을 하는 거예요. 몸 상태가 나빠질 수밖에 없죠. 이분들에 대한 건강권을 챙겨주고, 다음에 노동 권익 보호에 필요한 일들을 지원해 주고 있어요.

어떤 과정을 거쳐서 이 센터를 운영하게 되셨나요?

의료사협 이사장직을 맡아 오던 중에 지인으로부터 장기요양요원지원센터가 조만간 개소할 예정이라는 소식을 듣게 되었어요. 관련 법령과 관계서류를 훑어보니까 우리 의료사협에서 맡으면 딱 좋은 센터라는 생각이 들었어요.

부천시에서 위탁 운영할 법인을 공개적으로 모집했어요. 우리 의료사협에 제가 제안하고 내부회의를 거친 후 응모하기로 최종 결정이 났어요. 부천시 관내 학교법인 등 응모한 법인이 꽤 있었어요. 최종적으로 두 개 법인이 경합했어요. 열심히 발표자료를 준비했고 우리 의료사협이 소규모 신생 법인이지만, 지역 주민이 아주 많이 참여하는 의료복지기관으로서 몇 년 동안 돌봄 관련 다양한 경험을 쌓아왔기에 거대 법인을 꺾고 최종 선정될 수 있었어요.

이 센터를 운영하면서 발견하게 된 문제점 하나만 말씀해 주신다면?

요양원 등 장기요양기관이 전국에 2만 6500여 개(2021, 통계청)나 있어요. 서울이 3600여 개, 부천에는 450여 개가 있어요. 장기 요양 기관에 소속된 돌봄 종사자는 국가 자격증을 가지고 있는 사람들이에요. 이는 국가가 개입해서 관리 감독하겠다는 의미이고 그에 따른 각종 비용도 지급하고 있어요.

보통 집에서 요양보호사를 부르면 국가에서 85%를 지원하고 개인 가정에서는 15%만 본인 부담하면 돼요. 요양 비용이 100만 원이면 15%니까 15만 원만 본인이 부담하는 거예요. 이런 시스템에서 현재 가장 문제 되는 게 뭐냐면 대부분의 요양보호사 연령이 50~60대예요. 50대가 30%이고 60대가 70%로 2배 이상 많아요. 젊은 사람들이 유입이 안 되고 있어요. 60대 요양보호사가 70대가 돼서 요양보호를 못 하게 되면 그때는 이 요양보호를 누가 책임지지 하는 문제가 생겨요.

장기요양요원 지원센터는 누구나 이용할 수 있나요?

우리 센터는 누구나 이용할 수 있는 것은 아니고요. 장기요양기관에서 근무하는 사람, 즉 현재 일하고 있는 분들만 이용할 수 있어요. 모든 강좌 수강료와 재료비가 무료예요. 우리 센터에서는 실제 근무 여부를 1년에 한두 번 정도 확인을 해요.

이 일을 해보고 싶은 사람은 어떤 준비를 미리 해야 할까요?
(인생 후배를 위한 조언)

저와 같은 센터장을 하려면 기본적으로 사회복지사, 요양보호사 자격증이 필요하고, 이 분야 경력이 있어야 해요. 보통 여기는 비영리 법인에서 민간위탁을 받아요. 그 법인에 소속되어 있어야 하니까 가장 중요한 게 인적 교류예요. 그걸 통해서 확장해 나가야죠.

제가 여기 오기 전까지는 요양보호사에 대해 잘 몰랐어요. 제가 사회복지사이기 때문에 요양보호사 자격증 취득에는 여러 가지로 유리했지만 크게 관심이 없었어요. 그런데 여기 센터장 들어오려고 하니까 요양보호사 자격증이 필요하겠더라고요. 자격증을 취득하고 일을 시작했어요.

지금은 이 일을 한 것에 대해서 굉장히 감사하게 생각하고 있어요. 제가 지금은 돌봄 종사자로서의 역할을 하지만, 나중에는 돌봄 대상자가 될 거예요. '내가 존엄하게 노인으로 살다가 존엄하게 가기 위한 준비 작업을 여기서 하는구나'라는 생각에 굉장히 감사하고 있어요.

◎ 수입은 어느 정도 되나요?

급여가 적지 않아요. 사회복지시설(기관) 관장 수준의 봉급을 받고 있어요. 또 전체 사회복지 경력을 80%나 인정을 해줘서 꽤 받아요. 그리고 봉급 일부를 여기 센터 후원금으로 내고 있어요. 의료사협이 사회적협동조합이기에 이 센터의 민간위탁 조건으로 후원금을 내야 하거든요.

◎ 전망은 어떨까요?

지난 5월에 전국 장기요양요원지원센터협의체 발대식이 국회의원회관에서 있었어요. 그 당시에는 13개 기관이었어요. 보건복지부에서 제2차 장기요양기본계획을 통해 전국 17개 지자체에 센터 설치를 완료할 예정이라고 발표했어요. 제주도와 세종시, 용인시, 당진시도 센터를 개관한다고 우리한테 와서 견학하고 갔어요. 다른 지자체들도 지금 한창 준비들을 하고 있는 것 같아요.

100% 지자체 예산으로 운영이 되는 곳이라서 젊은 사람들도 장기 요양 관련 사회복지사 자격증이 있다면 그리고 노인 복지 사업에 관심이 있다면 센터 직원으로 근무하는 것도 굉장히 매력적이라고 생각해요. 이 일은 꾸준히 성장하는 사업이에요.

11 외로운 어르신께 희망을 주고 싶어요

경기 부천 서정노인돌봄센터 시설장

25년간 사회복지 분야 공직생활 후 은퇴하시고 지역에서 노인돌봄센터를 운영하시는 분을 인터뷰했다. 평소 워낙 정성과 사랑으로 어르신을 돌보시니까 어떤 홀몸노인께서 큰 감명을 받으셔서 동두천 땅을 증여해 주셨다고 한다. 오명숙 센터장을 처음 본 순간 자상하신 큰 누님을 보는 듯한 따뜻함을 느꼈다. 부천에 있는 서정노인돌봄센터에서 어르신의 행복을 위해 노심초사하시는 그분의 눈부신 활동을 살펴보았다.

퇴직 후 소감 한 말씀 해 주세요.

퇴직은 정년을 1년 9개월 앞두고 조금 일찍 했어요. 아들 사업을 도와줘야 하는 일이 생겨서 갑자기 퇴직하게 되었어요. 도와줄 사람이 없어서 퇴직하고 쉬지도 못하고 아들네에 맨날 출근해서 일했어

오명숙(68세)

2014년 3월 말 공무원(사회복지) 명예퇴직(조기 퇴직), 2014년 11월 17일 경기도 부천시 서정노인돌봄센터 개관

오명숙 시설장

요. 4~5개월에 걸쳐 적극적으로 도와줬지요.

그 후 정리가 잘되고 한 달 정도 쉬면서 시간이 너무 허무하게 지나간다는 느낌을 받았어요. 집에 있다 보니까 아직 젊다는 생각과 일을 해야겠다는 생각이 들었어요. 주변 지인 중에 노인돌봄센터를 하시는 분들이 있어서 저보고 한번 해보라고 추천해 주시길래 아무 준비 없이 뛰어들었어요.

어떤 과정을 거쳐서 이 일을 하게 되셨나요?

기본적으로 사회복지 분야에서 공직생활을 25년 동안 해왔기 때문에 큰 어려움은 없었어요. 처음에 주변에서 하면 잘할 거라고 적성에 맞을 거라고 칭찬과 권유를 많이 해주셨어요. 저도 못 할 것도 없을 것 같았고 초기 사업자금이 많이 들어가지 않았기 때문에 큰 부담은 없었어요.

어려운 이웃을 돕겠다는 사회복지사의 기본자세가 되어 있다면 누구든지 할 수 있어요. 현재 사무실은 8평이고, 센터 규모로 볼 때 중

서정노인돌봄센터 외부 전경

급 정도 규모로 요양보호사, 사회복지사 직원 급여 포함 전체 운영비로 약 5천만 원 이상 나가요.

초기 사업자금 중에서 사무실 임대료가 제일 크지요. 사무실 위치가 굳이 좋을 필요는 없어요. 우리 센터 첫 사무실은 아파트 상가 2층이었어요. 한 1년 월세를 내면서 운영 중에 건물이 팔려버리는 바람에 우연히 이리로 오게 된 거예요. 현재 이 사무실은 모 시의원님이 그냥 쓰라고 주셔서 1년을 무료로 쓰다가 죄송해서 월세를 조금씩 드리고 있어요. 컴퓨터나 사무실 집기는 중고 또는 버리는 것을 재활용한 거니까 사무실 꾸미는 데 투입된 금액이 100만 원 정도 되는 것 같아요.

우리 일은 요양보호 대상자가 생기면 1대 1로 요양보호사를 집에 파견해서 보살펴 드리는 거예요. 그 부분에 대해 건강보험공단에서 요양보호 비용을 우리에게 지급해요. 그러면 그 돈을 가지고 요양보호사들에게 급여를 주는 거죠.

이 일을 해보고 싶다는 사람이 있으면 어떤 준비를 미리 하면 좋을까요?

특별히 준비할 것은 없는 것 같아요. 투자자금이 많이 들어가는 것도 아니고 사회복지에 대한 의지와 각오만 있으면 돼요. 기본적으로 사회복지사 자격증은 있어야 되고, 요양보호사 자격증도 있으면 좋죠.

첫째로 초기 비용이 적게 들어가고, 처음 시작은 사무실과 요양보호사 자격증만 있으면 혼자 할 수도 있어요. 혼자 꾸려나가다가 나중에 요양보호 대상 인원이 15명 이상이 되면 사회복지사 1명을 직원으로 쓸 수가 있어요(30명 이상 2명, 60명 이상 3명).

요양보호사들은 우리 사무실로 출근을 안 해요. 한 달에 한 번 정도 회의나 교육할 때만 와요. 우리 직원인 사회복지사들이 한 달에 한 번씩 요양보호 가정을 방문하기 위해 출장을 나가요. 20분 동안 상담해요.

그럼 돌봄 대상자는 어떻게 발굴하시나요?

이 사업은 별도로 홍보를 안 해도 돼요. 맨투맨으로 하면서 지인을 통해서 입소문이 나면 돼요. 우리도 맨 처음에 인터넷포털 '다음'에 홍보했는데 거기에서 온 분은 딱 두 명이었어요. 요양보호사가 또는 어르신들이 그리고 그 어르신 보호자들이 추천해 주기도 해요. 요양보호사는 물론 우리 센터 직원 모두가 아주 친절하지 않으면 대상자가 늘어날 수 없어요.

◎ 이 직종만의 매력은 뭔가요?

어르신들이 요양등급을 받을 정도면 많이 힘드시거든요. 홀몸노인이 가족이 있으면 그나마 괜찮은데 혼자 계시는 분들은 내 몸을 자유롭게 못 움직이시잖아요. 인지 능력도 떨어지고 그럴 때 숙련된 요양보호사 선생님을 파견해서 그 집이 변화되는 모습을 보게 되면 굉장히 흐뭇해요. 그런 게 매력이죠.

요양보호사가 가서 청소부터 집안일 싹 해주고 밥도 해주고 맛있는 거 해주니까 어르신들이 정말 좋아해요. 그런 손길이 그리우신 분들인데 누군가 매일 와서 하루에 3시간씩 함께 있어 준다는 희망이 있잖아요. 내일 누가 온다. 그런 희망을 준다는 게 매력이자 참 보람이죠.

◎ 코로나 때문에 힘든 기간이 있으셨죠?

코로나 사태 초기에는 감염 우려 때문에 요양보호사를 파견할 수 없는 가정이 한 10가구 정도 되었어요. 어르신들을 돌봐 주는 가족들이 있으니까 전염될까 봐 걱정되었지요. 지금은 일곱 가정에는 파견하고 있고, 나머지 세 가정에는 아직도 못 들어가고 있어요.

그리고 오랜 기간 보호해 오던 어르신들이 돌아가셨을 때 그게 제일 안타까웠어요. 몇 년씩 보살펴 드리니까 정이 많이 들게 되는데 돌아가시면 슬프죠. 4년 정도 돌봐 드린 분은 꽤 있어요. 가장 오래된 분은 처음 요양보호 받으신 후 6년 되신 분도 있어요.

◎ 요양보호 어르신 중에서 기억에 남는 분이 있으시다면?

남자 어르신인데 제가 차를 산 지 얼마 안 됐을 때예요. 독거노인이시고 아들은 직장 다니니까 요양보호사 선생님하고 제가 같이 병원에 가다가 뒷좌석에 앉아 있던 어르신이 오줌을 듬뿍 싼 거예요. 기저귀를 착용하고 있었는데도 양이 많으니까 흠뻑 배도록 싸셨어요. 그거 다 뒤처리해드렸죠. 엄청나게 미안해하셨어요. 어르신이 굉장히 똑똑하고 좋으셨는데 올봄에 갑자기 돌아가셨어요. 차 보면 맨날 그 어르신 생각이 나요.

기억에 남는 에피소드가 있다면?

제가 요양보호해 드린 어르신으로부터 경기도 동두천에 있는 땅을 증여받았어요. 신문에도 보도되었었지요. 양딸로 들어가서 지금 제가 관리해 드리고 있는 분이에요. 5년이 넘었어요. 제가 일주일에 한 번씩 우유랑 두유랑 바나나랑 항상 떨어지지 않게 넣어 드려요. 돌아가실 때까지 제가 보살펴야 해요. 동생분들이 있지만, 어머니 슬하에 자녀가 없어요. 제가 다 알아서 보살펴 드리고 후원자가 돼서 해드리고 있어요. 동생분이 저한테 다 맡기셨어요.

어머니가 먼저 땅을 저에게 주신다고 말씀하셨어요. 괜히 제가 어르신 꾀어서 땅을 갈취하려는 것인 양 오해 받을까 봐 걱정됐죠. 가족이 있으니까 동생을 줘라. 그랬더니 동생이 안 받는다 그랬대요. 어머니가 머리가 되게 좋은 게 뭐 줄까 의논이 아니라 '나 그 땅 오명숙이 줬어'라고 동생한테 얘기했더니 동생이 누나 잘했어! 잘했어! 막 그러더라는 거예요. 그 후 빨리 명의 이전하라고 해서 한 거예요.

전망은 어떨까요?

노인 인구가 해가 갈수록 많아지고 있어서 전망은 굉장히 좋

부천타임즈

일자 2016. 8. 19.

정성 다해 보살폈더니 땅 105m² 선물 받은 사연

부천시 공직자출신 오영숙 사회복지사… 서정노인돌봄센터 오픈
노인돌봄센터,병원,교회가 함께 무료진료 및 밑반찬 지원 나서

부천시 공직자 출신의 사회복지사가 자신이 돌보고 있는 어르신으로부터 7천만원 상당의 땅 105m² (32평)를 무상으로 양도 받아 화제가 되고 있다. 화제의 주인공은 부천시 소사구 소사본동에서 '서정노인돌봄센터'를 운영하고 있는 오영숙(62) 센터장이다.

오영숙 센터장은 부천시 사회복지 담당 공무원으로 25년을 재임하다 지난 2014년 명예퇴직 했다. 명퇴 후 그는 공직에서의 경험을 바탕으로 중풍, 치매,파킨슨,뇌혈관질환 등 노인성 질환을 앓고 있는 노인들을 돌보기 위해 '서정노인돌봄센터'를 개설하고 방문요양상담, 방문목욕, 등급신청 대행 등 업무를 하고 있다.

소사동 이 모(83세) 할머니는 자신을 친어머니 이상으로 정성을 다해 돌본 오영숙 센터장에게 경기도 동두천에 있는 대지 32평(싯가 7천만원상당)을 무상으로 양도했다. 처음 이 모 할머니가 오 센터장의 정성어린 돌봄에 감동해 땅을 주겠다고 얘기하자 "사회복지사로서,요양보호사로서 최선을 다해 돌봤을 뿐인데 땅을 받을 수 없다. 할머니 가족이나 주변에서 알면 오해할 소지가 있다"며 극구 사양했다. 하지만 이번엔 할머니 큰아들이 나섰다. "우리 가족들도 어머니를 지극정성으로 돌본 오영숙 복지사에게 땅을 무상으로 양도하는 것에 대해 환영한다"면서 "어머니의 제안을 거절하지 말아 달라"라며 적극적으로 나섰다. 이같은 인연으로 두 사람은 양어머니와 양딸 관계로 발전했다.

공직시절에도 친절과 봉사정신으로 귀감이 됐던 오영숙 센터장은 노인돌봄에도 예외는 아니었다. 그가 소사본동에 '서정노인돌봄센터'를 오픈한 것도 공직생활의 대부분을 소사구청, 심곡본1동,소사본1동,소사본3동,범박동, 역곡3동 등에서 근무해 지역환경을 누구보다 잘 알기 때문이다.

이같은 오영숙 센터장의 선행과 봉사활동이 널리 알려지자 이번엔 지역 교회와 병원에서 오영숙 센터장과 함께 봉사를 하겠다고 제안해 왔다.

한신아파트 상가에서 '현민숙내과소아과의원'을 운영하고 있는 현민숙 원장과 '장존교회' 조향호 목사는 오영숙 센터장이 운영하고 있는 '서정노인돌봄센터' 장기요양 수급대상자 중 가족 없이 외롭게 혼자 지내거나 가족이 있어도 어려운 가정환경으로 가족의 보살핌을 제대로 받지 못하고 있는 어르신에게 무료진료와 밑반찬 지원을 하겠다고 나섰다.

현민숙 원장은 월1회 어르신댁을 직접 방문하여 혈압체크,건강상태 확인,당뇨병 식이요법 요령 등 노인성 질환 무료진료를, 장존교회 조향호 목사는 교회 신도들이 정성스럽게 마련한 밑반찬을 제공하기로하고 8월 18일 오후 1시 부천시의회 [illegible] 부의장이 참석한 가운데 MOU를 체결했다.

현민숙 원장은 지난 수개월 동안 거동이 어려운 어르신들을 위해 가정을 방문해 노인성질환을 체크하고 처방전을 무료발급해 줬을 뿐 아니라 명절 시 호두과자, 과일 등을 선물해 어르신들을 위로했다. 이날 MOU를 마친 후 소사본1동 이모(90세) 어르신댁을 찾아가 건강을 체크하기도 했다.

오영숙 센터장은 "공직생활 25년 동안 정부로부터 월급을 받고 일을 했으니, 이제는 내가 지역을 위해 일을 해야 하는 것이 아니냐"며 환하게 웃어보였다. ◆서정노인돌봄센터:부천시 소사구 은성로68번길 106-1 전화 032-342-7724

부천타임즈/ 양주승 대표기자

신문보도자료

출처: 부천타임즈

긴 한데 경쟁이 심해서 그게 흠이에요. 진입은 쉬워도 센터가 자꾸 생기니까 경쟁이 점점 치열해져요. 관리를 잘해야 해요.

○ 수입은 어느 정도 되나요?

저도 시설장으로서 급여를 300만 원 정도 받고 있어요. 그리고 4대 보험, 퇴직금 적립 등 나가는 게 많아요. 앞으로 볼 때는 수입이 많은 것 같은데 뒤로 빠져나가는 게 많아요. 어르신 댁 방문할 때 음료수를 꼭 들고 간다든지, 보살펴 드리던 어르신이 돌아가시면 상갓집 가야죠, 자녀들 결혼하면 또 예식장 가야죠. 소소하지만 이게 모이면 큰 돈이 돼요.

이 직업을 선택하려는 인생 후배들에게 조언해 주신다면?

봉사하는 일이니까 사회복지사로 일해본 경험이 있는 사람들이 하면 더 수월할 거예요. 제가 이 일을 하다 보니까 남자보다 여자가 더 유리해요. 요양보호 대상에 여자 어르신들이 많아서 남자 센터장들이 가정 방문 오는 거를 꺼려요.

앞으로 계획이 있으시다면?

앞으로 요양원을 운영해 보고 싶은데 그건 자본이 10억 원 이상은 있어야 할 수 있대요. 요양원도 못 할 거는 없지만 융자 많이 받아서 하는 것도 싫고 그냥 이대로 편안하게 어르신들 돌보면서 건강 유지하고 도울 수 있는 거 돕고 그렇게 살려고요.

12 독거노인 건강지킴이, 저는 이렇게 시작했습니다.

노인일자리사업 독거노인 건강지킴이

60세 이상 은퇴자가 취업전선에 맨몸으로 뛰어들어 양질의 일자리를 구하기란 보통 어려운 일이 아니다. 우리나라는 세계에서 가장 빠른 고령화 사회이며 노년에 가난의 굴레를 끊지 못한 노인의 빈곤율이 세계 1위인 국가이다.

이에 국가적 오명을 조금이나마 씻기 위해 정부에서 노인일자리 사업을 추진하고 있다. 이 사업의 수혜자이자 독거노인 건강지킴이로서 활발한 활동을 하고 계시는 배명숙 은퇴자(62)를 만났다. 독거노인 건강 체크뿐만 아니라 본인 건강도 되돌아보는 계기가 되었다며 이 직업에 대해 아주 만족스러워하고 있었다.

퇴직 후 소감 한 말씀?

10개월 모자라는 40년 세월이 그렇게 빨리 간 줄 모를 정도

배명숙(62세)

2021년 12월 말 공무원 정년 퇴직, 2022년 3월 2일 노인일자리사업 독거노인 건강지킴이 활동 시작, 자격증: 사회복지사2급, 아동보육교사2급, 장애인활동지원사, 요양보호사

배명숙 은퇴자

로 공직 생활에서 뭔가 성과를 내기 위해 열심히 노력했어요. 2021년 12월 31일. 그쯤에는 '아 이제 퇴직하는구나!'라는 생각에 섭섭함이 많이 몰려왔었어요. 아침에 동동거리면서 출근했던 모습들을 떠올리며 '이제는 사무실에 가지 않는구나!' 하는 홀가분함과 아파트 단지에서 아래를 내려다보면서 '나도 저랬는데 이제는 저런 모습이 없구나'라고 생각하는 섭섭함이 좀 있었어요.

그러다가 반대로 이런 생각도 들더라고요. '그래 내가 여태까지 일에 매여서 생활했는데 이제야 시간적으로 여유로움이 있구나, 나도 이런 곳에서 빨리 벗어나 이 자유로운 시간을 최대한 즐겨 봐야지, 아직 60대 초반인데 70대까지는 뭔가를 해야 하지 않겠어?' 그렇게 생각만 하고 있었지 특별히 뭔가를 해야 하겠다고 결정을 내리지는 못했어요.

사회복지사 등 몇 개 자격증을 현직에 있을 때 취득하긴 했었지만, 관련 직종으로 연결되지는 않았어요.

40년 가까이 직장에 얽매여 살아왔는데 퇴직 후에 또 사회복지사나 요양보호사를 하면서 장시간 일터에 매여 있기는 싫었어요. 놀기보다는 내가 할 수 있는 일, 직장 생활 중에 쌓아 왔던 노하우를 때가 되면 풀어놓을 수 있을 것이라 생각하고 조바심은 내지 않았어요. 시내 가까운 곳에 '관음정사'라는 절이 있어요. 그곳에서 경전 공부를 하면서 마음을 추슬렀어요. 금방 털고 일어나게 되더라고요. 그리고 되도록 사람들을 많이 만났어요.

어떤 과정을 거쳐서 노인건강지킴이를 하게 되셨나요?

퇴직 준비 기간 중에 부천의료복지사회적협동조합(이하 의료사협) 이사장님을 만나 조합 설명을 들은 적이 있었어요. 의료사협이 어려운 어르신들을 위해 좋은 사업을 많이 하고 있다고 하시면서 조합에 출자를 권유하셔서 출자와 기부를 했어요.

어느 날 카톡이 왔더라고요. 의료사협이 보건복지부 주관 노인일자리사업을 하니 신청하라는 내용이었어요. 60세 이상 또 3시간짜리 일이라서 괜찮았어요. '인생 이모작 센터' 어르신 교육생들에게도 노인일자리 사업에 참여해보라고 안내를 했다고 들었어요.

이 사업은 보건복지부와 한국노인인력개발원이 2021년 12월 13일 전주시, 국민건강보험공단과 '지역사회 통합돌봄 서포터즈'사업과 연계한 노인일자리를 창출한 것이 시초가 되어 다른 지자체에도 확대되었고 노인일자리로 정착되어 가고 있대요. 2022년 의료사협이 60세 이상의 지원자 60명을 채용했는데 2:1의 경쟁률을 보였고 올해는 100명을 채용하여 무려 9:1의 경쟁률이었대요.

노인일자리사업이란 무엇이고 어떤 종류의 일들이 있나요?

저는 독거노인 건강지킴이를 작년에 이어서 올해도 하고 있어요. 노인일자리 사업은 워낙 광범위해서 말로 다 설명할 수가 없어요. 노인일자리 사업의 의의나 유형 등 구체적인 내용은 한국노인인력개발원 홈페이지를 참조하시는 게 좋을 거예요.

사회서비스형 노인일자리 사업 운영 안내 내용

❶ 근로조건

▶ (참여자격) 만 65세 이상

※ 일부 유형 만 60세 이상 참여 가능

만 60세 이상 참여 가능한 사회 서비스형 프로그램 유형

▷ 교육시설 학습보조 지원
▷ 시니어 컨설턴트
▷ 취약계층 공익증진서비스
▷ 공공행정업무지원
▷ 안전관리지원
▷ 미디어 전문서비스
▷ 노인일자리 및 노인사회활동 지원
▷ 장애인 서비스 지원(실버장애인돌봄 서포터즈)

▶ (운영기간) 10개월

▶ (참여자 근무시간) 월 60시간(주 15시간 이내)

- (참여자 임금) 월 최대 712,800원(주휴수당 포함), 연차수당 별도 지급

※ 단, 노인의 신체적 능력을 고려하여 일 8시간 근문 초과 금지 및 근로계약서상 정해진 근로시간의 연장 및 휴일근로 · 야간근로(22시~익일 06시 불가)

❷ 예산지원 기준

▶ (기본급) 월 최대 594,000원

※ 주휴수당, 연차수당 부대경비로 지급

▶ (부대경비) 1인당 연간 199.1만원

※ 부대경비 예산 잔액이 발생할 경우 참여자 인건비로 사용 가능

※ 사회서비스형 부대경비 부족 시 공익활동 부대경비 활용 가능

출처 : 보건복지부

노인건강지킴이 일은 어떻게 진행되나요?

우리는 하루 3시간, 주 15시간, 월 60시간 이상으로 10개월 동안 근무하는 것으로 계약했어요. 먼저 사업 초기인 3월에 약 20일까지는 건강지킴이 관련 교육을 외부 강사나 의사선생님한테서 받아요. 건강지킴이 2명이 2인 1조로 총 8명의 어르신 집을 일주일에 한 번씩 방문하는데 4일간 매일 두 집씩 방문해요. 우리가 가서 어르신들 혈압과 체온을 체크하고, 문진표(신청일지)를 작성해요. 어르신이 잘 주무셨는지 하루에 물은 잘 드시는지 약은 잘 드시는지 병원은 갔다오셨는지 등 여러 가지를 체크해요.

일주일 중 하루는 의료사협에 가서 관련 교육을 추가로 받거나 우

건강지킴이 활동 중 어르신과 함께

리 일의 내용을 작성한 서류를 파일로 정리해요. 교육에는 통증 관리라든지 노인들에게 적합한 운동을 어떻게 시킬 것인지 공부하고, 치매 관련 그림을 배우거나 운동을 못하시는 어르신을 위해 색칠공부를 해서 인지 기능을 개선시킬 수 있는 교육을 받아요. 의료사협 카카오톡 단체 톡방에 운동 등 교육자료를 많이 올려놨어요. 그걸 사전에 숙지하고 어르신 집을 방문해요.

이 일을 해보고 싶은 사람은 어떤 준비를 미리 해야 할까요?

이 일은 특별한 준비나 자격증이 필요 없는 분야예요. 그러나 어르신들을 위해서 봉사하겠다는 마음과 열정은 있어야겠죠. 어떤 어르신이 운동과 섭생을 열심히 했는데도 당뇨 수치가 안 잡혀서 의료사협의 한 박사님을 소개해 드렸더니 바로 혈당이 잡혔다고 저한테 고맙다고 감사인사를 하셨어요.

이 직종만의 매력은 뭔가요?

우리가 찾아가는 독거노인들은 대부분 팔십대예요. 20년 후의 제 모습을 보는 것 같아요. 이 일에서 제가 몰랐던 건강상식이나 건강 운동법 등 많은 걸 배우게 되니까 어르신한테 봉사하는 의미도 있지만, 내 건강관리를 스스로 잘 할 수 있는 계기가 되었어요.

기억에 남는 에피소드가 있으시다면?

건강지킴이 일은 12월 말이 되면 끝나요. 그래서 저희가 연말에 1년 성과 보고회를 해요. 제가 관리하는 어르신 한 분이 새벽 4시

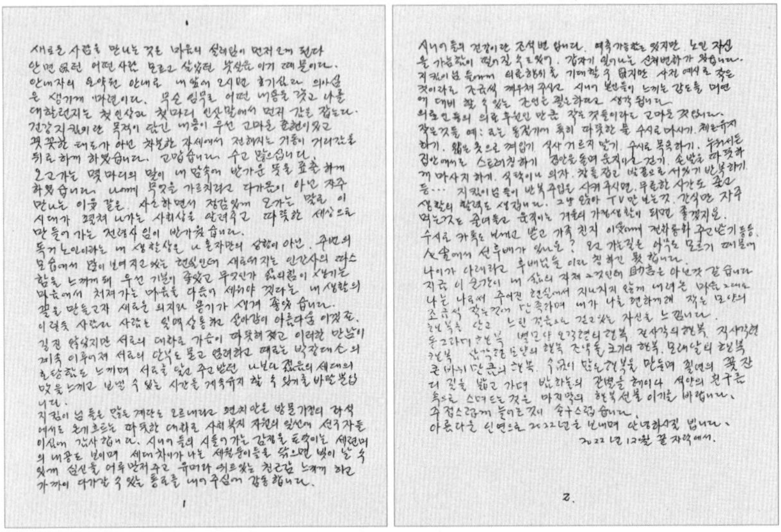

어르신의 감사 손편지

에 일어나 쓰셨다는 손편지 두 장을 감사의 표시로 주셨어요. 되게 감동이었죠.

수입은 어느 정도 되나요?

이 일의 인건비는 시간당 9900원에 월 최대 71만 2800원(주휴수당 포함, 연차수당 별도)이에요. 제세공과금 공제하고 나면 67만 원 나오더라고요. 3대 사회보험(건강, 산재, 고용) 적용도 받고 있어요. 수입 부분은 봉사를 하기 위한 그 정도만 주니까 여기에 얽매이지 않고 내 일 내 삶도 누려가면서 할 수 있는 충분한 일이라고 생각해요.

전망은 어떨까요?

이 사업뿐만 아니라 사회안전망 구축을 위해 정부에서 노인

일자리 사업과 연계하여 다양한 직종과 유형을 개발하고 있어서 전망은 굉장히 좋은 것으로 보여요.

예비 퇴직자들에게 꼭 해주고 싶은 말이 있으시다면?

70대까지는 충분히 일할 수 있는 체력들을 갖고 있기 때문에 뭔가를 해야 해요. 퇴직하기 전에 미리 준비하고 두루 알아보고 이왕이면 나에게 맞는 직종을 골라 제2 인생은 제1 인생보다 더 행복했으면 좋겠어요. 그리고 어제만큼만 건강을 유지할 수 있다면 우리는 성공했다고 할 수 있어요. 오늘도 운동으로 하루를 저축해서 오늘 하루를 쓰는 거예요. 매일 운동해야 한다는 거죠.

13 어렵지만, 희망은 있다

치킨 가맹점

남녀노소 불문하고 맛나게 즐기는 음식이자 자영업 중에서 가장 대중적이면서 친근한 업종 중 하나인 치킨 가맹점을 운영하는 조성일 씨는 폐업이 속출하는 코로나 대유행 절정기에 개업하여 나름의 영업 비법을 착실히 계발 · 적용함으로써 슬기롭게 위기를 기회로 만들어가고 있다. 여기에 더하여 점주님의 친절함과 고객에 대한 진정성 있는 서비스가 널리 알려지는 날이 오면 한층 더 큰 성장을 이룰 것으로 믿는다.

퇴직 후 소감 한 말씀 해주세요.

"후련함과 아쉬움,
공직은 인생 첫 직장이기에 마음속 깊이 애증 많이 남아"

1992년 공무원 임용 후 22년 정도 근무하고 2014년 남들보다 일찍 명예퇴직했어요. 상실감도 컸고, 여러 가지 감정이 복잡하게 나타났어요. 퇴직 후 가장 크게 느낀 것은 후련함과 아쉬움이었어요.

조성일(53세)

2014년 5월 말(45세) 공무원 조기퇴직, 2020년 9월 부어치킨 부천 옥길점 개업

부어치킨 부천옥길점

퇴직 초기 3~4개월은 조직 생활에서 벗어나니까 후련한 마음으로 지낼 수 있었어요. 그 시기가 지나고 5개월째 접어드니까 그때부터는 잊힌 사람이 되고 있었어요. '내가 왜 이렇게 살고 있지?' 하면서 자괴감마저 들었어요.

그동안 내가 가지고 있던 것을 놓아버린 아쉬움이 커지기 시작했어요. 저한테 뭐 특별한 기술이 있는 것도 아니었기 때문에 이러다가 폐인 되는 거 아닌가 하면서 많이 불안했어요.

퇴직 후 8개월을 쉬었어요. 그동안 뚜렷하게 손에 잡히는 뭔가가 없었어요. 나오면 뭐 할 게 있겠지 싶었는데 절대 그렇지 않다는 걸 뼈저리게 체험했지요.

그런 힘든 과정을 거친 후 지금은 어느 정도 안착해서 마음에 평화가 왔어요.

현재 어떤 일을 하고 계시나요?

치킨 가맹(프랜차이즈) 회사인 '부어치킨'과 손잡고 2020년 9월에 부천 옥길점을 개업해서 운영하고 있어요. 부어치킨은 중급 브랜드지만, 최근에 출시되어 가맹점을 확장하는 것이 아니고 나온 지 15년 이상 되었어요. 본사에서 영업 기술을 전부 알려주고 있고, 매뉴얼에 따라 일하고 있어요. 더 많은 매출을 기대하고 홀에 테이블 5개를 배치했는데, 배달과 포장이 매출을 이끌고 있어서 조금 아쉽긴 하지만 점점 좋아질 걸로 기대하고 있어요.

주문이 연달아 들어오면 가까운 곳은 제가 직접 배달 나가요.

어떤 과정을 거쳐 현재의 일을 하게 되셨나요?

퇴직하고 창업 교육을 많이 다녔어요. 이런저런 교육을 받아 봤지만, 선뜻 창업에 뛰어들지 못하고 머뭇거리게 되더라고요. 시간이 지나니 생계가 걱정되어 시흥시에서 임시직으로 5년 근무했지만 어떤 성취감 같은 것은 없었기 때문에 내가 직접 운영하는 사업을 해보고 싶었어요. 만약에 실패하더라도 도전해보자는 긍정적 사고를 하려고 노력했어요.

개인 창업이 마진율도 높고 성공하면 돈을 더 많이 벌 수 있다는 얘기를 들었지만, 공무원 출신이라 그런지 저변에 항상 '안전해야 한다'라는 생각이 많이 깔려 있었어요. 저도 처음에는 어디 가서 뭐든 배워서 개인 창업을 해보려고 했어요. 개인 창업의 현실적인 장벽은 음식 기술뿐만 아니라 매장 영업, 경영, 재료 수급 등 다양한 분야가 상호 연결되어 있어서 예술로 치면 종합예술이라고 할 수 있어요. 그걸 단시간에 모두 배우고 익혀서 시작하기란 쉽지 않아요. 저는 치킨 가맹본부에서 제공하는 영업 관련 기술을 전수했어요.

평소 어떤 식으로 일이 진행되나요?

보통 영업시간은 오후 2시부터 자정까지예요. 가맹 본사에서는 계약서상 12시가 영업 시작 시각이니 지키라고 하지만, 체력적으로 너무 힘들어서 본사와 협의 끝에 오후 2시 시작을 승인해줬어요.

주방에는 파트타임 식으로 주부 1명을 쓰고 있어요. 그분이 주방 전체를 책임지고 있고요. 주문이 많이 들어오면 제가 주방과 홀을 오가면서 1인 2역을 하고 있어요. 홀에 테이블이 5개 있고, 홀 손님과 배달, 포장까지 둘이서 감당하고 있어요. 평일 15~20마리, 주말에는 30~40마리 정도 팔고 있지만 겨울, 그리고 비 오는 날에는 주문이 많이 줄더라고요.

홀에 테이블을 5개 둔 이유가 있어요. 치킨 포장과 배달만으로는 매출이 올라가지 않아요. 홀 손님을 많이 받아야 매출이 많이 올라가요. 주방을 꾸밀 때도 개방형으로 홀에서 다 볼 수 있도록 만들었어요. 단골들이 오면 주방에서 반갑게 맞이하려고요. 제가 작년 9월에 개업할 때만 해도 홀이 딸린 가게로 만드는 것이 대세였는데, 코로나 이후로 포장과 배달 위주로 홀이 없는 곳이 많이 생겼어요.

제가 치킨 사업을 하기 전에는 바깥에서 봤을 때 극한 직업이 아니라 아주 편하게 사업하는 것처럼 보였어요. 하지만 절대 편하지 않아요. 치킨 가게 노동이 만만하지 않아요. 치킨 재료인 닭고기가 한 상자에 20kg 정도 돼요. 그걸 매일 들고 날라야 해요.

우리 치킨은 초벌구이 방식이에요. 잘될 때는 20개 정도를 미리 튀겨놓는데, 요즘엔 10마리 정도만 초벌해요. 4kg 바스켓(튀김용 철재망 바구니)을 들고 흔들어대면서 초벌구이를 해요. 그 과정을 2~3번 거쳐서 배터믹스(쌀가루)를 입힌 후 다시 재벌구이해요. 이런 식으로 하다

보니까 초창기에 체중이 4~5kg 정도 줄더라고요.

몸살을 앓을 정도로 힘들었어요. 그리고 170℃ 되는 기름을 영업 종료 후 매일 정제작업을 해야 해요. 3일 정도 쓰면 기름 색이 변하는데, 다시 새것으로 교체해주는 거예요. 이런 것들이 겉보기와 다르게 많은 노동력이 있어야 하더라고요.

또 컴퓨터를 자유자재로 다룰 수 있어야 해요. 옛날에는 카드단말

치킨 가게 내부 전경

기 하나만 설치해서 현금을 받거나 카드를 받으면 됐지만, 지금은 가맹 본사에 발주 넣는 것부터 배달에 이르기까지 영업의 모든 과정이 컴퓨터로 이루어져요. 요즘엔 이쿠폰(e-coupon)이라고 해서 계산할 때 쿠폰으로 결제하기 때문에 컴퓨터를 하지 못하면 사업을 할 수 없어요. 손님 앞에서 헤매면 바보 되는 거예요.

그리고 매장에서 일이 12시에 끝난다고 해도 퇴근은 2시쯤에 하게 돼요. 남은 설거지를 한다거나 매장 청소 등 뒷정리를 하고, 마지막으로 기름 정제작업을 해야 하는데 시간을 많이 잡아먹어요. 실질적인 퇴근은 새벽 1~2시에 하게 되더라고요.

이 일을 해보고 싶은 사람이 있으면 미리 어떤 준비를 하면 좋을까요?

창업 전에 한번 경험해보는 것이 중요하지만, 사전 경험을 할 만한 곳이 없어요. 생면부지의 사람들이 나를 반갑게 받아주지 않거든요. 그래도 허락된다면 주방에서 실제 요리를 해보고, 체력이며 금전적으로 견딜 수 있는지를 가늠해봐야 해요. 그와 동시에 '마진율 높은 곳 찾기' 등 사전 조사도 충분히 해야 해요.

창업할 때 될 수 있으면 실제 치킨집 사장님들과 대화를 많이 하시는 것이 도움이 될 거예요. 치킨집이 한가한 시간대(12시쯤)에 지역별 매장에 가서 치킨 한 마리 시켜놓고 이런저런 얘기를 하는 거죠.

요리와 유통 그리고 입지 선정에 대한 비법을 잘 배워서 여건 조성을 한 다음에 개인 창업을 하는 것이 최고로 좋은 선택이지만, 스스로 모든 것을 배워서 하기란 정말 힘들어요. 은퇴 후에 뭔가 빨리 결과를 봐야 한다는 압박감이 있거든요. 저도 그랬어요.

5대 유명 브랜드에 속하는 치킨 가맹점은 점주 마음대로 입지 선정을 할 수 없고, 같은 평수를 한다 해도 두 배로 많은 창업비용이 들어요. 개인 창업은 영업 기술을 갖추고 있다면 3천만 원 정도로 창업할 수 있을 거예요. 여기 와서 느낀 거지만, 대규모 아파트는 치킨 가게가 많아서 경쟁이 치열해요.

저는 여기 매장이 비어있던 곳이라 임대료도 두 달 면제받았고, 처음에 있던 카페는 월 임대료를 280만 원 내던 것을 제가 들어와서는 150만 원으로 내린 거예요. 10년 이상 오래된 곳은 그 나름의 영업 기술을 잘 쌓아왔기 때문에 매출이 높은 거라서 우리도 잘 운영하다 보면 좋은 날이 올 거라 믿어요.

이 직종만의 매력은 뭔가요?

치킨은 국민 음식이고, 통계를 보면 국민 1인당 월 2마리씩 먹는대요. 남녀노소를 불문하고 소비하는 대중적인 업종으로 소비층이 넓어서 맛만 인정받으면 안정적인 매출을 올릴 수 있는 직종이에요. 진입장벽이 높지 않아서 사업자금만 있으면 누구나 할 수 있는 게 매력이고, 타업종과 비교해봤을 때 찾는 사람이 많은 것이 장점이에요.

가장 힘든 순간은 언제였나요?

먹는 음식을 만들어 판매하는 업종이라 위생에 신경을 많이 써야 해요. 또 홀을 운영하기 때문에 과음한 손님과의 실랑이가 약간 힘든 부분이지요. 무엇보다 힘든 것은 청소, 설거지, 기름 정제작업 등 육체적 노동이에요.

언젠가 이물질이 들어갔다고 민원이 들어온 적이 있었어요. 영업정지로 이어질까 봐 많이 당황했는데, 즉시 양해를 구하고 환불해드리

조성일 점주

니까 큰 문제 없이 금방 해결되었어요. 댓글 테러, 악성 민원 등이 자영업자들에게는 최악의 상황으로 갈까 두려운 부분이지요.

이 일을 하시면서 보람을 느낀 일이 있으시다면?

치킨집이다 보니 아이들이 방문하는 경우가 종종 있어요. 한 번은 중1 학생들끼리 방문했길래 무료 서비스를 좀 주었어요. 집에 가서 부모님과 할머니께 말씀드리고 주변 친구들에게도 퍼뜨려서 가게의 좋은 이미지를 홍보해준 일과 길에서 만나면 공손히 인사하는 모습을 보고 혼자 우쭐했죠.

또 어떤 부모님이 아이들 대신 치킨을 사러 왔어요. “우리 아이들이 이 치킨을 너무 좋아한다”라고 말씀하셨는데, 깜빡하고 아무것도 챙겨주지 못하고 보낸 것이 생각나 서비스 드릴 걸 챙겨서 얼른 뒤쫓아가서 전해드렸더니 너무나 좋아하셨어요. 이후 그 집 가족들은 우리 가게 찐단골이 되었죠.

초기사업자금과 현재 수입은 어느 정도 되나요?

임차 평수가 14평에 초기사업자금이 대략 4천만 원(실내장식 2천만 원 포함) 정도 들어갔어요. 발주비(초기운전자금) 500만 원, 임차료 165만 원, 임차보증금 2천만 원 외에 냉장고 등 집기류와 기타 추가 비용이 1천만 원 정도 들어갔고요.

순수익은 3년차 가게임을 고려하여 대략 중소기업 임금 정도 번다고 보면 돼요. 홍보도 열심히 하고 나만의 노하우로 경력을 쌓아가면 점차 좋아질 거로 기대하고 있어요.

전망은 어떨까요?

전국에 치킨 가게가 3만 개*가 넘는다고 하는데, 치킨 창업은 경쟁자가 너무 많아요. 신생 프랜차이즈와 개인 창업 등 한 해에 4천여 개(2019년 말)가 생기고, 2,600여 개가 폐업한다고 알고 있어요. 진입장벽이 낮은 만큼 경쟁이 치열하죠.

전망이 좋다고는 얘기하지 못하겠어요. 급하게 서두르지 말고 되도록 많이 알아보시고, 사업자금 등 개인 사정에 맞는 브랜드를 선택하세요.

---

* 2021년 말 기준 치킨 업종 총 가맹점 수 2만 9,373개 / 개점률 2020년 20.3%, 2021년 17.3%, 증감률 3.0%↓, 폐점률 2020년 11.9%, 2021년 13.7%, 증감률 1.8%↑(출처: 공정거래위원회)

이 직업을 선택하려는 후배들에게 한 말씀 해주신다면?

유한한 인생인데, 내가 하고 싶은 걸 해보고 여한 없이 떠나야 하지 않겠어요? 그걸 찾으려는 노력과 도전을 해야 해요. 네 가지만 말씀드릴게요.

1. 경험만큼 중요한 건 없다

하고자 하는 치킨 브랜드가 있다면 그 브랜드 매장에 가서 알바를 하든 사장님을 꼬시든 실제적인 경험담, 또는 내 여건에 맞는지 등을 현장에서 잘 살펴봐야 한다.

2. 이 계통의 영업사원에게 의존하지 말라

3. 경쟁자가 너무 많다

5대 브랜드는 내가 크게 홍보하지 않아도 인지도가 있어서 어느 정도 이상 매출이 난다. 하지만 대형 브랜드인 만큼 고정비가 많이 발생한다. 경쟁에서 이길 수 있는 무기를 만들어라.

4. 도전이다

치킨 사업은 극한 직업은 아니지만, 많은 노동을 해야 한다. 진짜 해보고 싶었던 일이 아니라면 그냥 좋아 보여서 섣불리 덤벼들면 안 된다.

14 수확의 기쁨은 최고예요!

귀농 5년 차

잘나가는 증권회사 임원직을 뒤로하고 아내와 함께 강원도 횡성군 골짜기에서 농사꾼으로 자리 잡은 귀농인 김상경 씨를 만났다. 멋진 전원주택과 잔디밭으로 잘 정돈된 앞마당, 주택 바로 옆에 넓고 풍성한 밭과 비닐하우스 안에서 다양한 농작물을 재배하면서 귀농생활을 하고 있다. 올해로 5년 차에 접어든 본격 농부와 그 아내의 얼굴엔 여유가 묻어난다. 검게 탔지만 환하게 웃는 농부의 얼굴에서는 힘들어도 좋아하는 일을 하시는 분들의 행복한 모습이 보인다. 건강미 넘치는 미소, 오래도록 간직하길 빈다.

퇴직 소감 한 말씀 해주신다면?

퇴직 전후로 강원도 횡성군에서 농사지을 준비를 하느라 정신없이 시간을 보냈어요.

퇴직하기 전부터 아내와 함께 살 집을 건축한다든가 농지를 매입

김상경(58세)

2018년 12월 하이투자증권 퇴직, 2019년 1월(54세) 강원도 횡성군 농장 운영: 3천 평(9,917m^2)

김상경 씨 부부

한다든가 하는 준비를 많이 했어요. 주말농장을 크게 해보기는 했지만, 대규모 농사를 본격적으로 한 것은 처음이니까 퇴직한 후에는 그전부터 잘 알고 지내던 이웃 어르신들에게 물어보면서 배우고, 또 농업기술을 가르쳐주는 기관에 가서 교육을 받기도 하면서 하나둘 농사에 관해 배우느라 정신없었어요.

퇴직 후 농사로 버는 게 시원찮아서 지금 생활비가 적자예요. 건강보험은 아들 직장 피부양자로 들어가 있고, 국민연금은 60세가 될 때까지 둘이 함께 내고 있어요.

현재 어떤 일을 하고 계시나요?

2019년 1월부터 강원도 횡성군에서 3천 평 정도 되는 밭에 아내와 둘이 고추, 감자 등 여러 가지 농작물을 경작하고 있어요.

제가 경남 산청 시골 출신이라서 그런지 몰라도 농사일을 좋아해요. 서울에 거주하면서 퇴직 전에 경기도 고양시 일산 쪽에 주말농장

100평 정도를 10년 가까이 했어요.

우리 집 바로 옆에 붙어있는 밭에 비닐하우스가 5동 있고, 나머지는 노지(露地)에서 경작하고 있어요. 그 밭에 지금은 고추, 브로콜리, 옥수수, 감자, 들깨, 고구마를 심어놨고, 계절에 따라 절인 배추도 하고 있지만 주된 경작물은 고추예요. 고추도 종류별로 홍고추(고춧가루용), 아삭이고추(오이맛고추), 청양고추 세 가지를 경작하고 있어요.

노지에 감자, 옥수수, 고추, 브로콜리 경작

비닐하우스 고추농사

고추가 손이 제일 많이 가지만, 대단지로 규모 있게 하지 않아도 단위 면적당 수익률이 가장 높아요. 농사 고수님들도 고추만 한 작물이 없다고들 해요.

어떤 과정을 거쳐서 이 일을 하게 되셨나요?

퇴직 후에 농사지을 생각을 하고 퇴직 전부터 준비해왔어요. 처형이 약 15년 전부터 횡성에 미리 와서 정착해 있었기 때문에 수시로 놀러 가면서 자연히 그 지역에 눈길이 가게 되었지요.

땅 사고 농지 개발하고 다리 놓고 집 짓고 하는 것들이 모두 처음이어서 굉장히 어려움이 많았어요. 퇴직 전부터 주말을 이용해서 왔다 갔다 하면서 준비해왔어요.

농사지을 땅은 3명으로부터 세 번에 걸쳐 차례대로 샀어요. 논이었던 땅에 주택 신축과 밭으로 만들어야 농사를 지을 수 있으니까 개발(농지전용+농지개량)을 해야 했어요. 성토를 위해 덤프트럭으로 150번 정도 흙을 실어 날랐어요. 도로에서 집으로 들어올 때 있던 다리(진입로)도 제가 개인적으로 설치한 거예요. 예전에 있던 농사용 다리로는 준공 허가를 받을 수 없었어요. 보통 다리 하나 설치하려면 3,500~4,000만 원 정도는 들어가야 한다고 하던데, 저는 기성품으로 만들어져 있는 조립식 콘크리트 박스 구조물 3개를 이어서 1,500만 원에 교량 공사를 했어요.

평소 어떤 식으로 일이 진행되나요?

아시다시피 보통 농부들은 새벽같이 일어나서 일하잖아요. 기상 시간은 계절에 따라 달라요. 겨울에는 아무래도 늦잠도 자고, 게 으름도 좀 피우게 되죠. 5월 정도 농사철에 접어들면 새벽 4~5시에 일어나서 선선할 때 일하고, 10시쯤 아침 식사를 하고 또 낮에 한창 뜨거울 때는 쉬었다가 저녁 무렵에 일하는데, 15~16시간씩 일하는 때도 있어요. 고추가 익어서 한창 딸 때는 밥 먹을 시간도 없어요. 빵과 우유로 간단히 요기하는 때도 많아요. 중노동이죠. 그러나 일이 없을 때는 놀기도 해요. 계절에 따라 일하는 양의 차이가 크게 나요.

농사일에는 시기가 굉장히 중요해요. 약 치는 것, 물 주는 것, 비료나 영양제 등 제때 정확히 주지 않고 시기를 놓쳐버리면 농사에 문제가 생겨요. 그래서 오늘 할 일을 미리 생각합니다. 지금은 작년과 재작년에 써놓은 영농일지를 보면서 시기를 잘 맞추지만, 1년 차 때는 동네에 농사 많이 지으신 분께 찾아가거나 전화로 계속 물어보면서 농사를 지었기 때문에 두 배로 힘들었어요. 그분들 밭에 가서 견학도 하고 일도 거들어주면서 하나씩 배웠어요. 지금은 친해져서 묻지 않아도 가르쳐주시기도 하고, 막걸리 한잔하면서 이런 거 저런 거 알려주세요. 자꾸 물어봐야 해요. 영농 일지를 매일 쓰니까 반복되는 농사라 도움이 많이 돼요. 가끔 며칠 미뤘다가 정리할 때도 있어요.

농사는 농부마다, 토질에 따라 경작 방법이 다 달라요. 예를 들면

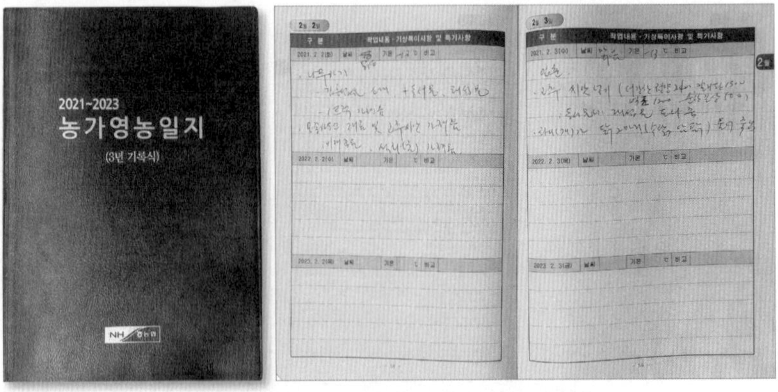

2021~2023 농가 영농일지(농협 3년 기록식)

토질이 마사토이면 배수가 잘되니까 물을 자주 줘야 하고, 반대로 논흙 같은 데는 물이 잘 안 빠지니까 물을 천천히 줘야 해요. 그래서 사람마다 말하는 게 달라요. 이야기를 듣고 나름대로 판단해야 해요.

토양 성분이 산성인지 알칼리성인지는 흙을 채취해서 농업기술센터에서 검사(무료)를 받아봐야 알 수 있어요. 토양 성분 분석에 따라 대처 방법까지 알려줘요. 이런 거는 작년에 농업기술센터에서 영농 기술 교육을 6개월 정도 받으면서 터득한 거예요. 작물별로 교육하거나 영양제, 비료, 농약에 대한 교육도 해줘요. 본인이 부지런하게 쫓아다니면 다양한 교육을 받을 수 있어요.

또 농업기술센터에서는 작물에 병이 있는지도 검사해주는 등 지원해주는 게 많아요. 100% 완벽하지는 않지만, 귀농하는 사람들이 어려움 없이 농사를 지을 수 있도록 지원해주는 시스템이 잘 갖춰져 있어요.

계절별로 농작물이 다른데, 유통 또는 판로는 어떻게 되나요?

고추 같은 경우는 탈과 후 상품성에 따라 작물을 선별한 다음 농협에 출하하면 농협에서 서울 송파구 가락동 농수산물종합도매시장 등에 일괄 경매하고 수수료(9%)를 제외한 금액을 제 통장에 입금해줘요. 말하자면 농협에서 판매를 대행해주는 거죠. 유통망은 걱정 안 해요. 단지 농협은 생물만 수매하고 말린 홍고추는 개인적으로 팔아야 해요.

이 일을 하려면 어떤 활동들이 도움이 될까요?

퇴직 전에 100평쯤 주말농장을 하면서 미리 연습해봤어요. 농사에 대해 좀 친숙해야 하지 않을까요? 자격증도 필요 없고, 오로지 경험이에요. 1천 평 이상 되는 큰 농사를 해본 적이 없기 때문에 저도 3년 차에야 겨우 여유가 생기더라고요.

이 직업만의 매력은 뭔가요?

씨를 뿌려서 키우고 수확하는 등 농사만의 재미가 있어요. 조그만 씨앗을 뿌려서 새싹이 올라오고 키가 저보다 크게 자라는 걸 볼 때 기분이 참 좋아요. 새싹에서부터 크게 성장할 때까지 다양한 생김새를 보여주죠. 많은 돈은 못 벌어도 힘들여 키운 농작물을 수확할 때의 기분은 최고예요.

힘들었을 때도 있었을 것 같은데요.

여름철 한창 더운 시기에 노지에 비료를 줄 때였어요. 비료를 주려면 대부분 수작업이라 더운 날씨에 물을 계속 마셨어요. 너무 많이 마셨는지 탈이 났어요. '물 중독증'* 이라고 하더라고요. 콩팥에 물이 너무 많이 들어가니까 다 거르지 못한 거예요. 그날 밤 배가 아파서 엄청나게 고생했어요. 여름날 낮에 일하면 안 되는데 일이 밀려 있으니까 안 할 수 없어서 했죠. 제때 하지 않으면 꼭 탈이 나더라고요.

반면 이 일을 하면서 가장 보람을 느낀 순간은 언제였나요?

농부의 가장 큰 보람은 농사가 잘되어 작물 상품성이 좋을

---

* 물을 한꺼번에 과하게 마실 때 섭취와 배출의 균형을 유지하지 못하면 두통, 현기증, 구역질, 설사 등이 나타나는 질병(서울대병원 의학 정보)

뿐만 아니라 수확량도 많을 때지요. 농사 첫해였어요. 작물을 출하하면 농협 출하 장부에 그날 받은 개인별 경매 가격을 올려놔요. 농부들은 경매 가격에 대해 아주 민감해요. 그건 바로 자존심이거든요. 첫해 아삭이고추를 출하했는데, 제가 최고가를 받았어요. 최고가를 받은 사람을 '장원'이라고 하는데, 여러 번 해봤어요. 기분 좋더라고요.

일하면서 기억에 남는 에피소드가 있으시다면?

농업기술센터 관련 얘기 하나 할게요. 농민들한테 다양하게 도움을 많이 주는 공공기관이에요. 안타까운 것은 이론적으로는 잘 알지만, 실제적인 농사 감각은 좀 떨어지더라고요.

작년에 고추 씨앗을 심고 30~40cm 높이의 모종이 될 때까지 90일 정도 직접 길러봤어요. 어느 정도 컸을 때 모종에 무슨 문제가 생긴 것 같아서 농업기술센터에 의뢰했어요. 샘플을 가져가서 검사하더니만 바이러스에 감염됐다는 거예요. 센터 직원이 하는 말이 그런 상태에서 계속 재배하면 열매가 제대로 열리지 않는다든지 열매가 작다든지 구부러지면서 상품성이 떨어지는 장애가 발생하여 마음고생을 많이 할 수도 있다는 거예요. 가능하면 심지 말라는 거죠. 제가 좀 겁나가지고 어렵게 키운 6천 포기(200만 원 상당)를 전부 버렸어요. 청양고추 조그마한 씨앗 한 알이 130원 정도 해요. (1,100알들이 1봉지 15만 원 주고) 다시 모종을 사서 심었지요.

그런데 인근에 사는 동서네는 괜찮아 보이는 일부를 버리지 않고 그냥 키웠어요. 나중에 보니까 괜찮게 잘 자라더라고요. 저는 모종을 사서 키웠는데도 바이러스가 또 생겼어요. '그럼 뭐야 이거?' 했는데, 알고 보니까 고추 생장에서 바이러스는 사람으로 치면 감기 같은 거였어요. 너무 겁낼 필요가 없었던 거예요. 센터 직원은 전체가 그런 줄 알고 이론상으로 안내했던 거예요. 저같이 경험 없는 사람들은 센터 얘기를 전적으로 들을 수밖에 없었죠. 해마다 농사를 지어보니까 그게 아니라는 걸 알았죠. 좋은 경험한 거죠.

초기사업자금과 수입은 어느 정도 되시나요?

초기사업자금으로는 땅값 4억 5천만 원(논 평당 15만 원), 주택 건축비 2억 원, 교량 건설, 비닐하우스 설치 등등 해서 대략 총 7억 원 정도 들어간 것 같아요.

주택은 동서네 집 지은 사람한테 부탁해서 건축한 거고요. 평당 500만 원 들었어요. 건평 30평에 기존 주택을 짓고 황토방, 현관 앞 데크는 추가로 설치했어요. 벽돌을 세 겹으로 쌓아서 신축했기 때문에 여름에는 시원하고 겨울에는 따뜻해요. 단열이 잘되게 만들어서 비용이 좀 더 들었어요(2019년 5월 준공).

수입은 첫해 6개월 정도 없었어요. 11월 초쯤 농사가 끝나면 다음 해 5월까지는 수입이 없어요. 농작물이 크는 동안에는 지출만 있지요. 농작물을 수확할 때 수입이 들어와요. 연봉으로 따지면 첫해인 2019년에는 2,200만 원 정도, 2020년에는 2,700만 원 정도, 2022년에는 3,600만 원(재료비 900만 원 제외) 정도 순수입이 있었어요.

앞으로 이 직업의 전망은 어떨까요?

농업은 전망이 좋을 수밖에 없어요. 여하튼 먹고살아야 하고, 앞으로는 식량이 부족해서 농산물 가격이 올라갈 가능성이 크다고 전망하는 전문가들이 꽤 많대요. 코로나의 영향으로 물류가 막히니까 수입 농산물 가격이 올라간 것처럼 앞으로 기후 변화 등으로 농사짓기도 점점 어려워질 거로 전망하고 있지만, 먹는 문제는 비켜가기가 어렵잖아요.

농사에도 토마토, 더덕, 호박 등 품종별 아이템이 많아요. 지역 특성에 맞는 작물 선정을 잘해야 해요. 그리고 너무 신품종만 쫓아가다가는 유행이 지나버리면 잘못될 수도 있으니까 품종 선정에 특히 주의해야 해요.

귀농하려는 후배들에게 한 말씀 해주신다면?

마인드가 중요해요. 농사가 뭔지를 미리 알아보고 경험도 해봐야 하고, 농사를 좋아해야 할 수 있어요. 노동 강도가 굉장히 세요. 좋아하지도 않으면서 하게 되면 고생만 하고 나중에 '내가 왜 이 짓을 하고 있지?'라고 생각할 때가 있어요. 농사가 나하고 맞는지 잘 따져봐야 해요. 농사 교육을 미리 받아본다든지 주말농장 체험도 해보라고 얘기해주고 싶어요.

15 손님들 감사에 가슴 찡
시내버스 운전기사

은퇴자 중 드물게 인맥을 통하지 않고 취업한 사례다. 간절함과 할 수 있다는 자신감을 가지고 맨몸으로 돌파해 성공적으로 버스기사 업종에 안착하신 김영국 씨의 경험담이다.

퇴직 후 소감 한 말씀 해주세요.

35세 때(1992. 10. 15) 마지막 직장이라고 생각하고 퇴직 전 직장에 취직했으니 다른 사람들에 비하면 많이 늦은 거죠. 현직에 있을 당시에는 선·후배, 동료와 같이 근무하면서 고객을 위해 많은 일을 하면서 보람도 있었지만 일에 대한 부담이 많았어요. 직장 퇴직 후에 많은 것이 자유로워져서 마음은 홀가분했어요. 지금은 하루 일하고 하루 쉬는 방식으로 일하니까 쉬는 날에는 운동하면서 별걱정 없이 하루하루 만족하면서 즐겁게 살아가고 있어요. 마지막 날에는 잔업까지 했을 정도로 열심히 일했어요. 퇴직 전 취득한 버스 운전면허를 활용하여 시

김영국(65세)

2018년 6월 30일 공무원 정년퇴직, 2018년 6월 20일 버스 운전 자격 면허 취득(퇴직 전에 준비), 2018년 8월 20일 ○○시 ○○여객 시내버스 운전기사 취업

내버스 운전기사라는 새로운 직업에 도전했어요.

어떤 과정을 거쳐 이 일을 하게 되셨나요?

은퇴 후 바로 금전적 수입이 필요했기에 먼저 마을버스 운전을 해보려고 했어요. 우연히 시청에서 진행하는 일자리 채용박람회에 참관하여 ○○여객에서 면접을 보게 되었고, 채용담당자가 한번 입사서류를 내보라 해서 지원하여 합격하게 되었어요. 합격했다고 해서 바로 버스 운전대를 잡는 것은 아니고, 한 달간의 연수교육과 2주간 실제 노선을 돌면서 테스트를 거친 후 최종 통과되어야 버스 운전기사 채용계약을 체결하게 돼요. 최종 합격하기까지 아주 힘들었어요.

버스 차고지에서 김영국 은퇴자

◎ 평소 어떤 식으로 업무가 진행되나요?

버스 업무는 크게 두 가지 업무가 있어요. 첫째, 안전한 차량 운행을 통해 승객의 승차부터 하차까지 차량 내부에서의 승객에 대한 서비스이고, 둘째는 혼잡한 도로에서 차량 안전사고가 발생하지 않도록 세심한 주의를 기울이며 운전해야 하는 스트레스가 많은 업무입니다. 혼자서 차량 내·외부를 동시에 챙겨야 하는 심적 부담이 큰 직업 중 하나이지요. 연수 교육 시에도 주의하라고 여러 차례 경고했지만, 버스는 의외로 승·하차할 때 사고가 자주 나요. 일반적으로는 급정거나 급출발할 때 사고가 자주 날 것 같지만 그렇지 않아요.

버스 첫차는 04:50에 차고지에서 출발하여 막차가 다음날 00:10분까지 운행되므로 평균 하루 근무시간은 18시간이에요.* 하루 근무 후 다음날 쉬는 방식의 근무 형태이고, 보통 버스 노선마다 다르지만 제가 현재 운행하고 있는 ○○번 버스는 하루에 노선 코스를 왕복(3시간 이내) 5회 정도 운전하며, 1회 왕복 운행 후 30분 정도 차고지에서 쉬어요. 이런 식으로 계속 반복되는 거지요.

◎ 이걸 해보고 싶은 사람은 어떤 준비를 하면 좋을까요?

먼저 1종 대형 운전면허를 취득**해야 해요. 저는 아주 오래

---

* 서울은 1일 2교대(오전, 오후) 9시간 근무(출처: 서울버스운송사업조합, 버스회사마다 차이가 있음)

** 제1종 대형면허를 취득하고자 하는 사람은 만 19세 이상 제1종·제2종 보통면허 취득 후 1년 지난 자로서, 신체검사와 기능 시험에 합격하여야 한다(학과시험, 도로주행시험 면제). 1종 대형면허로 대중 시내버스, 마을버스, 덤프트럭, 콘크리트 믹서 트럭, 천공기 등을 운전할 수 있다. 1종 대형면허 학원비는 약 75만 원이다. 1종 대형 운전면허와 버스운전자격증 그리고 운전적성정밀검사가 필요하다. 또한, 친환경 시대답게 천연가스 버스를 운전하려

전 대학 다닐 때 면허를 땄어요. 70명이 시험을 봤는데, 저를 포함해 5명만 합격할 정도로 어려웠어요. 요즘엔 1톤 트럭 몰아본 젊은 사람들이 학원 안 가고 인터넷으로 이미지 트레이닝한 후 두세 번 불합격하고, 서너 번 만에 합격했다는 얘기도 있더라고요.

그다음에는 버스운전자격증(한국교통안전공단, 필기시험 60점 이상, 기능 시험 없음)을 취득해야 해요. 두 가지 자격증을 딴 다음 버스회사에서 1개월 연수 교육 후 시험에 통과해야 정식으로 버스 운전기사로 채용 계약을 할 수 있어요.

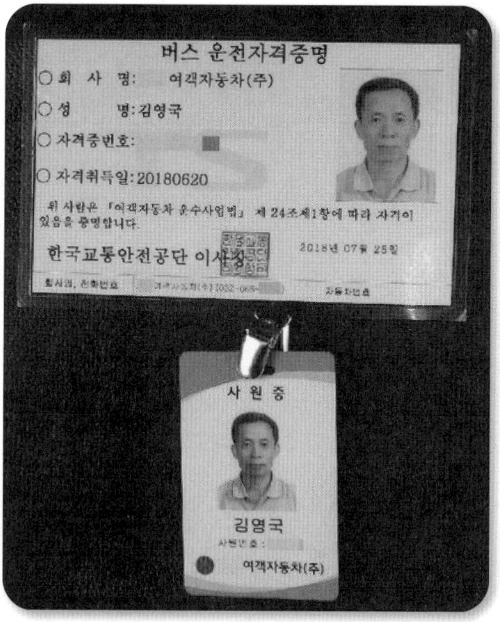

버스 운전 자격증명과 사원증

면 CNG 안전교육 이수증과 CNG 사용 차량 운전자 자격증까지 소지해야 한다. 서울버스운송사업조합 운전직 채용관리시스템(http://www.sbus.or.kr/pool/)에 의한 서울버스 기사 채용 조건은 해당 사업용 자동차 운전 경력이 1년 이상일 것, 국토교통부 장관 또는 지방자치단체의 장이 지정하여 고시하는 버스 운전자 양성기관에서 교육과정을 이수한 자다.

버스 운전은 처음이었어요. 대형 운전면허 취득 후 대형 차량은 한 번도 운전해본 적 없는 장롱면허로 왕초보 상태에서 교육을 받았으니까요. 한 달간 연수 교육받을 때 강사 선배님한테 얼마나 혼이 났는지 몰라요. 강사 선배님은 버스 기사 중에서도 경력이 많고 무사고 운전을 하신 베테랑분들이에요. 이분 눈에 제가 어떻게 보였겠어요. 다행히 그때는 지금과 다르게 버스 기사가 귀한 때라 저 같은 사람도 운전대를 잡을 수 있었지요.

버스 운전 연수 교육은 어떻게 이루어지나요?

회사에서 일단 베테랑 운전기사를 연수 교육 강사로 지정해요. 어떤 한 지역을 연수 노선으로 잡고 한 바퀴 순환하죠. 연수 교육생 5명이 있으면 그 사람들이 가상 승객이 되어 빈 버스에 올라타기도 하고 내리기도 하면서 실제 같은 연습을 합니다. 하루 교육 시간은 09시부터 16시까지이고, 이 교육을 한 달간 받았어요. 한 달 연수가 끝나면 2주간의 최종 테스트를 받아요.

최종 테스트는 연수 코스가 아닌 정식 노선에서 일반 승객을 태우고 운전하는 최종 관문으로 이것을 통과해야 최종 취업이 돼요. 여기서 탈락하는 사람도 있어요. 최종 테스트에 통과하면 회사와 정식 채용 계약이 이루어지고, 노선버스를 할당받게 되는 거죠. 저는 처음엔 ○-○번, 그 뒤에 ○○번, ○○-○번 버스를 거쳐 지금은 배테랑 버스기사로서 황금노선인 ○○번 버스를 운전하고 있어요.

버스 운전기사에게도 등급이 있어요. 초보 단계는 C 등급, 그다음 6개월이 지나면 B 등급(심사 후 등급 조정, 봉급 인상), 초보에서 1년 경과 후 심사를 거쳐 A 등급으로 올라가게 되어 있어요.

이 일만의 매력은 뭔가요?

저는 이 지역에서 30년 가까이 살아 왔고, 길눈도 밝은 편이라 그런 저만의 기술을 활용해서 시민이 시내버스를 잘 타고 다닐 수 있도록 적극적으로 안내해드리고 있어요. 할머니, 할아버지 등 노약자 분들에게 잘해드리려고 노력하고 있어요.

또 '도로의 지배자'인 버스 기사는 운전석이 높아서 위에서 아래를 내려다볼 수 있어요. 도로 교통상황을 파악하기가 쉽고, 승용차, 택시, 오토바이, 소형 트럭 등이 내가 버스를 어떻게 운행하는가에 따라 교통상황이 바뀔 수도 있어서 항상 주위 교통 환경을 주시하면서 다른 차량 운전자를 많이 배려하고 있어요.

가장 힘든 순간은 언제였나요?

어느 버스회사든 마찬가지겠지만, 버스 운전기사로서 최종 합격하기 전 약 1개월간의 운전 연수 기간이 있어요. 저는 대형 차량에서는 오랜 기간 장롱면허였기 때문에 왕초보였어요.

한 달간 버스 연수를 받는다는 것은 지옥이었어요. 엄청나게 혼나고 온갖 꾸중을 들으면서도 꾹 참고 견뎠어요.

운전할 때는 항상 똑같은 코스를 돌다보니까 졸음을 참고 운전하는 게 가장 힘들어요. 그 고비를 넘겨보려고 껌, 사탕을 항상 비치해두고 활용하고 있어요. 졸음운전으로 두 번 사고가 나서 해고된 운전기사도 있었어요.

이 일을 하시면서 보람을 느꼈던 일이 있으시다면?

승객 중에는 본의 아니게 버스를 잘못 타는 경우가 많아요. 그럴 때 저는 친절하게 몇 번 버스를 타고 어떻게 가면 된다고 안내를 해드려요. 그러면 잘못 탄 승객이 환하게 웃으면서 고맙다고 말할 때 가장 보람되죠. 할머니 등 몸이 불편하신 분이 버스를 탈 때는 "천천히 타세요"라고 먼저 안내해드리고, 기다렸다가 좌석에 앉는 것을 확인하고 출발하지요. 내릴 때도 아무리 급하더라도 그분이 안전하게 내리는 것을 보고 출발합니다. 내리실 때 실내 거울로 뒤를 보면 눈인사 정도의 고맙다는 인사를 하시는 분도 있어요.

어느 날 한 승객이 버스에 탈 때 인사했더니 박카스 한 병을 주시면서 "기사님! 수고하십니다" 하시는 거예요. 고마워서 눈물 날 뻔했어요. 또 어떤 분은 빵을 주시기도 하고, 귤 하나를 건네주시기도 해요. 얼마나 고마운지 가슴이 찡하지요. 제가 고생하는 걸 알아준다는 것에 마음 뿌듯했어요.

기억에 남는 에피소드가 있다면?

같은 시내버스끼리도 경쟁하는 다른 버스회사 노선이 있어요. 공생하면서 경쟁 관계이기도 해요. 어떨 때는 제가 경쟁 버스를 배려했다고 생각했는데, 그 버스를 못 가게 했다고 오해하는 일도 있었어요. 내가 잘못하지 않았다 하더라도 깜빡이를 켜준다든지 해서 오해를 풀기도 해요. 버스 기사들만이 아는 신호가 있어요. 서울 버스들은 준공영제*로 운영되기 때문에 승객 수에 크게 신경을 쓰지 않아요. 우리

---

* 민간업체 적자 보전을 조건으로 공적관리체계(공영제)를 혼합하는 운영체계이며, 서

와 경쟁 관계에 있는 노선에서 오히려 양보해주는 여유도 있어요. 경쟁 관계에 있는 버스끼리는 승객을 먼저 태우려고 하는 일도 있지만, 버스 기사들에게 항상 강조하는 것이 있어요. 버스끼리는 절대 앞지르기하지 말라고.

수입은 어느 정도 되나요?

월급제로 정규직(60세까지)* 은 300만 원 정도 되는데, 상여금과 자녀 학비도 추가 지원해주고 있어요. 저와 같이 정년퇴직한 촉탁직(60세 초과)은 1년 단위로 계약하고, 월 250만 원 정도 돼요. 4대 보험과 퇴직금은 별도지요. 식사도 무료로 제공해줘요.

한 달 15일 근무가 기본이지만, 어떨 때는 3일 연속 쉴 때도 있어요. 1년마다 퇴직금을 정산해서 마지막 달에 월급과 함께 줍니다. 정규직도 60세가 넘어가면 촉탁직으로 전환해서 계속 일할 수 있어요. 회사에서는 경력직을 더 원하기 때문에 그래요.

전망은 어떨까요?

버스는 학생, 주부, 직장인, 노인 등 모든 사람이 기본적으로 이용하는 교통수단이기 때문에 전망은 좋다고 봅니다. 요즘엔 버스 기사 지원자가 많아서 버스 뒷유리창에 붙였던 모집 광고를 모두 뗐어요. 기존 기사님들도 정년퇴직 후 그만두지 않고 촉탁직으로 연장하기

울시는 2004년 버스의 공공재적 성격 반영, 이익 창출을 넘어서는 버스 역할을 기대하며 준공영제를 도입했다.

* 서울 일부 버스회사는 정년 65세, 월급 315~356만 원

때문에 자리가 거의 없어요. 서울도 준공영제로 운영하다 보니까 3~4년 전부터 2~3년 무사고 경력자*만 뽑아요. 70세 된 운전기사분도 있어요.

자율주행제도가 도입되면 언젠가는 버스 기사도 사라지겠지만, 앞으로 20년 정도는 염려 없을 것 같아요. 많은 승객이 탑승한 버스에서의 다양한 사건·사고에 안전하게 대처하기 위해서는 임기응변이 가능한 사람이 아직은 필요할 것 같아요.

이 분야를 선택하려는 후배들에게 한 말씀 해주신다면?

직장인의 퇴직은 자신에게 새로운 세계에서 자유롭게 날 수 있도록 날개를 달아준 것으로 생각하고 기쁜 마음으로 받아들여야 할 거예요.

후에 퇴직하는 은퇴자들이 어느 분야를 선택하든 본인의 의사가 우선되어야 할 것이며, 누구의 강요가 아닌 본인이 좋아서 하는 일이라면 하루하루가 즐거울 거예요. 버스 운전직을 선택한다면 자기 적성에 맞아야 하며, 체력은 기본으로 겸비해야 해요. 다양한 버스 승객을 만날 수 있기에 18시간 동안 배려해주고 이해할 줄 알아야 버틸 수 있어요.

---

* 서울버스운송사업조합에서 일괄 모집하나 회사에 따라 경력 사항은 각기 다르다. 서울 선진운수는 1종 대형 운전면허 소지자로 전체 경력 2년 이상의 마을·시내버스 경력으로 면허정지 및 면허취소 등의 사실이 없는 자를 선발한다.

16 자식처럼 벌과 대화하는 재미
양봉 농장

양봉 하면 '소비'(벌집), '계상'(벌통 위층, 덧통) 등 다소 생소한 용어에서부터 막히기 시작하여 벌에 쏘여본 적이 있는 사람은 손사래를 치기 쉽다. 그러나 나는 양봉장 꿀벌들이 한가로이 날아다니는 모습을 보며 깊은 숲속에 온 듯한 편안함을 느꼈다. 이규선 씨의 첫 양봉장 옆에는 김포 대수로가 흐르고 있고, 사방이 논과 밭으로 들판처럼 평평하게 조성되어 있으며, 남서쪽과 동쪽 1.5km 이내에 낮은 산이 자리 잡고 있어 나름 천혜의 양봉장이 될 수 있다고 말씀하신다. 김포에서의 첫 번째 양봉 경험을 바탕으로 더 넓고 쾌적한 장소인 경기도 가평과 강원도 춘천 사이로 이전하여 마음껏 양봉 기술을 펼치고 있다.

퇴직 후 소감 한 말씀 해주세요.

퇴직 후 잠도 좀 많이 자보고, 그동안 못 했던 것도 마음껏 해봐야겠다고 생각하고 그대로 실행했어요. 한두 달까지는 기분 좋았

이규선(69세)

2014년 6월 30일 공무원 퇴직, 2018년부터 양봉 농장 운영(김포시 고촌읍, 약 50평, 벌통 40개)하다 가평 이전하고 60통까지 성장 후 기후변화로 2022년 꿀벌이 전부 폐사함. 새 벌통(50만 원/1통) 구매하여 재기 중임.

어요. 꿈에서 깨어나서 후닥닥 출근 준비하려다가 '아, 퇴직했지' 하면서 정신이 번쩍 드는 날이 간혹 있었는데, 그런 날이 2~3년 동안 지속되었어요. 그런 뒤 어느 정도 익숙해지니까 자유인으로서 편안하게 모든 시간이 내 시간이 되어갔죠.

퇴직을 10년 앞둔 시점부터 퇴직 후 어떤 것을 하면서 여생을 살아야 할지 고민도 하고 준비도 해왔어요. 탁구, 등산, 낚시, MTB(Mountain Terrain Bike, 산악지형용 자전거), 골프 등 5개 스포츠 종목을 선정해서 아내와 함께하기로 약속했어요. 탁구는 제가 현직에 있을 때 동호회 회장을 할 정도로 웬만큼 칠 줄 알았고, MTB의 경우 아내와 둘이 우리 집에서 부산까지 6일 만에 갔다 온 적도 있어요. 그뿐만 아니라 영산강, 섬진강, 북한강, 금강 등 우리나라에 있는 큰 강과 제주도까지 모두 종주했어요.

그런데 4년 정도 해보니까 계속 반복적인 활동이면서 건강만 위해 스포츠 위주로 하니까 좀 따분하고 무의미하다는 것을 느꼈어요. 노는 것 위주가 아닌 생산적인 활동을 해봐야겠다고 생각하고 찾은 게 양봉이었어요.

EBS 일단해봐요 방송 출연(2021.12.08.)

양봉을 선택한 특별한 동기가 있으셨나요?

4년 공백 기간에 한 가지 더 한 게 있는데, 건강에 좋다고 해서 말벌집을 채취하려고 전국으로 돌아다녔어요. 저는 술을 안 마시지만, 말벌집 술을 수십 병 담가서 누가 필요하다고 하면 공짜로 주곤 했지요. 그러다 보니까 벌에 대한 거부감이 사라지고 대신 벌에 쏘여도 나는 괜찮다는 자신감이 생기더군요. 말벌한테 머리며 팔, 다리 등 많이 쏘였어요. 그런데 저는 괜찮았어요. 벌침에 대한 내성이 생긴 거지요. 그 후 양봉에 관해 관심을 두기 시작했죠.

양봉을 배우는 사람도 많지만 실패하는 사람들도 많아요. 10명이 배우면 7~8명은 실패하거나 포기해버려요. 저는 처음에 5통으로 시작했는데, 지금은 몇십 통으로 늘어났어요(경기도 김포시).

자식을 키우는 마음으로 벌과 대화할 정도로 재미있어요.

"어휴! 멀리 가서 꿀 가지고 온다고 고생했다!"
"너는 왜 기어 다니니?"
"너 어디 아프니?"

이렇게 대화하면서 살피다 보면 문제 발생에 대한 적절한 대처방안이 나와요.

어떤 과정을 거쳐서 이 일을 하게 되셨나요?

2017년도에 부천시 여월농업공원 도시양봉교실에서 5개월 정도 양봉교육을 받았어요. 교육을 받았다고 해서 바로 양봉을 할 수 있는 건 아니에요. 현장에서 실물을 보지 않고 책만 봐서는 뭔 소린지 몰라요. 벌통을 놓을 때까지 선생님께 매달 찾아가서 궁금한 걸 여쭤보면서 배웠어요.

어느 정도 양봉 일을 경험한 다음 2018년도부터 양봉을 시작했어요. 양봉은 실전 양봉 경험과 경험을 통한 지식이 풍부해야 실패하지 않아요. 그때 강사 선생님과 인연이 되어 교육이 끝났지만 거의 두세 달에 한 번씩 궁금한 게 있으면 A4용지에 잔뜩 써서 찾아갔어요. 우연히도 양봉 선생님이 제 고향 사람이더라고요. 고향 마을 한동네 사람이라고 해도 과언이 아닐 정도로 가까운 거리였어요. 운이 좋았지요.

선생님이 질문마다 답변해주시는 걸 나름대로 글로 정리해서 한글 문서 파일로 컴퓨터에 저장해놓았어요. 수제자 정도는 아니어도 실패하지 않고 열심히 양봉을 잘하고 있다고 칭찬해주세요.

현재 양봉 기술 수준은 어느 정도 되시나요?

한참 더 배워야 해요. 자기 나름대로 공부를 많이 해야 해요. 지금도 양봉에 대해 매일 2시간 정도 공부하고 있어요. 몇 년 동안 양봉을 하면서 1년간의 농사를 계절의 흐름에 따라 쭉 정리한 게 있어요. 몇 월 며칠에는 뭘 했는지 일일이 정리해두었어요. 그걸 늘 다시 꺼내보고 빠진 게 있는지 확인하고 보완할 게 있으면 다시 공부하기도 하지요.

평소 어떤 식으로 양봉 일이 진행되나요?

양봉은 봄·여름·가을·겨울 준비를 잘해야 해요. 아카시아꿀이 꿀 생산의 70%를 차지하기 때문에 아카시아꿀을 많이 따올 수 있는 벌을 얼마나 잘 키우느냐에 성패가 달려 있어요. 그 기술이 중요해요.

봄에는 '봄벌 깨우기'라고 해서 동면에 들어있던 벌들을 깨우는 작업인데, 월동 덮개를 벗기면서 벌의 건강 상태를 확인하는 아주 중요한 순간이지요. 이때 겨울을 잘 버텨준 벌들이 봄에 아카시아꿀을 잘 딸 수 있도록 지극 정성으로 보살펴줘야 해요.

여름에는 삼복더위 때문에 벌들이 많이 폐사해요. 5~6월이 가장 꿀을 많이 따는 시기인데, 벌들이 열심히 일하다 보니 힘들어서 쉬 늙고 빨리 폐사하지요. 벌들이 많이 죽어서 개체 수가 확 줄어드는데, 그때 관리를 잘해야 해요.

가을에는 여름철에 많이 줄어든 개체 수를 늘리기 위해 겨울에 살아갈 벌을 많이 생산해놔야 해요.

겨울에는 어떻게 하면 벌들이 폐사하지 않게 할 것인가를 연구하고 월동관리를 철저히 해야 해요.

벌은 수명이 짧으니까 더 많이 태어나게 하는 것이 양봉 기술이라고 할 수 있지요. 산란력이 좋은 여왕벌을 만든다든가, 새끼를 치기 좋게 소비(벌통 안에 들어있는 꿀 채집틀)를 잘 배열한다든가 해서 벌 개체 수를 늘리는 거죠. 벌통 하나에 2~3만 마리 정도 들어가 있어요.

가장 바쁜 시기인 4~6월에는 아침에 양봉장에 갔다가 3시 반쯤 되면 집에 와요. 일주일에 2~3번만 나가요. 이때가 채밀(벌집에서 꿀을 뽑아내는 것)하는 시기예요. 꿀을 딸 때는 혼자서는 못 하고 두세 사람이 같이해야 해요. 제가 바쁠 때는 아내와 둘이서 일해요.

아침에 양봉장에 나오면 한 바퀴 돌면서 전체적으로 쓱~ 보는 거예요. 소문(벌이 드나드는 문)에 벌이 안 나와 있으면 전날 밤에 추웠다는 걸 추측할 수 있고, 벌이 많이 나와 있으면 꽤 더웠다는 것이고, 적당히 나와 있으면 '아! 내가 어제 잘 관리해줬구나'라고 생각하는 거예요.

양봉에서 일벌의 1.5배 큰 여왕벌을 만들 줄 알면 양봉을 다 배웠다고 얘기해요. 여왕벌을 많이 만들어놓으면 새끼를 많이 칠 수 있거든요. 여왕벌을 봄에 30~50마리 만들어요. 그걸 벌통마다 다 집어넣으면

김포 양봉장

새끼를 쳐서 벌통 하나에 몇만 마리가 되는 거지요. 거기서 내년을 위해 여왕벌을 또 만드는 거예요. 올해 벌통 한 10통을 만들었다고 하면 내년에는 30통 정도 만들게 되는 거지요. 점점 커지는 거예요.

이걸 해보고 싶은 사람은 어떤 준비를 하면 좋을까요?

남들이 하니까 무작정 나도 한번 따라 해봐야겠다고 하면서 시작하는 사람들은 솔직히 말리고 싶어요. 이걸 해야겠다고 생각한다면 사전에 공부를 충분히 해야 해요. 저도 양봉 책 한 권을 두 번이나 베껴 썼어요. 그렇게까지는 안 해도 되겠지만 그래도 공부는 많이 해야 하고, 더 중요한 것은 현장을 많이 가봐야 해요.

그리고 장소도 중요해요. 해가 어느 쪽에서 뜨는데 벌통은 어느 방향으로 놔야 할지를 결정해야 하고, 되도록 그늘진 곳은 피해야 해요. 햇빛이 잘 들어오는 곳과 그늘진 곳은 계절에 따라 약간씩 달라요. 봄에는 햇빛을 많이 받아야 하지만, 한여름에는 그늘지게 해서 시원하게 만들어줘야 하거든요. 또 무엇보다 중요한 것은 전기가 들어와야 하고, 차량이 진입할 수 있는 곳이어야 해요.

양봉은 사람마다 벌 키우는 방식이 모두 달라서 정답이 없어요. 제일 좋은 방법은 여러 사람이 하는 것을 보고 내 걸로 만드는 거예요. 제가 만들어서 보관하고 있는 양봉 매뉴얼도 계속해서 수정 보완해가고 있어요. 학교 다닐 때는 써보지도 않은 일기를 양봉한다고 수년째 쓰고 있어요. (웃음) 이런 노력과 함께 운도 따라줘서 실패 없이 잘 커가고 있는 것 같아요.

이 일만의 매력은 뭔가요?

벌들의 세계에서는 자기에게 주어진 일은 죽을 때까지 정직하게 수행하는 것을 볼 때 배울 점이 많아요. 그리고 양봉에 대해 경험이 많이 쌓이니까 벌들과 대화하려고 할 정도로 여유가 생기면서 자연스럽게 마음이 안정되고, 코로나 시대에 위로도 많이 돼요. 그래서 계속 양봉을 해나갈 수 있는 것 같아요.

저를 많이 도와주시는 선생님께서 하신 말씀이 있어요. "자연에 순응하면서 꿀벌이 하고 싶은 대로 두면서 보조적인 역할만 하라"라고 하셨어요. 보통 사람들은 욕심이 앞서서 꿀을 많이 따려고 벌통 숫자를 많이 늘리려고만 해요. 욕심이 많아지면 양봉에서는 99.9% 망해요. 사람들이 양봉한다고 그러면 "벌통은 몇 개나 되나요?" 하고 물어봐요. 30~40년 경력을 가진 사람들은 "세력이 좋은 벌통 하나가 세력이 나쁜 약군(허약한 벌이 많은 벌통) 10개보다 낫다"라고 말해요. 벌통 숫자가 중요한 게 아니라는 얘기지요.

가장 힘든 순간은 언제였나요?

일주일에 한 번씩 내검(벌의 상태 내부 점검)을 해요. 여름 삼복더위 때는 정말 힘들어요. 한 번은 장수말벌이 떼로 나타나서 우리 벌들을 많이 폐사시켰어요. 수백 마리가 죽었지요. 그날 오전에 일찍 봤으면 괜찮았을 텐데, 제가 나간 사이에 들어와서 많이 죽였나 봐요. 오후에 오니까 장수말벌이 그때까지 휘젓고 다니면서 우리 벌들을 공격하고 있길래 바로 잡았지요. 그놈들이 오면 벌통 하나가 다 망가져요.

그리고 2022년 기후변화로 벌통 60개가 모두 폐사했어요. 지금은 벌통 하나에 50만 원씩 주고 새로 구입해서 늘려가고 있어요.

이 일을 하시면서 보람을 느꼈던 일이 있으시다면?

코로나 사태가 발생해서 어디 놀러도 못 가게 하지, 운동도 못 가게 하지, 지인들을 만나기도 힘들지, 집에만 있으라고 계속해서 얘기했잖아요. 직장을 다니는 것도 아니니까 심신이 너무 힘들 수도 있는데, 저는 양봉장이 있어서 다행이었어요. 탁 트인 들판 위에 있는 양봉장에 가면 마스크를 벗어도 되고, 벌들과 얘기도 하면서 하루를 보낼 수 있어서 너무 좋았어요.

전망은 어떨까요?

큰돈 들이지 않고 소규모로 할 수 있어서 그런지 몰라도 직장 퇴직한 사람 중에 '실버양봉', '취미양봉', '도시양봉' 등 양봉하는 사람들이 꽤 많아졌어요. 3년 사이에 양봉하는 사람들이 30% 정도 늘어났어요.* 정부에서 2019년 8월 27일 「양봉산업 육성 및 지원에 관한 법률」을 제정하여 2020년 8월 28일 시행하면서 양봉에 대해 육성 지원을 정책적으로 하고 있어서 희망은 있다고 봐요. 그러나 2029년에는 베트남과 맺은 자유무역협정(FTA) 발효로 꿀을 수입하게 되면 반값으로 내려갈 거예요. 우리나라 꿀과 경쟁이 안 되기 때문에 우리 정부에서도 뭔가 대책을 세울 수밖에 없어요.

양봉 농가 수 및 봉군 수**

단위: 천호, 천군

구분＼구분	재래종(토종벌)		개량종(서양종)		합계	
	가구수	군수	가구수	군수	가구수	군수
'10	8.3	172	16.7	1,526	25.0	1,698
'11	4.0	101	15.5	1,431	19.5	1,532
'12	3.9	149	16.7	1,646	20.6	1,795
'13	3.5	99	16.4	1,658	19.9	1,757
'14	3.1	94	18.2	1,859	21.3	1,953
'15	3.1	110	19.5	1,853	22.6	1,963
'16	3.1	119	19.6	2,036	22.7	2,155
'17	3.7	166	21.0	2,222	24.7	2,388
'18	3.6	130	22.9	2,462	26.5	2,592
'19	3.8	131	25.2	2,613	29.0	2,744

출처: 농림축산식품부

* 소자본 창농이 가능하고, 비교적 높은 자본회전율과 상대적으로 적은 노동력 투입 등의 이점이 있어 최근 양봉농가가 증가하는 추세다[출처: 『양봉산업의 위기와 시사점』, 한국농촌경제연구원 농정포커스 제178호(2019. 4. 5)]. ※ 소규모 도시양봉, 실버양봉, 취미양봉은 대부분 통계에 잡히지 않는다.

** 봉군(蜂群): 여왕벌 한 마리를 중심으로 활동하는 벌의 무리

천연꿀 수출입 동향

연도별 현황

구분	'00	'10	'11	'12	'13	'14	'15	'16	'17	'18	'19
수입량(톤)	275	543	653	771	689	776	900	843	935	992	683
수출량(톤)	1	4	3	28	77	53	46	29	53	33	17

국가별 현황(2019)

구분	미국	캐나다	뉴질랜드	호주	태국	베트남	중국	기타	합계
수입량(톤)	351	123	67	73	-	27	4	38	683
수출량(톤)	0.5	-	-	-	11	0.5	0.2	4.3	17

출처: 농림축산식품부

기억에 남는 에피소드가 있다면?

한 가지 특이한 일이 있었어요. 어느 날 왼쪽 팔에 오십견이 왔는지 팔을 들 수 없었어요. 엄청 아팠지요. 한의원에 가서 침도 맞고 1년 가까이 치료했는데도 낫지 않았어요. 그러던 중 올봄에 벌 두 놈이 와서 제 아픈 어깨를 쏜 거예요. 그런데 그 이후로 팔을 들어 올려도 괜찮고, 움직이는 데 별 불편이 없는 거예요. 효과가 있다는 걸 알고 10일 정도 지나서 제가 직접 봉침을 놓고 있어요. 그리고 또 남들이 자주 못 먹는 로열젤리도 자주 먹어요.

수입은 어느 정도 되나요?

수입 부분은 직업적 또는 전문적 양봉농가처럼 하는 게 아니라서 그렇게 많지는 않아요. 그냥 용돈 정도 버는 수준이에요. 보통 벌

한 통에서 많이 나오면 50만 원 정도 나온다는데, 저는 평균적으로 30~35만 원 정도 나와요. 100통이면 일 년에 3,500만 원 수입이 되는데, 도시양봉 또는 실버양봉으로는 그렇게 할 수 없어요. 그 절반 정도라고 생각하면 돼요. 경력이 좀 되는 사람이 60통 정도 하면 놀 것 다 놀고, 쉬어가면서 실컷 할 수 있는 양이 되지요.

양봉하기 위한 초기사업자금은 어느 정도 될까요?

지금 있는 김포 양봉장은 형님 소유의 토지라서 토지 임차료는 무료예요. 컨테이너는 보통 크기 3분의 1 정도 되는 것으로 150만 원에 구매했고요. 벌통은 처음에 1통당 25만 원씩 해서 5개로 시작했고요. 자투리 비용까지 모두 포함해서 총 300만 원 정도 들어갔어요. 양봉을 처음 시작하는 사람이 있다면 벌통을 10통부터 시작하라고 얘기해주고 싶어요. 왜냐하면 어떤 벌은 잘되고, 어떤 벌은 안 되는 게 있어요. 강군(強群)이 있고 약군(弱群)이 있어요. 강군을 약군에 집어넣으면 중간 봉군이 되거든요. 10개 정도는 되어야 섞기가 좋아요. 섞는 것을 '벌 고르기'라고 하는데, 그걸 잘하면 평준화가 돼요.

벌꿀 수확량

이 분야를 선택하려는 후배들에게 한 말씀 해주신다면?

양봉하겠다고 한다면 절대 욕심이 많으면 안 돼요. 욕심이 많으면 거의 실패하더라고요. 욕심부리지 말고 적정한 수준에서 만족하면서 내가 하고 싶은 일을 한다는 것에 의미를 두고 서서히 경험을 축적해나가면 돼요.

이전 계획은 어떻게 되었나요?

강원도 춘천과 경기도 가평 경계선쯤 자라섬 인근 양봉장으로 이전했어요. 가평군 청평면 대성리부터 하루를 보낼 수 있는 지역을 물색하다가 찾은 장소가 자라섬 인근이에요. 전철로 2시간 반 정도 걸려요. 아침에 출발해서 도착하면 점심시간쯤 돼요. 도시락 싸 가서 점심 먹고 양봉 작업을 2~3시간 하고 3시경에 귀가하면 저녁 식사 시간이 돼요. 그걸 맞춰서 위치를 선정한 거죠. 그래서 전철역 옆에 땅을 구했어요.

새 양봉장

17 자유롭게 일할 수 있어요
1톤 개인 화물차

퇴직 후 소감 한 말씀만 해주신다면?

퇴직 후 3개월 동안 쉬면서 죽는 줄 알았어요. 일하던 사람이라 1~2개월 쉴 때는 좋았지만, 3개월째는 더는 좀이 쑤셔서 견딜 수 없었어요. 그 후 바로 일거리를 찾아서 뛰기 시작했지요. 그런데 딱히 할 만한 일거리가 없었어요.

장경천 은퇴자의 1톤 화물차

장경천(67세)

2016년 12월 공무원 퇴직, 2017년 3월부터 개인 화물트럭(1톤) 운영

일흔 넘으면 돈 다 필요 없어요. 가장 중요한 것이 건강이지요. 퇴직 전에 퇴직 후 5년 동안 할 수 있는 일을 찾으려고 노력했어요. 67세까지 일하면 딱 좋겠더라고요. 그 이후에는 아내에게 맞춰서 가정 위주로 생활하면 된다고 봐요.

퇴직 후 한 달에 100만 원씩 벌었는데, 일 년 동안 1,200만 원이 어디로 갔는지 없더라고요. 이래서는 안 되겠다 싶어서 올해부터 '노란우산공제'*라고 소상공인과 소기업 사업자만 가입할 수 있는 제도인데, 매달 얼마씩 저축하고 있어요. 폐업해야 종료되는 것이라 중간에 임의 해지할 수 없어서 좋고, 연금식으로 전환도 가능해요. 그리고 용달화물 사업을 시작하고부터 매일 1만 원씩 부부 고용보험이라 생각하고 돼지 저금통에 저축하는 게 있는데 꽤 모았어요. 결혼한 자식들이 주는 용돈도 같이 그 저금통에 모으고 있죠.

현재 어떤 일을 하고 계시나요?

저는 1톤 개인 화물을 취급하는 차량 1대를 운행하고 있어요. 「화물자동차 운수사업법」상 화물자동차 1대를 사용하여 화물을 운송하는 개인 화물자동차 운송 사업을 하는 것이죠. 화물 운송 사업은 크게 분류해서 두 가지로 볼 수 있는데, 20대 이상 화물자동차를 사용하여 화물을 운송하는 '일반화물자동차 운송 사업'과 화물자동차 1대를 사용하여 화물을 운송하는 '개인화물자동차 운송 사업'이 있어요.

기존에 '용달', '개별', '일반' 세 종류였던 것을 2019년 7월 1일 업

* 소기업 · 소상공인이 폐업 · 노령 · 사망 등에 따른 생계 위험으로부터 생활 안정을 찾고, 사업 재기의 기회를 제공하기 위해 사회안전망 구축을 목적으로 도입된 것으로, 연금과 보험 성격을 조금씩 담고 있는 제도

사료 운송(인천에서 아산까지)

종 개편이 시행되어 '개인', '일반'으로 이원화되었어요. 개인 화물에는 1.5톤 이하 소형, 1.5톤 초과 16톤 이하 중형, 16톤 초과 대형으로 나눠요. 저는 2017년에 1톤 봉고 Ⅲ 새 차를 사들여서 화물 운송 종사자 자격증 취득, 운전적성정밀검사 및 교육을 이수하는 등 화물자동차 운송사업의 운전업무에 종사하려는 사람으로서의 요건을 갖춘 다음 원룸이나 작은 사무실의 간단한 이삿짐 배송 또는 소형 화물을 운송하는 사업을 하고 있어요.

평소 어떤 식으로 업무가 진행되나요?

화물 수주 전용 모바일 앱(개방형 화물 정보망 시스템*) 중에서 저는 '(주)오콜전국화물', '전국24시콜화물' 등 앱 2개와 알선업체(오프라인 사무실) 그리고 기존 고객을 통해 화물 수주를 받고 있어요. (주)오콜전국화물 는 개인 화물주와 직접 상대하기 때문에 내 스타일과 잘 맞아서 약간의 서비스를 추가로 조금만 더 제공하면 더 많은 운임을

* '원콜', '화물맨', '고고밴', '인성통합콜 1, 2' 등 다양한 앱이 있다.

받을 수 있는 장점이 있어요. 나한테 가장 잘 맞고, 능력을 발휘하는 대로 화물 금액도 올라가서 좋아요. '24시'는 택배와 비슷한 개념으로 움직이죠. 큰 물류회사 등 기업을 주로 상대해요. 화물 금액은 낮지만, 일거리는 많아요. 기존 고객 중에는 목사 사모님이 "오빠 삼아도 되겠냐?"고 하면서 주변 사람들을 연결해주는 때도 있었어요.

어떤 과정을 거쳐서 이 일을 하게 되셨나요?

직장에서 운전직으로 일했으니까 그 특기를 살려서 먼저 화물차를 운행하겠다는 목표를 세웠어요. 알선업체에 있는 친구 소개로 업체에 등록하고, 다양한 조언을 참고해서 먼저 1톤 화물차량을 신차로 2,300만 원(취득세 등 포함)*에 구입하고, 화물차량으로 등록하는 데 번호판값으로 2,800만 원을 지불하고, 사업자등록, 장비 구매 등 총비용이 5~6천만 원 정도 들어가더군요(중고 화물차 대체 시 4천만 원대 정도 예상됨).

어떤 화물차는 매달 25일 정도 일하고 유류비 등 비용 100여만 원을 제외하면 250~300만 원 정도의 수익을 가져간다고 하더라고요. 저는 나이도 있고 하니까 그것보다 조금 적게 일하고 중간중간 쉬는 날이 좀 있어서 월 180~250만 원 내외로 벌어요. 거기에 덧붙여서 유가보조금**도 한 달에 17만 원 정도 지원을 받고 있어요.

---

* 중고차 구매 시: 구매가 890만 원(2021년 9월 중고 매물 기아 봉고 III 2015년식 오토 19만 km 주행) 취 · 등록세: 35만 원(등록 16만 원, 취득 16만 원) - 영업용 화물차 4%(등록세 2% + 취득세 2%) 보험료 200만 원 이상 / 협회비 20만 원 / 이전 대행, 장비 구매 등 기타 비용 30만 원 / 총 구매비 1,175만 원 / ※ 2023년 4월 현대 포터 1톤 화물차 신차 구매비: 1,865~2,239만 원(옵션에 따라 다름)

** 1톤 화물 월 유가보조금 지급한도량 683리터 / 보조금 한도는 차량 톤수에 따라 다르다(월 23~148만 원).

화물차 유가보조금 지원 화물복지카드

이 직업만의 매력은 뭔가요?

남한테 구애받지 않고 내 마음대로 일할 수 있고, 일하는 시간도 원하는 대로 조정할 수 있다는 것이 매력이지요. 또 가정에 무슨 일이 생겼다 해도 얼마든지 시간을 낼 수 있어서 일과 가정을 함께 돌볼 수 있어요. 어디에도 구속되지 않고 자유롭게 일할 수 있는 직업, 바로 자유업이지요. 직장생활과는 판이하지요. 내가 사장이니까 내 마음대로 할 수 있는 것이지요.

화물 운송의 특징이 장·단거리 운행을 가리지 않고 뛸 수 있어야 해서 운전을 싫어하는 사람은 못 해요. 이 일을 좋아해야 어떤 어려움도 슬기롭게 헤쳐나갈 수 있지요. 동료 중에 전혀 이 업종에 어울릴 것 같지 않은 사람도 이 일을 해보고 너무 재미있어서 신나게 일하는 사람도 있어요. 내가 하는 만큼 성과(돈)가 돌아오니까 재미있는 거죠.

가장 힘든 순간은 언제였나요?

힘들다고 할 정도로 특별한 건 없었고, 눈 또는 비가 올 때 화물 위에 덮개를 씌워야 하는 것이 좀 애로사항이지만, 그것도 행복한 불평이라고 할 수 있지요. 나한테 일거리가 들어왔으니까 덮개를 씌우는 것이지 화물 수주 자체가 없으면 눈, 비에 신경 쓸 필요가 없는 것이지요. 내가 할 수 있는 것을 맞춰서 하니까 크게 불편한 것은 없어요. 무리하게 화물 수주를 하는 것이 아니기 때문에 힘든 것이 아니라 즐겁게 일할 수 있어요. 돈벌이가 안 되면 안 되는가 보다 하고 마음을 비우면 돼요.

반면 보람도 있었겠네요.

항상 보람은 있지요. 남들은 화물 수주가 안 되어서 난리인데, 나한테는 꾸준히 일이 들어오니까 그게 보람이지요. 일은 항상 있는데 운임이 안 맞아서 못할 뿐이에요. 이 일을 하면서 일당을 벌면 매일 1만 원씩 저축하는 것이 낙이에요. 욕심내지 않고 조금씩 앞으로 나아가는 거예요. 욕심내면 꼭 탈이 나더라고요.

특별히 고객 관리를 하시는 게 있나요?

고객 관리는 일회용이에요. 앞뒤가 안 맞는 말 같지만, 이 계통이 뜨내기나 마찬가지거든요. 재수주가 들어오면 어떨 때는 불편할 때가 있어요. 화물 운임을 더 많이 못 받으니까요. (웃음) 신규 화물주에게 상차, 하차 등 하지 않아도 되는 서비스를 추가 제공하면 더 많은 운임을 주기도 하거든요. 그래서 이 계통에서는 나의 경우 역설적이지만 고객 관리는 없다고 봐요.

일하면서 기억에 남는 일화가 있다면?

2019년 초 일인데, 화물주가 버려야 할 짐이 많다고 하길래 농담 삼아 “아니, 이 짐뿐만 아니라 버려야 할 게 또 있는 것 같은데 신랑까지 버려야 하는 것 아니에요?” 했더니 “그러잖아도 버려야 하는데 어디에서도 받아주는 데가 없어서 못 버리고 있어요” 하고 농담을 받아주더라고요. 이런 식으로 고객을 즐겁게 해주기도 하니까 참 좋아하면서 운임에다 목욕비를 더 얹어주는 때도 있었어요. 힘들다고 짜증 내면서 일하기보다 모든 것을 긍정적으로 생각하면서 즐겁게 일하다 보면 뜻밖에 좋은 일이 생기기도 하더라고요. 또 어떤 날은 화물주의 기분을 잘 맞춰줬더니 이삿짐 비용이 7만 원인데 팁으로 10만 원을 더 주는 일도 있었어요.

앞으로 이 직업의 전망은 어떨까요?

전망이 좋다고 할 수는 없어요. 오피스텔, 원룸 등에서 ‘빌트인’(매립형 방식)을 도입하는 등 이삿짐 규모가 줄어들고 있지요. 그리고 자율주행자동차 등으로 화물업계가 생존의 위협을 받을 날이 머지않았기 때문에 내 때는 벌어 먹고살 수 있겠지만, 10년 후쯤에는 난관에 봉착할 수 있어 젊은 후배들에게는 권하고 싶지 않아요. 그러나 커피숍이나 치킨집 창업보다 1톤 화물차 운송 사업이 투자 효율이 훨씬 높고 벌이도 나쁘지 않을 거예요. 또 화물 운송면허가 신규 등록이 안 되기 때문에 자연스럽게 수급 조절이 되고 있으니 운전을 좋아하는 은퇴자가 하기에는 큰 무리가 없을 듯합니다.

최근엔 오토바이 배달업자들이 개인화물 영업 쪽으로 이동하여 번호판 값이 올랐다고 해요.

◎ 이 직업을 선택하려는 후배들에게 한 말씀 해주신다면?

기본적으로 꼭 필요한 세 가지가 있어요. 첫째, 운전이 자기 적성과 맞아야 즐겁게 일할 수 있어요. 둘째, 이 계통은 대부분 힘을 써야 하는 직업이라 건강하면서 체력이 좋아야 해요. 세 번째는 사람을 상대하는 직업의 특성상 상대방을 편하게 해줄 수 있어야 해요. 말 한마디에 따라 수입이 달라질 수 있는 직업이거든요. 우리나라 화물주들은 좋은 얘기로 마음을 편하게 해드리면 자연스럽게 마음을 여시더라고요. 좋은 손님들이 정말 많아요.

좀 더 생동감 있는 글을 쓰기 위해 직업 현장 체험을 해보기로 하고, 토요일 아침 일찍 은퇴자를 따라나섰다. 화물 일정은 첫 번째가 부천에서 인천항에 있는 ○○사료 공장으로 가서 소 사료 상차 후 아산시에 있는 대규모 목장인 ○○축산에 가서 하차하는 것이고, 두 번째가 오산역 인근 원룸으로 가서 간단한 이삿짐 상차 후 오산시 내 아파트로 가서 하차하는 것이다. 전날 미리 화물주와 계약한 대로 움직이기만 하면 된다.

아산 목장에 도착하여 사료를 하차해야 하는데, 일꾼들이 도와주질 않아 은퇴자와 둘이서 하차해야 했다. 이런 날도 있단다. 오산에서도 간단한 이삿짐 운송에 힘을 보탰다.

18 자유로움이 큰 매력

개인택시

퇴직 후 소감 한마디 해주신다면?

일의 종류와 사람에 따라 다르겠지만, 직장생활하는 동안 운전업무는 스트레스를 안 받을 거로 생각하는데 저 같은 경우는 성격상 꼼꼼하게 챙기고 대충 넘어가지 않다 보니 스트레스를 좀 받았어요. 또 운전업무는 직종 자체가 정원이 꾸준하게 줄어드는 추세다 보니 사람은 줄고 일은 그대로여서 정신적 · 육체적으로 많이 피곤했어요.

2018년 5월 말 퇴직 후 4개월 정도 쉬었어요. 계속 놀 수는 없고 뭔가 내 일을 해야겠다는 생각에 이것저것 많이 고민했죠. 운동이든 등산이든 내가 하고 싶을 때 편하게 시간을 낼 수 있는 자유로운 직종을 찾다가 '택시'가 가장 적합하겠다고 생각하게 되었어요. 정해진 시간에 출 · 퇴근해야 하는 직장이었다면 아마 못 다녔을 거예요. 그럴 것 같으면 일찍 퇴직을 안 했지요.

김윤수(62세)

2018년 5월 말 공무원 명예퇴직, 2018년 9월부터 개인택시 운영

개인택시 일에 대해 말씀해주세요.

우리가 가장 많이 접하는 것을 기준으로 택시에는 크게 '일반택시(법인택시)'와 '개인택시'*가 있어요. 저는 개인택시를 1년 넘게 운행하고 있어요. 부천 개인택시는 3일 운행하고 다음날 하루는 휴무해야 하는 4부제** 근무 형태를 택하고 있어요(2022년 부제 임시해제 / 서울, 인천 2022년 부제 해제). 개인택시 옆과 뒤에 부제 편성을 알 수 있는 '가, 나, 다, 라' 기호가 표시되어 있어요. 이 기호는 쉬는 날을 의미하는 거예요. 운행해야 하는 날 쉬는 것은 문제가 안 되지만, 부제 편성표에 나와 있는 휴무일에 근무하면 법에 따른 제재가 가해져요.

4부제로 운행해서 하루에 15~17만 원 정도 벌었어요. 한 달에 20일 정도 운행하면 300만 원 정도 벌 수 있어요. 그날그날 번 돈을 만져보는 재미가 쏠쏠해요. 택시조합에 가끔 나가보면 많이 버는 사람은 한 달에 700만 원까지 버는 사람도 있대요. 총알택시처럼 빠르게 운행하고 차에서 먹고 자고 하면서 쉬지 않고 일해야 벌 수 있을 거예요. 30~40대 젊은 사람들이 개인택시를 하면 한 달에 500~600만 원은 족히 벌 수 있을 것 같아요. 젊고 체력이 받쳐주고 동작이 빠르니까 가능한 것이겠죠.

나도 택시 운전대를 처음 잡았을 때 하루에 얼마나 벌 수 있는지 실험해보려고 무작정 덤벼들었던 때가 있었어요. 그때 하루 30만 원 정도 벌었지요. 그다음 날부터 3일 동안 몸이 아파서 일어나지도 못했어요.

---

* 개인택시 면허 대수: 전국 164,687대(서울 49,123 / 경기 27,314 / 부산 13,823 / 인천 8,966, 전국택시운송사업조합연합회, 2023.2.28기준)

** 부제: 운전자의 과로방지 및 차량 정비 등을 위해 개인택시의 그룹을 지어 며칠에 한 번씩 해당 그룹의 택시 운행을 쉬도록 하는 제도. 3부제는 3일에 한 번씩 쉬게 되고, 5부제는 5일에 한 번씩 쉬게 된다. 경형, 소형 및 고급형 택시에 대해서는 부제를 둘 수 없다.

김윤수 은퇴자의 개인택시

◎ 어떤 과정을 거쳐서 이 일을 하게 되셨나요?

2020년까지는 6년 이상 사업용 차량 운전업무에 종사한 사람(5년간 무사고)에게 개인택시 면허를 줬는데, 2021년 1월 1일 시행 「여객자동차 운수사업법 시행규칙」이 개정되어 영업용·비영업용 상관없이 5년간 무사고 운전경력이 있으면 교통안전공단 시행 교통안전교육을 5일간 40시간(교육비 52만 원) 이수 후 개인택시 면허를 양수할 수 있어요. 저도 2018년 당시 직장생활하는 동안 운전업무만 해왔기 때문에 개인택시를 바로 할 수 있었어요. 그 당시 일반 사람들은 용달 화물 등에 3년 이상 종사해야 똑같은 자격을 얻을 수 있었어요.

「여객자동차 운수사업법」상 '개인택시운송사업면허' 가격(번호판비)* 이 2018년 당시 부천에서는 9,500만 원이었어요. 저도 그 가격에

---

* 서울 개인택시 면허 시세: 7,200만 원(2019.10) → 8,150만 원(2021.7) → 8,650만 원(2023.4), 부산시 9,000만 원, 인천시 9,200만 원, 세종시 2억 원

샀어요. 2019년 8천만 원대로 떨어졌다가 2021년 택시면허 양수조건 완화로 다시 9,500만 원대로 올랐어요. 거기에다 2014년식 쏘나타 중고차량을 500만 원 급매로 샀지요.

평소 어떤 식으로 업무가 진행되나요?

아침 08:30 출발해서 오후 2~3시쯤 운행이 종료되면, 6~7시간 근무하게 돼요. 평균 15~17만 원 정도 운행수입금이 있고, 기름값 2만 원 빼면 13~15만 원 정도가 순수입으로 남게 돼요. 12시간 정도 하면 20만 원 이상 벌 수 있어요. 한 달에 적게는 20일, 많게는 24일 정도 일해요. 월수입은 300만 원 안팎으로 보면 돼요. 번호판값은 나중에 팔 때 9,500만 원 그대로 다시 환수 가능할지는 시세가 있어서 매각 당시 시세를 봐야 알 수 있어요.

개인택시 영업을 위한 스마트폰 앱은 '부천 콜', '티맵', '카카오 콜' 3개가 있어요. 3개를 띄워놓으면 그중에 하나가 콜이 들어와요. 거리

'부천 콜' 앱

상 500m 내외로 가깝고 목적지가 적당하다고 생각되면 잽싸게 낚아채요. 순식간에 다른 사람들이 채가는 경우가 많으니까 순간 판단과 동작이 빨라야 해요. 부천의 개인택시 영업자 수는 2,486명(2022.8월 현재)명이에요. 이 사람들이 100% 운행하는 것은 아니에요. 나이 드신 분들은 길에 세워놓고 있는 경우가 많아요.

또 스마트폰 콜은 손님 집 앞까지 골목골목 찾아가야 하는데, 어르신 기사님들은 그게 안 돼요. 빨리 안 오면 손님들은 기다리지 않고 취소해버리죠. 스마트폰 콜 사용은 신속 정확해야 할 수 있거든요. 디지털 문명에 익숙하지 않은 어르신 세대들은 자연스럽게 도태되는 거죠. 우리도 그 나이로 가고 있지만 참 슬픈 일이에요. 도태되지 않으려면 끊임없이 공부해야 해요.

70~80대가 엄청 많아요. 65세가 넘으면 3년에 1회, 70세 이상은 연 1회 '자격유지검사'나 '의료적성검사'를 받아야 해요. 고령 기사들이 더 힘들어하는 것은 모바일 시스템이에요. 저는 카카오택시 등 모바일 택시 시스템을 주로 이용하기 때문에 길에서 손 흔드는 사람은 거의 안 태워요. 90% 정도 모바일로 손님을 태워요. 모바일은 목적지가 미리 나오기 때문에 손님한테 어디 가냐고 물어볼 필요가 없어요. 손님을 선택해서 갈 수 있어 모바일이 훨씬 편해요.

이 직업만의 매력은 뭔가요?

무엇보다 자유롭다는 것, 어디에도 구속받지 않고, 누구의 눈치도 볼 필요가 없다는 것이 가장 큰 매력이지요. 08:30에 운행을 시작해서 2~3시쯤 끝나면 귀가하게 돼요. 특별한 약속이 없으면 6시까지 3시간 정도 헬스, 수영 등 운동하고 저녁 식사 후 집에서 쉬어요. 이렇게 일하는 것이 한편으로는 파트타임 형식의 일이라고도 할 수 있어요. 저는 주말에는 택시 운행을 거의 안 해요. 엄청나게 자유로운 거죠.

카카오택시 등 스마트폰 앱이 생기고 나서 요즘 젊은 사람들의 택시 사용 성향이 달라졌어요. 전철역 같은 경우 택시들이 10대쯤 줄을 쫙 서 있잖아요. 그 택시를 안 타고 그 앞에서 콜택시를 부르는 거예요. "줄 서 있는 택시도 많은데 그 앞에서 왜 콜택시를 불렀어요?"라고 물어보면 "어디 가자고 말하기 싫어요"라고 해요. 콜 때문에 우리도 손님이 타면 "안녕하세요?", "안녕히 가세요" 딱 두 마디면 끝나요. 이미 그 손님의 목적지 등 정보가 모두 띄워져 있으니까 목적지를 물어볼 필요가 없는 거죠. 나 같은 경우 1년 반 만에 술 마신 손님이 요금을 안 내서 시비가 붙은 적은 있어도 택시 미터기가 많이 돌아간다는 등 시비가 붙을 일이 없었어요. 콜에 등록된 대로만 가면 돼요.

요즘엔 손님들도 큰길로 나가서 택시를 잡지 않아요. 집에 앉아서 콜을 부르고 택시 오는 것 봐가면서 집 앞으로 나가면 돼요. 길은 쳐다보지도 않아요. 목적지에 도착했는데, 다른 손님이 거기서 타겠다고 하면 어쩔 수 없이 태워주는 거죠. 그러니까 노인 기사분이 모는 택시들은 수입이 줄어들 수밖에 없어요. 취객 때문에 택시 기사들이 고생하는 모양인데, 저는 낮에만 운행하니까 술 취한 손님은 거의 없어요. 그리고 택시 안에는 내부 카메라도 있지, 바깥에는 블랙박스까지 있으니까 함부로 못 해요.

◎ 가장 힘들었던 순간은 언제였나요?

힘들었다고 얘기할만한 것은 없었지만, 손님들이 콜을 하고 나서 집 앞에 내려와 있어야 하는데 안 내려오는 경우가 있어요. 아주 조금 늦은 것 가지고 "왜 늦게 왔냐?" 하며 시비 걸면서 안 내려오다가 일단 타고 나면 빨리 좀 가달라고 독촉해요. 자기가 빨리 안 내려오고 선 빨리 가달라고 성화니 앞뒤가 안 맞잖아요.

이 일을 하면서 가장 보람을 느꼈던 순간은 언제인가요?

저는 처음부터 지금까지 아픈 사람들이나 노인들이 타면 꼭 집 앞까지 가요. 그러다 보니까 차츰 단골들이 생기더라고요. 아픈 사람들이 많이 사는 동네가 있어요. 거기 사시는 분들이 명함을 가지고 있다가 전화해요. 사람이 말을 해보면 저 사람이 좋은 성품의 사람인지 나쁜 성품의 사람인지 감이 오잖아요. 저는 휠체어를 실어주는 거 외에도 해줄 수 있는 거는 다 해주니까 단골이 되더라고요.

역 근처 여관에 장기투숙(월세)하는 중국 사람들이 많아요. 그 사람들이 여관 주인한테 공항 가는 콜택시 불러달라고 부탁하면 저한테로 가끔 전화가 와요. 한 달에 4~5건 정도 콜이 들어오고, 인천공항까지 5만 원에서 5만 5천 원 정도 받아요. 어떤 손님은 중국 갈 때뿐만 아니라 한국으로 다시 들어올 때도 전화가 와요. 한국 들어올 때는 항공권을 사진 찍어서 카톡도 보내줘요. 도착시간에 와 있으라는 거죠. 친절하고 정확하게 일을 해주면 외국인 단골도 점점 늘어나게 되더군요.

일하면서 기억에 남는 에피소드가 있다면 소개해주세요.

여러 차례 경험한 일인데, 스물다섯 살 정도 돼 보이는 청년이 차 문을 열더니 "기사님! 잠깐만 계세요" 하고는 가게로 들어가요. 나 혼자 생각에 '아이! 저 녀석이 차 문을 열었으면 차를 타야지 왜 가게로 들어가?' 하면서 속으로 화가 좀 났지요. 커피를 가지고 차에 타길래 "차 출발하니까 쏟지 않게 조심하세요" 하고 출발했는데, "기사님! 이거 드세요" 하는 거예요. "지난번에 저기서 커피를 사 먹었는데 맛있더라고요. 그래서 하나 더 샀어요" 그러는 거예요. 화내면서 말 안 하기를 잘했다 싶은 거예요. 또 스타벅스에서 콜을 부르더라고요. 그쪽으로 차를 대니까 어떤 청년이 커피 두 개를 들고 타면서 나한테 하나 드시라고 줘요. 그런 사람들이 가끔 있어요. 대부분 젊은 사람들이에요. 이럴 때는 일할 맛이 나지요.

전망은 어떨까요?

전망은 좋아요. 2021년부터 개인택시 면허 양수조건이 완화되었기에 젊은 사람들이 많이 진입할 수 있을 것 같아요. 그러면 서비스도 훨씬 좋아질 거예요. 70~80대 노인기사들이 승차 거부, 지저분한 머리카락, 불결한 차량 등으로 더럽고 냄새난다는 민원이 많이 들어오나 봐요. 젊은 사람들이 옷도 깔끔하게 입고 세차도 하고서 운행한다면 택시 인식도 좋아질 거예요. 젊은 사람들이 하면 무거운 걸 한 번이라도 더 들어주지 않을까요? 그러면 자연스럽게 택시 이용률도 높아지게 되겠지요.

이 직업을 선택하려는 후배들에게 한 말씀 해주신다면?

고객 중심 서비스 정신을 가지고 일하라고 조언해주고 싶어요. 그리고 손님과 시비가 붙는 일이 가끔 있을 수 있는데, 그걸 방지하기 위해서는 말을 많이 하는 승객에 대해 내 의견을 적극적으로 말하지 말라는 거예요. 맞장구만 쳐줘도 좋아해요. 그리고 절대 정치와 종교 얘기는 하지 말라고 얘기해주고 싶어요.

끝으로 "이 얘기는 꼭 해야겠다" 하는 게 있나요?

항상 승객 처지에서 긍정적으로 생각하라는 거예요. 예를 들어 조수석에 앉아있는 손님에게 "불편하시면 의자를 뒤로 빼셔도 돼요"라고 얘기해주면 얼마나 고마워하는지 몰라요. 손님들은 차량에 손대면 안 되는 줄 알고 있어요. 고객 처지에서 한마디라도 건네주면 손님은 마음을 열게 되어 있어요. 별거 아니지만 친절한 말 한마디에 손님 대부분은 거스름돈도 안 받으려고 해요. 다양한 손님이 이용하는 대중교통이니까 화가 나더라도 한 박자만 늦추라고 얘기해주고 싶어요.

19 7개월 만에 접은 이유
편의점

은퇴자들이 가맹 편의점을 선호하는 이유는 특별한 기술이나 장사 경험 없이도 시작할 수 있기 때문이다. 쉬운 창업만큼 실패할 확률도 높은 것이 가맹 편의점의 이면이다. 국내 유명 편의점에 속하는 가맹점을 운영하다가 최근 폐업한 점주 김동수 씨와 인터뷰했다.

편의점을 접은 후 소감 한 말씀 해주세요.

편의점을 접기로 마음먹고 다른 일을 찾아보다가 지인이 이런 일도 있다고 지원 한번 해보라고 알려주셔서 ○○시 공무직에 지원했어요. 합격자 발표하던 날, 아버지가 더 궁금하셨는지 빨리 알아보라고 성화셨어요. 편의점 일을 하다가 인터넷으로 합격자 명단에서 제 이름을 확인함과 동시에 나도 모르게 "와! 합격이다"라며 크게 환호성을 질렀어요. 그 괴성에 옆 가게 사장님께서 깜짝 놀라 무슨 일이냐며 달려왔어요. 가족뿐만 아니라 주변 모든 분이 제가 편의점 하면서 고생한

김동수(40세)

2016년 12월~2020년 8월(3년 8개월) 유명 편의점 중 1개소 운영, 2020년 5월 1일 ○○시 공무직 입사

김동수

것을 아시기 때문에 진심으로 축하해주셨어요.

이제는 편의점을 마음 편히 접을 수 있겠다 싶었고, '해방'이라는 단어가 제일 먼저 떠올랐어요. 편의점을 하면서 큰 족쇄를 달고 있었던 것 같아요. 시간, 돈, 위약금 때문에 노예로 살았던 것 같아요. 겨우 사업을 접고 ○○시 공무직에 입사한 뒤로 편의점 일을 잊고 싶었고, 지금 행복한 내 마음이 지난 고통을 소환할까 봐 그 편의점 자리를 피해 다니게 되었어요. 아내도 혹여 그쪽으로 가게 되면 안 쳐다보고 지나간다고 그러더라고요.

어떤 과정을 거쳐서 편의점 개업을 하게 되셨나요?

어머니 지인분께서 ○○시 시민회관 근처에서 오랫동안 편의점을 운영하고 계셨어요. 제가 하던 사회복지 일(방문요양센터)을 그만두게 되어 이것저것 뭘 할까 찾던 도중에 어머니께서 편의점 일을 추천해주셨어요. 그 편의점 지인분을 소개해주셔서 그곳에서 두 달 정도 아르바이트를 하면서 일을 배우기 시작했어요. 지인분 편의점은 매출이 많은 곳이었어요. 일을 배우면서 "아! 나도 목 좋은 곳에만 들어가면 잘될 수 있겠다" 하는 자신감을 느끼게 되었어요.

편의점 본사에 연락해 개업 담당자를 만나 여기저기 좋은 입지를 찾아다니다가 담당자의 권유로 대형병원 근처에 편의점을 개업하게 되었어요. 편의점 개업 전 2~3주 동안 편의점 운영 등 영업 관련 전반적인 사항들을 교육받았어요.

건물 임대차 계약은 편의점 본사 계약기간 5년과 같게 했어요. 계약 만료일은 원래 2021년 12월까지였는데, 2020년 8월에 편의점을 철수했지만 다른 업주가 들어오기(2020년 12월)까지 월세와 관리비는 제가 계속 내야 했어요. 손해가 엄청났지요.

편의점을 하면서 다른 편의점 점주분들과 교류를 자주 했어요. 그분들이 늘 하시는 말씀이 있어요. "프랜차이즈는 본사를 먹여살리는 기계다"라고요. 아무리 장사가 안 되어도 본사에서는 무조건 몇 %를 떼어가요. 적자가 나더라도 편의점은 임대료, 관리비, 물건 폐기, 일정 반품을 떠안아야 한다든지 하는 금액들이 너무 부담됐어요.

요즘 편의점이 아주 많아졌어요. 출혈경쟁을 하는 거죠. 더 심할 때는 어떤 한 곳이 잘된다고 하면 다른 회사 편의점이 인근에 더 규모가 크고 화려하게 개업해요. 그러면 기존 편의점은 서서히 죽어가요.

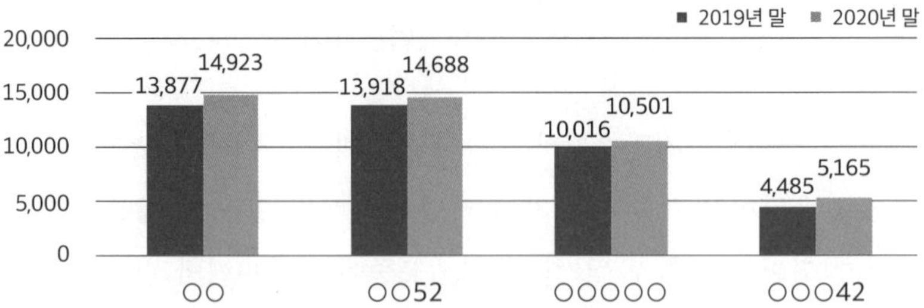

편의점 업계 점포 수

출처: 금융감독원 전자공시

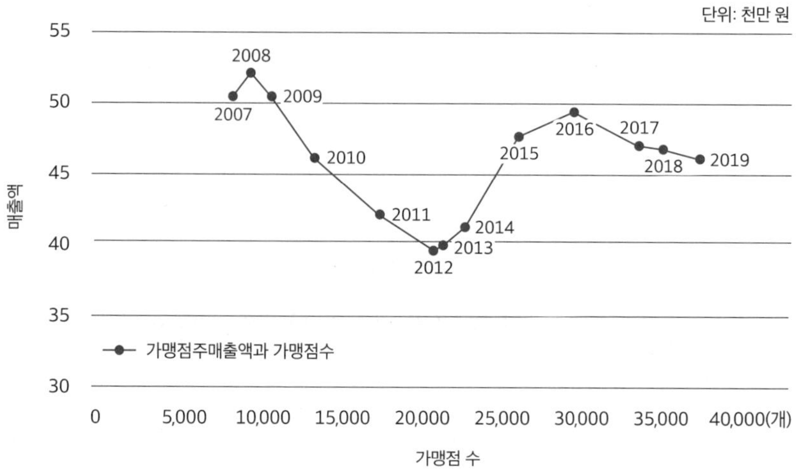

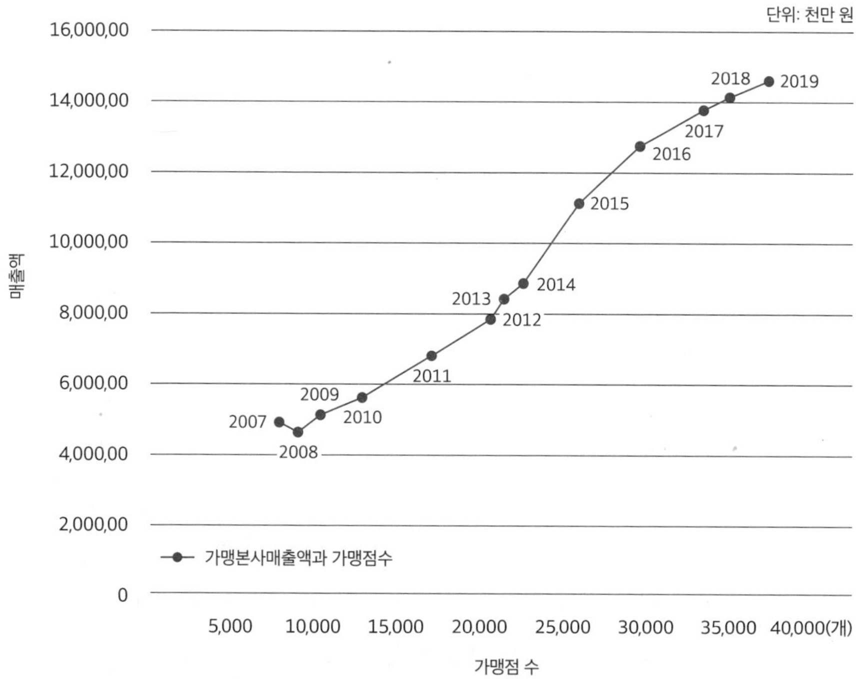

소비자물가지수 반영한 가맹점주매출액과 가맹점수(상)와 소비자물가지수 반영한 가맹본사매출액과 가맹점수(하)

※ 위의 가맹점 매출은 기복이 심한 데 반해 가맹 본사 매출은 급격한 상승세를 보인다.

출처: 전국가맹점주협의회

얼마 후 피눈물을 삼키며 폐업하게 되죠. 비열한 삶의 현장이지요.

개업 초기 약 6개월 동안은 '오픈발'이 좀 있었어요. 얼마 동안 가족, 친지들이나 주변 지인들이 찾아와주니까 장사가 되는 거예요. 담배 피우는 친구는 한 번에 몇 보루씩 사가요. 6개월 후 오픈발이 빠지면서 기울기 시작했어요. 오픈발이 있을 때는 임대료, 관리비 모두 제하고 400~450만 원 정도 가져갔는데, 오픈발이 빠지니까 수익이 줄어들기 시작했죠. 설상가상으로 2018년 말 우리 편의점 인근에 다른 회사 편의점이 더 크게 개업했어요. 이때 가장 큰 타격을 입었어요.

점점 안 좋아지더니 매출이 절반 이상 뚝 떨어졌고, 순수익도 사라지고 적자가 나기 시작했어요. 그때부터 임대료, 알바비 등을 모두 대출로 메꾸기 시작했어요. 그렇게 버티고 있는데 코로나가 터져버리니까 한 달 매출로 임대료도 못 내는 상황까지 와버렸어요.

폐업 결정은 2017년 6월 지나서 매출이 빠지는 걸 보고, 개업 후 10~11개월쯤 되었을 때 본사 담당자와 상의해서 권리금이라도 받고 나가려고 빨리 내놨어요. 그런데 본사 직원의 실수로 매수자 한 명을 놓치고 나니까 보러 오는 사람이 없는 거예요. 그냥 계속 적자 상태로 안고 가게 된 거죠.

◎ 평소 어떤 식으로 일이 진행되나요?

매장 청소, 물품 발주, 물품 정리 및 재고 정리, 알바생 관리 등 전체적 매장관리는 구체적으로 설명하지 않아도 대략 아실 거니까 대신 하루하루 매장 안에서 어떤 일들이 벌어지는지 말씀드릴게요.

인격이 안 된 손님이 들어와서 물건을 던지듯 주면서 반말로 "계산해"라고 한다든가, 좀 젊은 친구들은 계산대로 와서 어느 정도 거리를 둔 상태에서 돈을 던져요. 그런데 손님이고 서비스 직종이니까 뭐라고 할 수 없어요. 또 밤 되면 술 취한 사람이 와요. 쾅 소리가 날 정도로 문을 발로 차고 들어와요. 물건을 고르다가 실내에서 구토하고 도망가는 일도 많았어요. 이런 사람들 때문에 스트레스가 엄청 많았어요.

그리고 삼각김밥이나 도시락 같은 경우 유통기한이 하루 지나면 폐기해야 해요. 이런 것도 솔직히 냉장고에 넣으면 3일 내에 먹어도 되지만, 편의점에서는 팔 수 없으니까 제가 먹거나 알바생들이 먹어요. 3일이 지나도 아까워서 또 먹어요.

또 알바생이 밤에 일하고 있지만 저는 집에서 편히 잠들 수 없었어요. 혹시 무슨 일이 생기지나 않을까 노심초사하는 거죠. 365일 편의점에 나가야 한다는 강박관념에 시달렸어요.

◎ 이 일을 해보고 싶다는 사람이 있으면 어떤 준비를 하면 좋을까요?

첫째, 제일 중요한 게 입지 조건이에요. 목이 얼마나 좋으냐이지요. 월세를 더 주더라도 목이 정말 좋은 곳을 선택하고 유동 인구가 얼마나 많은지 등을 면밀하게 꼭 확인해보고 개업하셔야 해요. 제 편의점 입지 조건을 보면 대형병원 건너편이고, 유동 인구 많고, 버스 정류장 옆 각종 병·의원이 위층에 들어와 있는 건물이었기 때문에 알짜배기 자리라고 소문이 나 있었어요. 그런데 이상하게 장사가 안 되더라고요. 보통 남들이 보는 '좋은 목'과 직접 장사해본 '실제 목'은 달랐어요.

저도 편의점 개업 전에 사전 조사 많이 했어요. 유동 인구가 얼마나 많은지 2주 가까이 조사했어요. 사람들이 많이 다니니까 좋을 줄 알았어요. 편의점 단골이면서 이 지역에서 오래 산 손님들이 가끔 그런 말을 하더라고요. "이 동네는 다른 지역보다 소득수준이 낮아서 좀 멀지만, 더 싼 할인마트를 이용하는 성향이 강해요."라고요.

따라서 주변 상권 구성 현황을 파악하고, 배후수요의 소득수준이나 소비수준도 파악해야 한다는 것을 알았어요. 아파트라고 해서 다 좋은 것도 아니에요. 아파트 상가 내에 할인마트가 있으면 절대 안 돼요. 본사 직원[SC(영업관리, Store Consultant)라고 함]들이 상권 등을 조사하는데, 절대 그걸 믿으면 안 돼요. 그 사람들은 어떻게든 하나라도 개업시키려고 부풀리는 경향이 강하기 때문이에요. 그 말에 책임을 지지 않아요. 손해배상 청구도 어려워요.

둘째, 잘 버틸 수 있느냐예요. 5년 계약기간* 동안 매장에 365일 있어야 한다는 거예요. 물론 잘되면 아르바이트생으로 24시간 돌릴 수 있겠지만, 그렇게 잘되는 매장은 벌써 주인이 있거나 본사에서 직접 운영하기 때문에 쉽게 잡을 수 없어요. 제 경우 3년 8개월 동안 기본 16~18시간을 매장에서 보냈어요. 그렇기에 매장에서 잘 버틸 수 있는 체력이 있어야 해요.

알바생이 갑자기 전화해서 "저 그만둘게요" 하는 일도 있고, "저 오늘 못 나가요. 대타 좀 구해주세요" 하는 일도 흔해요. 만약 알바생이 3일 동안 못 나오면 저는 3일 동안 밤을 새워야 해요. 제가 병에 걸릴 수밖에 없었던 게 배가 너무 아픈데도 손님이 밥을 먹고 있으면 나가지도 못하고 참다 보면 변비에 걸려요. 장사가 안 되니까 손님 한 분이라도 더 받으려고 소변도 참게 되고 문을 못 잠그겠더라고요. 이런 일이 정말 많았어요.

셋째, 사업자금이에요. 제 매장 규모는 13평이었어요. 가맹비, 교

---

* 공정거래위원회는 편의점 등 가맹점이 프랜차이즈 본부의 지침을 충실히 이행했는데도 개업 당시 본부가 제공한 예상 매출을 올리지 못했을 때(개업 1년간 기대 이하의 매출을 올렸을 때) 위약금 없이 프랜차이즈 본부와 계약을 해지할 수 있도록 2020년 12월 23일 편의점 표준가맹계약서를 개정했다. 매출 부진으로 적자가 쌓이는 와중에도 가맹점주가 위약금 부담으로 계약을 해지하지 못하는 문제점을 해결한 것이다.

육비와 개업준비금(상품 포함) 등으로 2,500여만 원 정도 본사에 들어갔고, 건물 임차료는 보증금 6천만 원에 월세가 176만 원(부가세 포함)이었어요. 여름에는 관리비가 약 100만 원 나와요. 개방형 냉장고 때문이죠. 겨울에는 70~80만 원 정도 돼요. 그리고 인테리어 외에 집기 등 부자재 값이 몇백만 원 추가되고요. 모두 합해서 개업 후 1년 정도 지나면서 1억 원 정도 들어간 것 같아요. 정확한 금액 명세를 받아보려고 본사에 요청했는데, 못 받았어요.

정말 중요한 거 한 가지 더 말씀드리면 편의점 개업 계약을 할 때예요. 본사와의 계약에는 총 네 가지가 있어요. 인테리어와 건물임대를 내가 직접 하는 것을 '100%'라고 해요. 물건 하나 판매 시 가맹점주와 본사 배분 비율이 90:10이에요. 'P2'라고 해서 건물임대는 점주가 하고 인테리어를 본사에서 해주는 경우는 80:20이고요. 그 아래 60:40도 있고, 50:50도 있어요. 저는 80:20으로 했어요. 본인의 사정을 정확히 파악해서 그것에 맞게 선택을 잘해야겠더라고요.

◎ 그럼 계약서는 있어요?

계약서는 컴퓨터로 작성하고 점주에게 1부를 줘야 하는데, 외부유출을 우려해 절대 주지 않아요. 그래서 점주들끼리 카카오톡 단체방을 만들어서 정보를 공유하고 있었어요. 우리 계약 중에 "이런 거 있나요?" 하고 올리면 다 몰라요. 본사 담당자한테 물어보면 컴퓨터에서 찾아서 알려주는 식이에요. 불공정 계약이자 노예 계약이었지요.

◎ 가장 힘든 순간은 언제였나요?

첫째, 3년 8개월 편의점 운영 기간 내내 너무너무 힘들었고

스트레스를 많이 받았어요. 매출이 매일 마이너스를 찍으며 정신적으로 체력적으로 힘들어 그만두고 싶어도 위약금 때문에 그만두질 못했어요. 이 부분이 가장 힘들었어요. 한번 적자가 시작되면 점점 더 커져요. 회복될 수 없어요. 결국 폐업으로 가는 거지요.

둘째, 아내와 가장 이뻤을 때의 아이들과 함께 시간을 보내지 못한 것이 또 힘들었어요. 수익이 계속 줄어드니까 조금이라도 손해를 안 보려고 알바 채용을 최소로 줄여야 했어요. 자연히 집에 들어가는 시간은 줄어들었고, 아이들과도 점점 멀어지게 된 거죠.

셋째, 편의점 운영상 가장 큰 고충은 알바생 관리예요. 점주 마음같이 움직여주질 않아요. 문제 일으키지 않고 성실하게 일하는 알바생 구하기가 제일 힘들었어요.

◎ **기억에 남는 에피소드가 있다면 소개해주세요.**

어느 날 밤 50대 후반의 술이 약간 취한 아주머니와 아저씨 두 분이 들어오셨어요. 아저씨는 물건을 고른다고 편의점 내부로 들어가셨고 아주머니는 계산대로 오시며 화장실이 어디냐고 물어보셨어요. 뭔가 굉장히 급한 듯한 표정이었는데, 제가 화장실은 건물 안에 있다고 말하려는 찰나 "네" 하고는 그 자리에 서서 부르르 떠셨어요. 바로 느낌이 왔죠. 다급하게 아저씨를 부르더니 제게 죄송하다 하고는 줄행랑쳤어요. 설마 했는데 치마 입은 아주머니가 그 자리에 서서 오줌을 싸버렸던 거죠. 그 상황이 웃기긴 했지만, 청소는 제가 해야 했어요. '이렇게까지 하면서 돈을 벌어야 하나?'라는 생각에 심한 자괴감이 들었어요. 당장 그만두고 싶었지만 그럴 수 없었어요.

전망은 어떨까요?

저는 입지조건만 좋다면 편의점 전망은 나쁘지 않다고 봐요. 하지만 알아두셔야 하는 게 편의점 특성상 그리고 법상 같은 회사 편의점은 50~250m 거리 내에 신규 점포를 개설하지 않는 '자율규정'이라는 게 있어요. 하지만 다른 회사 편의점은 내가 잘되면 바로 옆에 개업할 수도 있어요. 상도덕은 뒷전으로 밀려나고 대부분 사거리에 편의점 3~4개가 있는 곳도 있어요. 편의점을 그만두는 사람들도 많지만, 그만두는 사람보다 창업하는 사람이 더 많기 때문에 편의점은 망하지 않는 거예요.

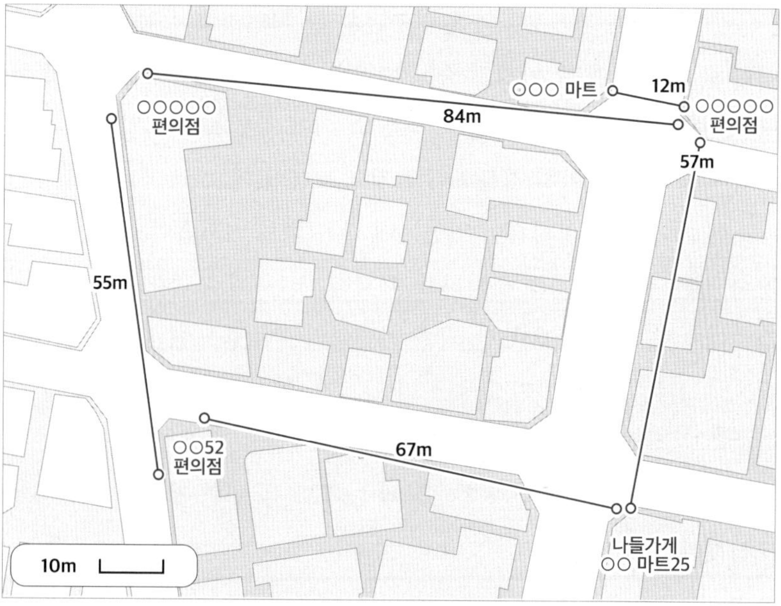

대학교 앞 편의점 과밀 현장

출처: 네이버지도(https://map.naver.com/)

수입은 어느 정도 되나요?

수입은 어느 정도라 말씀드릴 수 없는 게 우리 편의점은 너무 차이가 크게 나서 하루에 잘될 때 매출은 150~200만 원까지 찍었지만, 안 될 때는 50~60만 원 찍은 적도 있어요. 이렇게 차이가 큰 이유는 장사가 좀 된다 싶으니까 근처에 더 크고 좋은 다른 회사 편의점이 들어왔고, 코로나 사태 때문에 매출 타격을 크게 받았기 때문이에요. 그래서 고정수입은 있을 수 없어요.

예비 가맹점주들에게 한 말씀 해주신다면?(주의할 점 등)

본인이 할 장소의 입지조건을 잘 확인하고 유동 인구, 상권이나 학교, 오피스텔, 아파트 등 주변 입지를 잘 고려하여 신중하게 선택하셔야 해요. 또 되도록 출점 장소 옆 가게 주인들에게 입지와 상권 상황에 대해 여러 가지 질문하시는 것도 도움이 돼요.

제 가게 옆에 커피숍이 있었는데 다른 회사 커피숍이 들어올 건데 장사 잘된다고 얘기 좀 해달라고 했지만, 저는 새로 들어오는 커피숍 점주에게 솔직하게 장사 안 되는 지역이라고 말씀드렸는데도 들어왔어요. 이유는 모르겠지만요. 아무리 입지가 좋다고 해도 배후수요의 소득수준과 소비수준이 한참 낮다면 편의점 매출은 올라가지 않아요. 주차된 차량이라든지 주택과 건물들의 노후도 등 이런 것들을 세밀하게 조사해야 해요.

그럼 3년 8개월 동안 얼마나 손해를 보신 건가요?

일단 대출 4천만 원 모두 탕진했고, 월세를 못 내는 상황이 지속되다 보니까 3년 넘는 기간 동안 보증금 6천만 원이 거의 소멸되어버렸어요. 적자가 지속되는 동안 가정생활도 궁핍해졌는데, 다행히 부모님께서 많이 도와주셨어요. 이런 것 저런 것 계산해 넣으면 약 2억 원 정도는 손해를 본 것 같아요.

마지막으로 한 말씀 하신다면?

제 편의점 모임 점주님들은 대부분 퇴직하신 분들이었는데, 이분들 하시는 말씀이 "내가 미쳤지! 이걸 왜 했나?"라고 하시면서 후회하시고, 심지어는 자살하고 싶다는 말씀도 하시더라고요. 내 피 같은 생돈을 편의점 본사와 건물주에게 퍼주고 있는 거예요. 그 사람들한테 퍼주면서 까먹는 것보다 차라리 그 돈으로 여행 다니면서 까먹는 게 훨씬 행복할 거예요.

20 사회안전망 역할에 자부심
직업소개소 · 행정사

마길남 은퇴자는 퇴직 후 바로 '직업소개소'라는 특이한 사업으로 성공리에 정착하셨다. 직업소개소가 주로 연결해주는 일자리는 건설 현장의 일용직 근로다. 바깥에서 볼 때 힘든 일로 여겨지는데, 은퇴자는 어떻게 이 사업 아이템을 구상하셨는지 궁금하다.

퇴직 후 소감 한 말씀 해주세요.

저는 현직에 있을 때부터 퇴직 후에 계속 일할 수 있는 게 뭐가 있을까 고민해왔어요. 지금도 마찬가지지만 그 당시에도 할 만한 게 그리 많지 않아서 초창기였던 '행정사'에 대해 매력을 느끼고 있었어요. 행정사협회라는 존재도 미미하던 시절부터 자격증 취득을 염두에 두고 교육도 받으러 다니는 등 신경을 많이 썼지요. 퇴직 후 바로 제1회 때 신청해서 행정사 자격증을 받았어요. 바로 행정사를 시작하고 얼마 후 직업소개소 사업을 했기 때문에 쉬어본 적이 없어요. 일 년에 두 번 설날과 추석에만 쉬고 일요일까지 출근하니까 거의 365일 돌아간

마길남(70세)

2012년 12월 말 공무원 퇴직, 2013년~현재까지 직업소개소, 행정사 사무실 운영

다고 보면 돼요.

현재 어떤 일을 하고 계시나요?

행정사*와 직업소개소 사무소를 운영하고 있어요. 하나 후회스러운 건 행정사는 특별히 투입되는 비용 없이 내 노력으로 사건 수주해서 처리하고 수수료 받으면 되는데, 직업소개소(인력사무소 포함)는 일용근로자가 구인업체와 연결되어 일하고 들어오면 10명 중 1명만 현찰(일당)을 가지고 들어와요. 그러면 거기서 10%만 내가 수수료**로 받는 거죠. 나머지 9명은 내가 구인업체로부터 인건비를 받아서 줘야 하는데, 일당으로 일하는 일용근로자들이라 당일 일이 끝나면 바로 지급해야 하기 때문에 내가 대납하고 업체로부터 그 돈을 받아야 해요. 하지만 못 받는 경우가 허다해요.

후배 공무원들이 행정사 한다고 우리 사무실에 와서 실무수습***을 하는데, 3일은 여기서 하고 2일은 다른 시에 가서 받고 있어요. 그 사람들이 간혹 직업소개소도 같이하면 어떠냐고 질문하는데, 저는 하

---

* 2011. 3. 8.「행정사법」전부개정으로 2013. 1. 1.부터 행정사 업무가 대폭 확대되고 일반 국민도 행정사 시험에 응시 할 수 있다. 일반행정사, 기술행정사 및 외국어번역행정사로 구분한다. 행정사는 관공서(각부, 도청, 시청, 구청, 경찰서 등)에 제출하는 서류 작성, 내용 상담, 그리고 이것을 관공서에 제출하는 절차에 관하여 대행한다. 행정심판, 인 · 허가, 사실조사, 민원행정, 도로교통, 행정구제, 토지수용보상 등 6천여 종(일본은 1만여 종)에 이른다(출처: 한국행정사협회).

※ 행정사 사무소 현황: 전국 10,583개소(서울 3,074 / 경기도 2,582 / 부산 470, 2023.3.13 현재 영업중, 행정안전부)

** 10% 이내로 수수료(소개비) 공제. 직업소개소는 부가가치세 면세업종

*** 대한행정사협회에 등록된 부천시 실무수습 기관이다. 대한행정사협회 주관 기본 소양교육 및 실무수습은 ① 기본 소양교육: 20시간 3일간(주중 3일) 10:00~18:00 1일 7시간 20시간, ② 실무수습: 40시간 5일간(주중 혹은 토, 일) 1일 8시간, ③ 주말(토, 일) 실습반 운영. ※ 실무교육비 총 30만 원

지 말라고 해요. 왜냐하면 어쩔 수 없이 대납 등으로 인해 돈이 묶이게 되니까 힘들어요. 근로현장 업체에서 처음에는 그날그날 현찰로 인건비를 잘 주다가도 한 일주일 지나서 "다음 주에 줄게" 그래요. 그러다가 "한 달 있다 줄게"라고 해요. 몇 번은 한 달 있다 줘요. 그러다가 일 년이 지나도 못 받은 게 많아요. 이렇게 쌓인 돈이 정확히 밝힐 수는 없지만 몇천만 원 돼요. 일 나갔다 온 사람들한테 그날그날 돈을 주지 않으면 노동청에 고발하는 등 난리가 나요. 이 직종은 현찰로만 거래하면 괜찮아요. 하루에 15만 원도 벌고 20만 원도 벌고 그래요. 그게 돈이 제대로 안 들어오니까 문제지요.

하더라도 현찰로만 거래하라는 거죠. 그런데 구인 업자들이 현찰로만 해서는 사람을 부르지 않아요. 이 직종은 구인자와 구직자가 동률이 되거나 구직자가 약간 많거나 해야 순조롭게 운영할 수 있어요. 일이 없어서 들어가는 사람도 많아요. 오늘 아침에도 여섯 사람이나 일을 하지 못하고 들어갔어요. 또 이 직종은 계절도 타고, 요일도 타고, 날씨도 타는 등 변수가 많아요.

◎ 평소 어떤 식으로 업무가 진행되나요?

요즘엔 인터넷에서 행정업무 양식을 대부분 내려받을 수 있고, 네이버 지식iN 등 인터넷 상담창구가 잘되어 있어서 자체 해결하는 일이 많아졌어요. 행정사가 처리할 수 있는 일이 생각보다 많지 않아요. 저는 법원이나 경찰서에 가서 각종 양식을 모아 와서 활용하고 있지만, 행정사에 대한 인식이 법무사만큼 높지 않아서 어떤 때는 수수료도 못 받고 일해준 적도 있어요. 행정사는 일주일에 한 건 들어올까 말까 해요. 예를 들어 '내용증명' 1건 해주면 대부분 아는 동네 사람들이기 때문에 건당 기본 20만 원은 받아야 하는데 5~10만 원 정도밖에 못 받아요. 그래서 행정사는 큰 도움이 안 돼요. 반면 직업소개소에서 대부분의 수입을 벌어들이고 있지요.

새벽 5시에 출근하면 인부들이 들어와서 순서대로 앉아요. 전날 구인업체가 주문한 인력 사항과 인부의 숙련도, 기술 정도 및 장단점을 비교 검토해서 적절히 현장 배치하게 돼요. 그러면 아침 8시쯤에 일이 끝나요. 오전에는 집에서 쉬어요. 오후에 다시 사무실에 나와서 행정사 일을 해요. 경찰서, 법원, 검찰청, 시청 등에 가서 일을 보고 오후 5시에는 사무실로 들어와 있어요. 일 나간 사람들이 그때쯤 들어와요. 일당 정산을 하고 나면 대략 저녁 7시쯤 모든 일이 끝나요.

하루에 4명 정도만 일 보내면 사무실 운영비는 나와요. 최하 5만 원 이상만 벌면 운영은 할 수 있어요. 어떨 때는 20명 이상 나가기도 해요. 이렇게 해서 한 달에 고정경비 100만 원 제하고 200만 원 이상 벌이는 돼요. 며칠 해외여행을 가더라도 저 대신 한 사람이 사무실에 있어야 해요. 오는 사람 명단 쭉 적어놓고 있으면 내가 국제전화를 해요. A씨는 여기, B씨는 저기로 보내라고 원격조종해서 배치하지요. 이제

마길남 은퇴자

는 정착되어서 그렇게 힘든 일은 아니에요.

어떤 과정을 거쳐서 이 일을 하게 되셨나요?

퇴직하고 얼마 안 된 시기에 건설업자와 부동산업자인 동네 사람 둘이 저한테 사무실 하나 차릴 테니까 같이하자는 제의가 들어왔어요. 저는 행정사를 하라고 하더군요. 2013년도 사업 시작할 때 두 사람이 각각 1천만 원씩 투자해서 2천만 원 가지고 시작했어요. 권리금 700만 원과 보증금 1천만 원, 간판 등 인테리어에 300만 원 들어갔어요.

사무실 비용도 셋이서 분담했는데, 어느 정도 시간이 지나니까 동료 두 사람이 2층이라는 한계를 극복하지 못하고 떨어져나갔어요. 저 혼자 남게 되었죠. 행정사로는 사무실 임차료도 못 내는 실정이었지요. 1천만 원 투자한 건 사무실 임차보증금으로 나중에 회수할 수 있으니까 손해 본 것은 없었어요. 이 사무실 임차료가 77만 원에 전기료 등 사무실 관리비까지 포함하면 한 달에 고정적으로 100만 원 정도는 기본 경비로 지출돼요.

행정사 외에 이 사무실에서 같이할 수 있는 일이 뭐가 있을지 찾아봤지요. 그러던 중 우연한 기회에 직업소개소를 알게 되어 2013년 7월부터 지인이 하는 직업소개소에 새벽 4시에 나가서 한 달 동안 배웠어요. 내 차로 인부들을 현장까지 태워주기도 하고, 밥도 사주고, 청소도 하면서 배웠어요. 시스템 돌아가는 것을 어느 정도 알고 난 다음 사업을 시작했지요. '○○인력' 하는 것은 건설 현장의 인력을 말하는 것이고, 저는 '직업소개소'로 허가를 내서 인력, 청소, 간병, 경비, 가정부, 식당 서빙, 도우미 등 다양한 직종에 사람을 보낼 수 있어요.

직업소개소를 한 달 정도 실습 후 개업하셨다고 하셨는데, 실습 기간이 너무 짧지 않나요?

그게 가능한 게 제게 일을 가르쳐주신 분이 언제든 제가 물어보면 정확하게 답을 해주세요. 가까운 거리에 계시니까 지금도 끈끈한 유대관계를 유지하고 있지요. 복잡한 시스템이 아니니까 그런 것 같기도 해요.

구직자들은 알아서 찾아오지만, 구인업체는 어떻게 발굴하시나요?

사무실을 개업하고 홍보를 먼저 했지요. 구인업체가 간판 전화번호를 보고 전화할 때도 있고, 제가 건설 현장이나 구인업체를 찾아다니면서 명함을 주거나 현장 부근에 사무실 스티커를 부착하기도 해

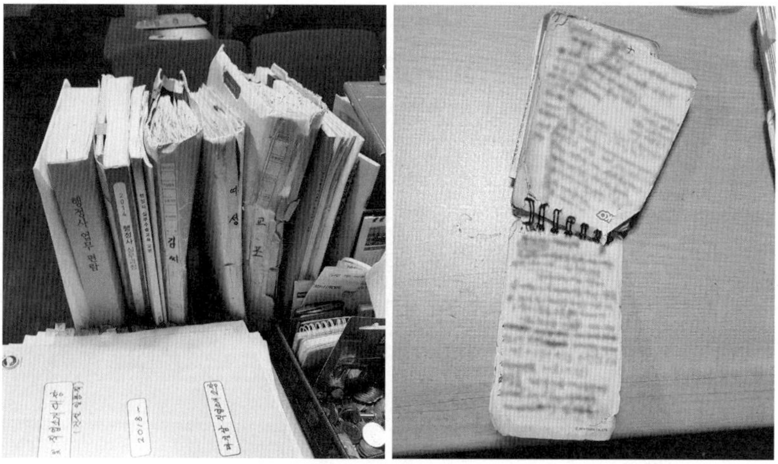

업무 관련 스프링 수첩(왼쪽)과 몇 년 동 안 모아온 업무 자료들.
열심히 살아온 세월의 흔적을 생생하게 보여주는 골동품이다.

요. 현장소장을 직접 만나기도 하지만, 10명 중 1명 정도만 관심을 보일 뿐 아주 냉소적이에요. 자동차 영업사원 비슷한 거지요. 면담 가능성이 있는 곳은 음료수 한 상자 들고 가서 좋은 인력이 많으니까 연락 달라고 하기도 하고요. 그리고 아는 사람들을 통해 연결되기도 해요. 처음엔 홍보하려고 많이 다녔지만, 요즘엔 어느 정도 안정되어서 괜찮아요.

이 직종만의 매력은 뭔가요?

행정사는 지역에서 일하다 보니까 아는 사람들이 의뢰하거나 여러 가지로 인연이 닿아서 와요. 있는 그대로, 아는 것 그대로 컨설팅을 해줘요. 지역에서 대접도 받으면서 용돈도 버는 일이지요. 그런데 웃긴 것은 행정사라고 하면 모든 것을 다 아는 사람, 즉 만물박사로 생각하는 거예요. 제가 모르는 것은 메모해뒀다가 사무실에 와서 정리하고 다시 알려주기도 해요. 이러니까 만물박사가 돼버린 거죠. 이제는 아주 사소한 것도 물어봐요.

직업소개소는 고정된 직장 없이 일당 받고 막노동하는 사람들에게 일할 수 있도록, 그리고 돈을 벌 수 있도록 해주는 것이니까 돈을 많이 벌고 못 벌고를 떠나서 아주 보람된 일이지요. 지역에 봉사한다 생각하고 일하니까 정말 행복해요. 일용근로자로 자주 나간 사람 중에는 고향에 갔다가 좋은 특산물이 있으면 조금 싸가지고 와서 "아이고, 소장님! 이것 좀 드셔보세요"라고 하면서 주는 거예요. 그게 금액으로는 얼마 안 되어도 정이잖아요. 여기 나오는 근로자 중에는 절도범, 살인범 등 전과자들도 있지만, 신분증만 있으면 일할 수 있어요. 이런 사람들이 정이 많아요.

가장 힘든 순간은 언제였나요?

직업소개소에 일하겠다고 나온 사람들이 막무가내로 덤벼들 때가 있어요. 인생 밑바닥 사람들이기 때문에 자기네끼리 싸울 때가 있는데, 나는 무조건 사무실 밖으로 내보내요. 잘못되면 큰일 나니까요. 또 현찰 거래가 안 될 때가 가장 힘들지요. 차일피일 미루다가 못 받기도 해요. 매일 수금하기 위해 전화해요. 그래도 안 주는 경우가 있어요.

그리고 쉬는 날이 거의 없어요. 명절 두 번 쉬는 것 외에 거의 365일 꾸준히 일이 있으니까 개인적인 휴식 시간을 내기가 어려운 게 흠이지요. 한번 일거리가 끊어져버리면 그다음에 일거리가 들어오질 않아요. 거래처에서 내일 몇 명 보내달라고 했는데 거기에 사람을 못 보내주면 그다음부터는 안 불러요.

기억에 남는 에피소드가 있다면 소개해주세요.

오늘 일하지 못하면 당장 굶게 생겼다고 하면서 무슨 일이든 하게 해달라고 하는 사람도 있었어요. 그런 사람들은 되도록 빨리 일거리를 찾아서 일하게 해주면 얼마나 고마워하는지 몰라요. 또 노숙자들도 간혹 찾아와요. 마음이 약해서 1만 원 정도 손에 쥐여주고 밥 한 끼 사 먹으라고 하면서 돌려보낸 적도 있어요. 인생 밑바닥에 있는 사람들이 찾아갈 만한 곳이 얼마나 되겠어요? 여기는 그런 사람들이 모이는 곳이라서 스스럼없이 찾아와요. 어렵고 힘든 사람들에게 직장을 만들어주고 일할 수 있는 여건을 만들어주는 것이 사회경제적으로 굉장히 중요한 일이지요.

손님과 음식점을 온라인으로 연결해주는 음식 배달 서비스인 '배달의민족'처럼 직업소개소도 온라인으로 바뀔 가능성은 없나요?

저한테도 그런 전화가 많이 와요. 직업소개소를 연결하는 스마트폰 어플*을 만들었으니 자기들한테 회원 가입하라고요. 제일 위에 배치해주겠다는 유혹도 하면서요. 저는 그런 거 안 해요. 그 사람들도 수수료 따먹기 사업을 하는 거라서 앉아서 돈 벌겠다는 거죠.

전망은 어떨까요?

전국의 유료직업소개소가 실업률 3%**를 방어한다고 보고 있어요. 건설 일용근로자가 주로 직업소개소를 찾고 있어요. 어떤 의미에서는 직업소개소가 사회안전망 역할을 하고 있지요. 이곳을 찾는 사람 대부분이 사회 밑바닥까지 몰린 사람들이에요. 이들도 상시 일할 수 있는 직장을 잡아야 하지만, 그 중간에 버팀목은 필요해요. 건설 일용 일자리라도 연결해줘서 재기를 위한 사다리를 놓아줘야 하거든요.

직업소개소 전망은 괜찮기는 한데, 대납 때문에 몇천만 원 깔아놓아야 하는 문제가 있어요. 어떤 소개소는 8천만 원짜리가 부도 나는 바람에 인건비를 하나도 못 받았대요. 또 어떤 소개소는 사무실 폐업하려다가 현찰 거래하는 곳만 인력을 보내기로 하고 계속하기로 했대요. 직업소개소도 옛날처럼 조폭 깡패들이 하는 시대는 지나갔어요. 그러나

---

* 우버(차량호출업체)는 수익 창출에 어려움을 겪으면서 더 많은 수익을 창출하기 위해 임시직 근로자와 기업을 결합하는 앱인 '우버 워크(Uber Works)'를 출시했다(월스트리트저널, 2019.10.3). 직업소개소와 근로자를 연결해주는 온라인 플랫폼 서비스인 '베테랑' 한국어플(2017년 출시) / 청소를 중심으로 한 가사노동 중개 플랫폼 '미소'(2015년 출시)

** 전국고용서비스협회는 2%로 본다.

직장생활만 해온 사람이 하기에는 좀 벅차요. 건설업계를 속된 말로 거짓말로 시작해서 거짓말로 끝난다고 하거든요. 그만큼 금전적으로 위험이 많이 도사리고 있다고 보면 돼요.

행정사는 전망이 괜찮아요. 행정사는 부동산 공인중개사와 법무사의 중간 일을 해요. 이제까지 행정사는 체계적이지 않았기 때문에 공인중개사와 법무사가 남의 영역을 침범해서 일을 모두 빼앗아갔어요. 이제는 나름대로 중앙에 어엿한 협회도 생겼고, 앞으로 행정사 업무 영역이 넓어질 거예요. 예를 들면 골프장 허가를 낼 때도 행정사 자격증 소지자의 도장이 들어가야 할 정도로 사업 영역이 확장되고 있어요.

이 직업을 선택하려는 후배들에게 한 말씀 해주신다면?

친척의 친척을 통해 이 일을 시작하는 예가 많아요. 아내가 볼 때도 이 일이 고생스럽다고 생각하는지 한 달에 150만 원만 벌 수 있는 곳이 있다면 거기 가서 일하라고 그래요. 행정사 하면서 부동산 공인중개사를 하면 좋겠지만, 직업소개소 일은 좀 어려워요. 대납 없이 현찰 거래만으로 운영하기가 힘드니까요. 권하고 싶지는 않아요.

"이 얘기는 꼭 해야겠다" 하는 게 있으신가요?

첫째, 투자하기 전에 반드시 아내와 상의하라. 요즘 남자들은 "세 여자 말을 들어야 일생이 편하다"라는 말이 있어요. 엄마, 아내 그리고 내비게이션 길 안내 '아가씨'(내비는 간혹 틀릴 때도 있더라). 또 이런 말도 있어요. "마누라 말 잘 들으면 자다가도 떡이 생긴다." 모두 아내의 말을 잘 따르면 실패할 확률이 아주 낮아진다는 뜻으로 이해하면 될 것 같아요. 아내 말 안 듣고 투자했다가 쫄딱 망한 사람 많이 봤어요.

둘째, 큰돈을 투자해서 쉽게 돈 벌려고 하지 마라. 쉽게 벌려고 하는 돈일수록 잃기 쉬운 법이지요. 젊은이는 실패하더라도 만회할 시간이 많이 남아 있지만, 은퇴자는 그렇지 않기 때문에 많은 돈을 투자하는 것은 금물이에요. 단지 몸으로 부딪쳐서 할 수 있는 것은 얼마든지 할 수 있어요. 예를 들면 행정사를 하면서 직업소개소를 한다든지 공인중개사 사무소를 겸업할 수도 있어요.

21 떼돈 벌 생각 마세요

공인중개사 및 시인

우리나라 부동산은 국민에게 애증(愛憎)의 대상이다. 어떤 사람에게는 재테크의 탁월한 수단일 테고, 어떤 사람에게는 올라가기 힘든 높은 사다리일 것이다. 부동산과 가장 밀접한 직업인 공인중개사 정수경 씨를 인터뷰하게 되었다. 조금 이른 시기에 뜻한 바가 있어 과감히 직장에서 뛰쳐나와 직장에 있을 때보다 더 바쁜 생활로 알차게 사업과 공부를 병행하고 있는 공인중개사이자 최근 시인으로 등단한 당찬 여성 한 분을 소개한다.

퇴직 후 소감 한 말씀 해주세요.

퇴직 후 직장과 단절되기보다는 사내 결혼이어서 남편을 통해 직장 소식을 듣기도 하고, '아름다운 사람들'이라는 네 가족 모임에서 여행도 자주 다녔어요. 소소한 행복을 찾기 위해 우리 동네 주민자치위

정수경(53세)

2004년 1월 말 공무원 퇴직(아기 건강관리로 조기 퇴직), 2005년 7월 18일 공인중개사 자격증 취득, 현재 코리아공인중개사(경기도 시흥시 신천동) 2인 동업
시인 경력: 2020 제9회 웹진 시인광장 신인상 수상 - 「지연」 외 4편, 2020 제4회 황순원 디카시공모전 대상 수상 - 「달꽃 피다」

정수경 공인중개사/시인

원회에서 『은행동 사람들』이라는 소식지 편집장으로 봉사활동도 했어요. 시흥에서 산 지는 25년 정도 되었고요. 제가 시골 출신이라 도농복합도시인 시흥시에 정이 가요.

직장을 그만둔 직접적인 계기는 해외 배낭여행을 갔을 때 세상은 넓은데 아등바등하며 살고 있는 자신을 발견하고 '내가 뭐하고 있는 건가?' 반성하게 되었고, 또 아기가 많이 아픈데 '아기한테 너무 소홀한 건 아닌가?'라는 생각도 들고 해서 겸사겸사 다른 일을 찾아보기로 하고 일단 퇴직했어요. 퇴직 후 1년 6개월 동안은 엄마가 집에 있어서 그런지 아기 병세도 많이 호전되었고, 병원에 가는 일도 없어졌어요. 여유가 좀 생겨서 뭘 할까 생각하다가 공인중개사 시험에 도전하기로 했어요.

어떤 과정을 거쳐서 이 일을 하게 되셨나요?

직장생활하면서도 부동산에 관심이 많았어요. 육아 등의 문제로 퇴직 후 공인중개사 시험은 집에서 대부분 공부하고 학원은 두 달 정도 다닌 후 자격증을 취득했어요. 자격증은 취득했지만, 전혀 준비가 안 되어 있었기 때문에 바로 개업할 수는 없었어요. 2년간 공백기간이 있었지요. 개업 2~3개월 전에 우리 집을 매입하면서 거래한 공인중개사를 알게 되어 그분한테 부동산 사무소 실장으로 일하고 싶다고 했더니 지인 사무소에 소개해줬어요. 2개월 동안 파트타임으로 부동산 사무소에서 일하게 되었어요. 그 짧은 기간 동안 실적이 너무 좋아서 저도 깜짝 놀랐어요. 사장님이 그에 상응하는 성과급까지 챙겨줄 정도였으니까요.

그렇게 2개월을 보내면서 가만히 생각해보니까 남 좋은 일 할 필요 없다는 생각이 들었어요. 2개월 후 바로 시흥시 매화동에서 개업해버렸죠. 거기에서 7년 동안 했어요. 그러다가 한곳에서 너무 오래 했다는 생각이 들어서 접었어요. 8개월 동안 쉬면서 다시 시작해야 하는데 이제는 좀 도시적인 분위기 속으로 가려고 아파트 단지 상가에서 개업했어요.

2년 정도 경과했을 즈음에 시(詩) 공부를 좀 더 체계적으로 해보고 싶어서 방통대 대학원 문예창작콘텐츠학과에 지원했어요. 그 당시 너무

사무실 내부 전경

바빠서 자기소개서를 3줄 정도 써서 제출했어요. 당연히 불합격. 2년 후에 자기소개서 등 준비를 철저히 한 다음 다시 지원해서 합격했어요.

공부해야 하니까 혼자서 운영하던 중개사 사무소를 접고, 현재 사장님과 서로 도와주는 조건으로 동업하자고 했더니 승낙하셔서 지금까지 동업하고 있어요(동업 3년 차). 부동산 중개업은 활동적인 저랑 딱 맞는 직업이에요.

평소 어떤 식으로 업무가 진행되나요?

부동산은 기다리는 직업이라고 해야 할 것 같아요. 매물을 접수하여 장부에 기록하고 '부동산포스'라는 부동산 매물 사이트에 물건을 올려요. 이렇게 해서 매물이 확보되고, 이제 집이나 상가 등이 필요한 사람이 저희 부동산을 방문하거나 인터넷 사이트에 올린 저희 매물을 보고 연락이 오는 경우도 있어요.

중개 외에 필요한 고객에게는 양도소득세, 취득세, 종합부동산세 등 기본적인 세금 관련 정보도 제공하고 있어요. 가능하다면 매매자의 기본적인 태도 또는 성향을 어느 정도 파악해두어야 계약이 순조로울 수 있어요. 부동산은 정부 정책이나 매매자들의 심리에 따라 매매가 들쭉날쭉해요. 계약하기로 다 조율해놓았는데, 계약 시간에 안 나타나는 경우도 있어요. 도의적으로 이러면 안 되지만, 제가 매도자의 성향을 정확하게 파악하지 못했거나 심리전에서 밀렸다고 볼 수도 있어요.

이걸 해보고 싶다는 사람이 있으면 어떤 준비를 하면 좋을까요?

공인중개사 자격증을 취득하기 전에 내가 부동산 중개업과 성향이 맞는지를 먼저 생각해봐야 할 것 같아요. 부동산 중개업이 의외

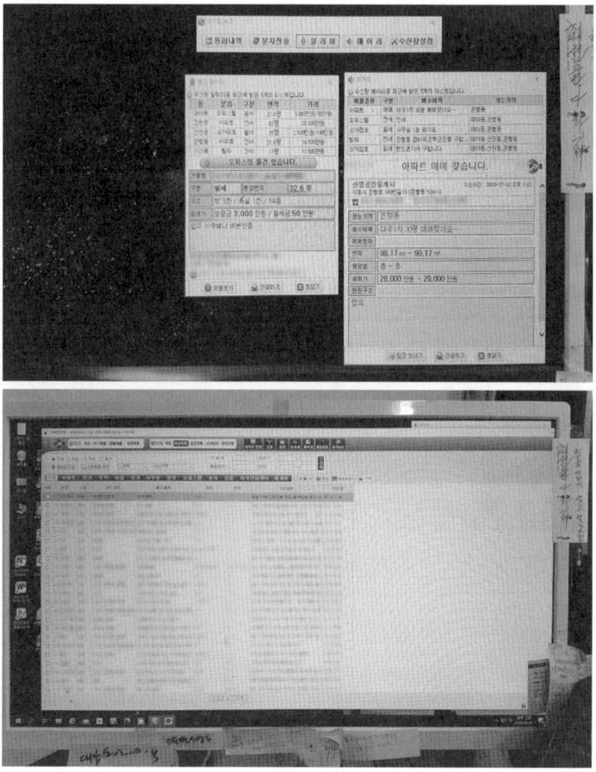

'부동산포스' 시스템

로 마음의 상처를 많이 받는 직업이거든요. 관심이 있으신 분은 잘 아는 부동산이 있다면 토요일 쉬는 날 자원봉사를 몇 번 해보시면서 중개사가 하는 일을 체크하고, 자기가 이 일에 적합한지를 판단해볼 기회를 가져보시라고 말씀드리고 싶어요. 평균이 60점 이상, 과목 과락은 40점이에요.

공인중개사 시험 전국 및 지역별 합격자 현황

단위: 명, %

연도	지역	총 접수자	1차 응시자	2차 응시자	합격자	합격률	분포율
2022년	전국 합계	387,710	176,016	88,378	27,916	31.6	
	경기	115,985	52,747	26,966	8,770	32.5	31.4
	서울	97,459	42,614	22,754	7,227	31.8	25.9
	부산	27,141	12,581	6,257	2,001	32.0	7.2
	인천	24,601	11,219	5,488	1,744	31.8	6.2
	대구	16,340	7,777	3,798	1,267	33.4	4.5
2021년	전국 합계	399,921	186,278	92,569	26,915	29.1	
	경기	119,230	55,966	28,000	8,437	30.1	31.3
	서울	101,694	46,365	24,360	7,364	30.2	27.4
	부산	28,460	13,649	6,509	1,872	28.8	7.0
	인천	24,571	11,494	5,534	1,598	28.9	5.9
	대구	18,759	8,923	4,331	1,286	29.7	4.8
2020년	전국 합계	343,011	151,674	75,214	16,555	22.0	
	경기	101,414	45,028	22,522	5,177	23.0	31.3
	서울	91,609	39,419	20,580	4,609	22.4	27.8
	부산	22,589	10,329	4,986	1,008	20.2	6.1
	인천	20,661	9,245	4,333	937	21.6	5.7
	대구	16,504	7,654	3,659	851	23.3	5.1

출처: 한국산업인력공단 Q-Net

최근 시인으로 신인상을 수상하셨는데, 정식으로 등단하신 건가요?

네, 그렇습니다. 수필은 2015년도에 등단해서 현재 작품 활동을 하고 있고요. 시(詩)는 작년에 등단했지만, 시인이라고 하기엔 아직도 많이 부족해요. 이제 대학원도 마쳤으니 시 공부에 더 집중해야지요. 시 공부를 위해 대학원에 입학하여 이번 봄 학기로 5학기를 모두 마쳤어요(8월 26일 석사학위 취득).

2020년 제9회 웹진 시인광장 신인상 수상 때 시(詩)「지연」등 5편을 출품했어요. 수상하려면 5편 모두 골고루 어느 정도 수준에 올라와 있어야 해요. 어느 하나라도 수준 미달이면 수상하기 어려워요.

대상

달꽃 피다 - 정수경(시흥시)

황순원 디카시공모전 대상 수상작

공인중개사만의 매력은 뭔가요?

집을 팔아야 하는 사람에게는 집을 팔아주고, 살 집이 필요한 사람에게는 마음에 드는 집을 찾아주는 데 매력이 있다고 봐요.

어느 날 처음 방문한 손님에게 여러 물건을 보여줬는데도 마음에 들어하지 않았어요. "다음에 또 올게요" 하고 갔어요. 손님을 보낸 후 다른 부동산과 연결되어 있는 부동산 전용 프로그램(포스)에 해당 정보를 올려놓고 알맞은 물건을 취합해서 손님에게 문자로 보내드리고 10~20분 후에 전화를 드려요. 그런데도 안 되면 대부분 부동산은 급하게 계약을 성사시키려고 재촉해요. 저는 손님이 진정으로 원하는 물건을 찾아드리려고 노력해요. 그런 노력의 결과로 3~4개월 만에 원하는 물건을 찾아서 계약된 적도 있었어요. 그때는 아주 짜릿했지요.

가장 힘든 순간은 언제였나요?

어떤 손님에게 최선을 다해서 원하는 물건을 찾아 보여주는 등 온 정성을 쏟은 결과, 그 손님이 감동받았는지 "코리아부동산 사장님이 너무 친절하고, 정말 열심히 설명해주고, 안 해줘도 되는 것까지 죄다 모아서 정보를 제공해준 게 고마워서 계약은 사장님과 할게요"라고 했어요. 그랬던 손님이 또 다른 물건을 찾아서 보여주려고 연락하니까 "아! 미안해요. 다른 부동산하고 계약했어요"라고 하는 거예요. 이럴 때가 제일 힘들었어요. 엄청 힘 빠지죠.

고객이 원하는 물건을 열심히 찾아줬는데 전화를 안 받는다든지, 계약하기로 다 조율해놓고도 계약 시간에 안 나타난다든지, 제가 중개수수료 생각 안 하고 인간적으로 고객에게 정성을 다했는데 고객이 저를 장사치로만 보는 것에 감정이 많이 상했어요. 특히 지인들이 그럴 때는 내가 뭐 잘못한 게 있나 생각해보기도 하고, 빨리 잊어버리려고 해요. 그전에는 상처를 많이 받았는데, 요즘엔 많이 단련되어서 '나하고 인연이 아닌가 보다' 하고 웃어넘겨요.

이 일을 하시면서 보람을 느꼈던 일이 있으시다면?

부동산 개업한 지 얼마 되지 않았을 때 좋은 집 구해줘서 고맙다고 직접 만든 봉투에 중개 수수료를 담아주셨어요. 그때 감동 먹고 눈물이 찔끔 나올 뻔했어요. 지금도 그 봉투를 간직하고 있어요. 오래되어서 종이가 바래고 귀퉁이 테이프도 접착 수명이 다 되어 떨어졌네요. 지금도 가끔 그 봉투를 보며 조금이라도 해이해지려고 할 때 '아니야! 한 가족의 보금자리를 마련해주는 일을 하는데 더 열심히 해야지' 하며 마음을 다잡기도 해요.

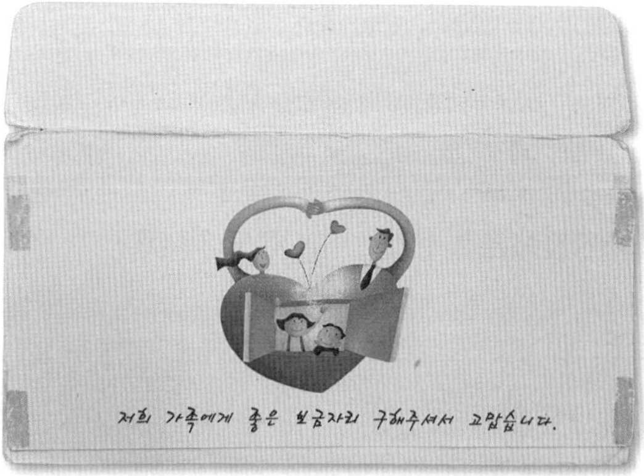

2008~2009년경 시흥시 매화동 활동 때 받은 수수료 봉투

일하면서 기억에 남는 에피소드가 있다면 소개해주세요.

열심히 일해서 계약이 성사되었는데, 중개 수수료를 안 준

사람도 있었어요. 어떤 고객은 부동산에 찾아와서 저하고 같이 공장 물건을 보러 갔는데, "에이! 물건이 마음에 안 드네요" 하길래 중개가 무산된 줄 알았어요. 그 고객이 저 몰래 공장에 찾아가서 사장한테 중개사 끼면 수수료 내야 하니까 당사자끼리 하자고 부추겼대요. 자기들끼리 계약한 거죠. 제가 쫓아가서 항의했지만, 수수료를 안 주더라고요. 고소할까 하다가 그냥 '잘 먹고 잘살아라' 하고 말았어요.

전망은 어떨까요?

주위에 온통 집이고, 상가잖아요. 누군가는 살아야 할 집이 필요하고, 누군가는 상가가 필요하고, 누군가는 공장이 필요하고, 누군가는 투자를 위해서라도 필요할 테니까 전망은 있다고 봐요. 머지않은 미래에 부동산 중개업도 사라질 직업군에 속한다고는 하지만, 우리 세대에는 괜찮을 것 같아요. 그런데 공인중개사 자격증을 취득하는 사람이 너무 많아서 경쟁이 아주 치열해요. 어떤 분들은 공인중개사 사업을 하면 떼돈 번다고 생각하는데, 사실은 그렇지 않거든요.

초기사업자금과 수입은 어느 정도 되나요?

돈은 못 벌어요. 기본적인 수입에 만족했어요. 달마다 수입이 들쭉날쭉해서 평균적으로 얼마라고 얘기하기가 어려워요.

초기사업자금에 대해 말씀드리면 사무실이 13평 정도(예산 등 개인 사정에 따라 다를 수 있음), 사무실 임차료가 구시가지 월 100만 원 이내이고, 보증금은 1,000~2,000만 원 사이, 신도시 아파트 단지는 임차료 300~350만 원 정도, 보증금 5,000만~1억 원(은계지구)이에요. 부천이나 서울은 더 비싸겠지요. 공과금은 평균 20만 원 이내. 에어컨, 컴퓨터, 책결상 등 집기류 중고 500만 원, 신형 1천만 원 정도. 신도시 빌딩으로 가면 관리비가 별도로 발생하고요. 지역과 위치에 따라 금액 차이가 크게 나기 때문에 원하는 지역에 직접 발품을 팔아서 세세한 가격을 알아봐야 해요.

공인중개사 쪽으로 생각하는 사람들이 많은 이유가 초기사업자금이 적게 들 뿐만 아니라 40~50대 이상 되시는 분들은 부동산 거래를 몇 번씩 해봤으므로 접근성이 좋아서 그만큼 진입장벽이 높지 않다는 거지요. 사무실 차리기도 쉽고 그만두기도 쉬워요. 그리고 중개사협회 가입비 50만 원, 회비는 매월 2만 원 내면 돼요.

저는 둘이서 동업하니까 모든 경비를 절반씩 분담하고 있어요. 비용 면에서도 훨씬 부담이 적을 뿐만 아니라 부득이한 사정이 생겨 출근할 수 없을 때나 여행 가고 싶을 때 마음 놓고 갈 수 있어요. 그게 동업의 장점이죠.

이 분야를 선택하려는 분들에게 한 말씀 해주신다면?

파트타임식으로 하는 일거리가 많지 않으니까 직장생활하듯이 출퇴근하면서 매월 일정하고 고정적인 수입이 아니더라도 상관없고, 많은 돈을 벌겠다는 생각이 없다면 은퇴 전부터 준비해서 구도심 부동산 중개업에 도전해보는 것도 나쁘지는 않아요. 아파트 단지 말고 구도심에서 저같이 조그맣게 차리면 재미있어요. 아파트 단지는 공격적으로 투자하고, 치열하게 경쟁해야 살아남을 수 있는 살벌한 곳이에요. 너무 무리하지 말고 적당한 수입으로 용돈 번다는 생각으로 일하면 좋을 것 같아요.

22 “네가 최고야!”
원예치료(꽃장식) 강사 · 꽃공방 운영

꽃을 싫어하는 사람은 거의 없을 것이다. 활짝 핀 꽃을 보기 위해 사계절 먼 거리를 마다하지 않고 찾아다니는 사람들도 있다. 예쁜 꽃에 파묻혀 퇴직 후 새로운 일을 하시는 분이 있어 인터뷰했다. 바로 이은숙 씨다. 화훼장식기능사와 원예치료사, 그리고 관련 자격증을 두루 갖추고 코로나 시대에 우울감에 젖어 있는 사람들에게 꽃과 식물을 접하게 함으로써 마음 치유에 도움을 주고 있는 분이다.

퇴직 후 소감 한 말씀 해주세요.

퇴직을 미리 계획하지는 않았어요. 2019년 9월 갑상선암 진

이은숙(54세)

2019년 12월 31일 퇴직(보험회사 20년 재직)
자격증: 화훼장식기능사(퇴직 전 취득), 꽃이야나무야 마음원예교육지도사 2급(원예치료사 2020년 5월 취득), 노인심리상담사 1급, 아동 심리상담사 1급, 미술심리상담사, 사범 자격증 보유, JHA 일본 하바리움협회 디플로마(수료증) 자격 보유
꽃 관련 강사 활동: 원예치료사 3년
네이버 블로그: https://blog.naver.com/licj828
인스타그램: https://www.instagram.com/eunfleur/
네이버 쇼핑몰: https://smartstore.naver.com/eunfleur

이은숙 원예치료사

단을 받고 수술과 치료를 해야 하는 상황에서 수술 후 직장생활을 계속할 것인가, 아니면 100세 인생 대전환에 도전할 것인가에 대해 많은 고민 끝에 퇴직을 결심하게 되었어요. 사직서를 낼 때의 기분은 '나도 이런 걸 할 수 있구나' 하는 생각과 함께 어떤 속박에서 벗어난 느낌이었어요. 그러면서 암 진단이 새 인생으로의 전환점이 되었고, 새로운 일을 할 수 있다는 희망과 기대감이 넘쳤기 때문에 퇴직에 대해서는 다른 퇴직자처럼 상실감이나 박탈감 같은 감정은 없었어요.

1년 동안 수술(2020.1.2)과 치료를 하면서 남편과 못 다녔던 여행도 다니면서 충전도 많이 했고, 새로운 일을 시작할 계기가 되어서 제겐 의미 있는 한 해였어요. 암 수술이 제2의 인생 전환점이 되었어요. 내가 하고 싶은 걸 하면서 여유를 갖고 보람 있게 살아보자고 다짐하게 되었지요.

다양한 자격증을 취득하셨는데, 각기 어떤 목적이 있었나요?

회사에 다니면서 막연히 퇴직 후 어떤 삶을 살 것인지에 대해 몇 년 동안 고민했어요. 이런저런 정보를 찾으면서 뭘 할까 하다가 실업자·재직자 국비 지원제도인 국민내일배움카드*를 알게 되었어요. 그것을 통해 꽃 관련 수업을 받으면서 처음에는 힐링도 하고 취미생활 좀 해보자는 쪽으로 생각하고 수강했는데, 수업을 듣다 보니까 꽃의 매력에 푹 빠지게 되었어요. 꽃을 만지고 꾸미는 동안은 스트레스가 모두 사라지더군요. 건강도 좋아졌고요.

꽃을 다루다가 너무 예쁘니까 완성되면 사진으로 남기게 되어 자연스레 사진 공부도 하게 되었어요. 2년 동안 여러 강의를 연달아 듣느라 배움카드 금액을 모두 썼어요. 퇴직 후에 꽃 관련 일을 하면 좋겠다는 생각에 자격증 준비를 하게 되었지요.

일단 화훼장식기능사는 꽃 관련 일을 하게 되면 필수적으로 취득해야 하는 자격증이에요. 이 자격증은 국가공인자격증이고, 나머지는 민간자격증으로 혹시나 공방을 운영하게 되면 여러 가지 할 수 있는 게 있으면 좋을 듯해서 취득한 거예요.

3개월 과정의 원예치료사 자격증을 취득하고 아동심리, 노인심리, 미술심리 자격증은 원예치료에 관해 관심이 생기면서 여러 계층의 사람들을 만나게 되면 부수적으로 필요할 것 같아 온라인교육으로 취득한 거예요.

어떤 과정을 거쳐서 현재의 일을 하게 되셨나요?

퇴직 후 민간자격증인 원예치료사(마음원예지도사) 자격증부

---

* 국민 스스로 직업능력개발훈련을 할 수 있도록 훈련비 등을 지원한다. 기존 실업자·재직자로 분리·운영되던 내일배움카드를 국민내일배움카드로 통합했다('20. 1.1).

※ 고용노동부 〉 정책자료 〉 직업능력개발 http://www.moel.go.kr/policy/policy info/reclamarion/list2.do

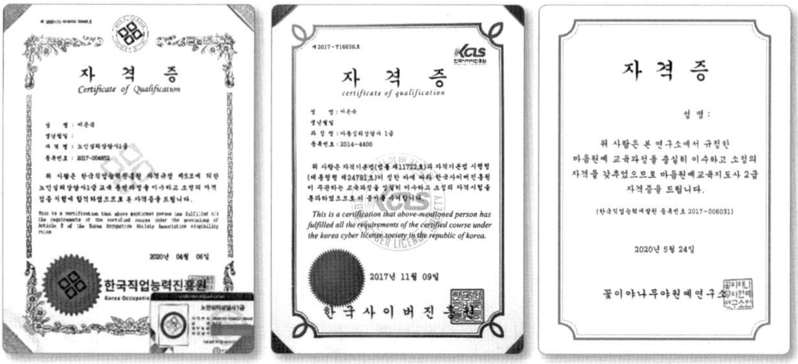

각종 자격증

터 취득했어요. 여러 기관에서 준비하실 수 있는데, 저는 '꽃이야나무야'라는 원예치료 전문기관에서 준비했어요. 이론과 실습을 병행하는 교육은 주 1회 3시간 16회 이루어지고 시연 강의를 거쳐서 심사 후 수료증과 자격증이 발급돼요.

자격증 취득 후 보조교사로 실습을 해야 하는데, 강의 자체가 줄어들어서 몇 달을 그냥 시간만 보내야 했어요. 그러다가 코로나가 좀 잠잠해지니까 봇물 터지듯 본사에 강의 의뢰가 밀려 들어왔어요. 일이 너무 많이 들어오니까 초보자인 저한테도 기회가 온 거죠. 다양한 대상자들을 상대로 보조교사 참여 기회가 주어졌지요. 정말 열심히 다녔어요. 유치원부터 초·중·고등학교, 노인복지관 등 다양한 대상자들과 만났고, 강의 기술과 진행 방법들을 배웠어요.

처음 시작한 게 초등학교였어요. 혼자 강의하기까지 보조교사로 몇 번 훈련과 경험을 쌓고 정식으로 단독 데뷔한 거죠. 초등학교 수업 때 위클래스(Wee Class)*를 통해 수업을 진행한 예도 있어요.

---

* we(우리) + education(교육) 또는 we(우리) + emotion(감성) + 사랑(♥) / 나(I)와 너(You) 속에 우리(We)를 발견할 수 있도록 사랑(♥)으로 지도하고, 상담을 통해 학생 개개인

꽃 관련 일을 하신 지 꽤 되신 걸로 들었습니다.

처음에는 일이라기보다는 꽃 관련 취미활동을 꾸준히 한 거죠. 친구 집들이나 생일 때 연습 삼아 꽃장식 선물을 했더니 너무 좋아해서 저도 놀랐어요. 친구들이 너무 예쁘다고 칭찬을 많이 해준 덕에 용기를 얻어 더 열심히 하게 되었어요. 퇴직 전에는 꽃 관련 일을 하지 않았고, 자격증 취득 후 일을 시작했어요. 최근에는 강의나 학교 수업을 꾸준히 하고 있어요.

평소 어떤 식으로 일이 진행되나요?

원예치료 대상자들은 다양합니다. 학교나 복지관 또는 지역아동센터에서 의뢰가 들어오면 대상자들과 인원, 일정 등을 조율하게 되죠. 한 번에 끝내는 예도 있고, 3회기나 많게는 매주 8회기를 잡아달라고 하는 일도 있어요. 프리랜서(비고용 자유직업인) 개념으로 기관마다 요구하는 서류들이 많은데 사업자등록증은 필수로 들어가고, 세금계산서를 발급해야 하는 일도 있어요. 때로 재료비는 카드로 낼 때도 있어서 카드 가맹과 카드단말기도 있어야 하더라고요.

안성에 있는 아담한 초등학교에서 수업한 내용을 예로 들자면, 이틀 동안 1학년부터 6학년까지 모두 수업해달라는 거였어요. 단체 지부장님이 의뢰를 받아서 저와 다른 강사 한 분과 세 명이 함께 이틀 동안 강의했어요. 강사당 두 학급씩 맡았지요. 뭘 할지는 의뢰하는 학교에서 선택해서 줘요. 꽃장식은 창의력이 있어야 하는 수업이 많은데, 새로운

의 잠재력을 개발하여 인격적 발달을 도모하며, 학교생활 적응력을 높여 즐겁고 행복한 학교를 만들고자 한다.

걸 하라고 하면 굉장히 힘들어해요.

원예치료가 틀에 맞춰서 하는 게 아니라 내가 직접 완전히 새로운 뭔가를 만들어가는 과정이기 때문에 어려워해요. 그래서 어린이보다 성인 대상 수업이 더 힘들어요. 다른 한편으로 어린이들은 "선생님! 이것 좀 해주세요"라고 여기저기서 부르는 경우가 많아요. 애들 뒤치다꺼리하다 보면 1시간이 금방 지나가요. 그럴 때는 어린이 수업이 힘들 때도 있어요.

그런 가운데 긍정적인 말을 써보게 하면서 자기 속에 있는 무언가를 끄집어내게 만들죠. 상담하는 것은 아니지만, 꽃을 만지면서 마음과 생각이 정화되는 거예요. 수업이 끝나면 작업한 꽃은 집에 가지고 가거나 교실에 전시하거나 하죠.

일단 1회 수업을 위해 준비하는 시간은 수업 내용에 따라 다르지만, 꽃바구니 수업일 경우에 새벽 꽃시장에서 꽃을 사서 잎도 따주고 가시도 제거하는 등 꽃 다듬기 작업을 해야 하고, 개인별로 재료를 나누어서 정리하게 되면 넉넉잡아서 2시간 정도 소요돼요.

꽃은 누구나 좋아하는 아이템인데, 특별히 따로 공부하시는 게 있나요?

꽃은 누구나 좋아하지만, 꽃으로 작품을 만들게 되면 배울수록 어렵다는 걸 느껴요. 제가 회사에 다니면서 2년 정도 꽃을 배웠는데, 배우면 배울수록 어렵게 느껴지던데요. 꽃 종류가 무궁무진해서 모두 다 공부하기는 힘들지만, 꽃 수업 내용도 스스로 연구해서 새롭게 계발해야 해요. 이것도 경쟁이라서 남이 해준 것만 하면 도태될 수밖에 없어요. 특이하고 기발한 수업을 계속해야 필요한 사람들이 뽑아 쓰겠죠.

꽃을 좀 했다 하는 분들은 독일이나 프랑스로 유학 가서 자격증을 취득하기도 해요. 저도 그렇게 좀 더 배워보고 싶었지만, 경제 사정상 그렇게 하지는 못하고 원예치료사로 전환하게 되었어요.

꽃 관련 공부 중 반드시 해야 하는 게 색채 공부예요. 틈날 때마다 다른 사람들의 괜찮은 작품을 찾아보면서 꽃 색의 배합이나 조화를 눈여겨보는 거예요. 핀터레스트(Pinterest)*라는 앱이 있는데, 거기서도 많이 보며 참고하고 있어요. 그리고 양재 꽃시장에 자주 가서 여러 가지 꽃을 직접 골라봐야 해요. 강의와 관련된 공부는 계속해야 해요.

이걸 해보고 싶다는 사람이 있으면 어떤 준비를 하면 좋을까요?

기본적으로 꽃과 식물을 좋아해야 해요. 꽃을 기본적으로 만질 줄 알아야 그걸 바탕으로 다른 걸 할 수 있어요. 꽃 관련 학원에서 기초 강의를 통해 미리 배워놓으면 많은 도움이 돼요. 꽃은 그냥 꽂기만 하면 되는 게 아니거든요. 꽃 강의 과정이 단계별로 있지만, 꽃 관련 수업을 하게 될 때 내가 숙달되어 있지 않으면 만족할 만한 수업이 될 수 없어요. 저는 재직자 국비지원과정을 이용해서 시범 코스까지 이수했는데, 지금 하는 일에도 많은 도움이 되고 있어요.

제가 해보니까 꽃은 하면 할수록 어렵다는 걸 느껴요. 남들 앞에 선다는 것이 쉬운 일은 아니더라고요. 저는 말도 잘하지 못하고 낯가림이 심해서 매우 어려웠는데, 꽃을 좋아하니까 연습을 아주 많이 했어요.

---

* pin(쇠붙이 핀)과 interest(흥미)의 합성어. 벽에 핀으로 사진을 붙이듯이 사진과 그림 파일을 모으고 관리하는 공유 사회관계망 서비스(social networking service, SNS) https://www.pinterest.co.kr.

◎ 이 일만의 매력은 뭔가요?

원예치료는 일반 플로리스트*의 꽃 수업과는 차별된 수업이에요. 플로리스트들은 주로 작품을 상품화하기 위한 꽃장식 위주라고 한다면, 원예치료는 날로 삭막해져가는 사람들의 마음을 꽃과 식물을 통해 치료해가는 수업인 거죠. 단순히 꽃과 식물을 다루는 게 아니라 수업 속에 사람의 마음을 어루만져주는 내용이 들어가요. 그래서 더 매력이 있고, 수업 후 만족도가 높아요. 보람도 많이 느끼게 되죠. 특히 '나에게 주는 위로 한마디'를 쓰게 해서 자신에 대해 생각할 수 있는 시간을 줌으로써 마음 치유가 된다는 것이 큰 장점이에요.

◎ 이 일을 하시면서 보람을 느꼈던 일이 있으시다면?

복지관 장애인 부모님 수업 중 한 어머니가 다운증후군 아들을 둔 지역아동센터 센터장님이셨는데, 제 수업을 들으시고 본인 센터 아이들도 해주고 싶다고 총 8회기 수업을 잡아주셨어요. 다른 센터도 소개해주셔서 덕분에 수업을 꾸준히 할 수 있었어요. 매주 화요일마다 수업이 있었는데, 어느 날 수업에 들어갔더니 "와! 선생님! 저 화요일 너무 기다렸어요!"라고 하는 거예요. 그때 정말 기분 좋았어요.

---

* 플로리스트(florist, 꽃디자이너)는 꽃, 식물 등의 화훼류를 다양한 목적에 따라 아름답게 장식하는 일을 하는 사람이다. 플라워(flower) + 아티스트(artist), 또는 플로스(flos) + 전문가를 뜻하는 접미사 이스트(ist)의 합성어

전망은 어떨까요?

전망은 아주 밝다고 생각해요. 수요는 점점 늘어날 걸로 봐요. 사회적으로 우울감이 많이 증가하는 추세라서 이런 치료 프로그램을 많이 찾게 될 것 같고, 더군다나 코로나로 인해 크든 작든 우울감이나 불안감 같은 고통을 호소하는 사람들이 많아지고 있잖아요. 또 회색 도시에서 전자기기에 둘러싸여 사는 사람들에게는 자연 친화적인 게 가장 효과가 있을 것 같아요. 그중에서도 화사한 꽃은 사람들 마음을 차분하게 할 수 있는 힘이 있으니까 마음 치료에 좋은 약재가 될 수 있거든요.

대상자가 많은 만큼 이 일을 하는 사람도 많아요. 사업자금이 필요한 건 아니고 사업자등록만 하면 돼요. 그리고 자그마한 작업실이 하나 있으면 더 좋죠. 저는 집에서 하고 있지만, 집이 엉망이 되는 게 흠이에요.

수입은 어느 정도 되나요?

프리랜서니까 수입이 일정치는 않지만, 꾸준히 수업이 이루어지면 한 달에 200~300만 원 정도는 돼요. 문제는 수업이 계속 들어오느냐가 관건이지요. 직접 본인이 마케팅해야 하는 일도 있어요. 저 같은 경우는 네이버 블로그와 인스타그램을 꾸준히 운영해와서 많은 도움이 되고 있어요. 통상 한 번 수업에 강사비와 재료비를 받게 되는데 학교나 기관, 단체에 따라 강사비가 달라요. 경력이 많고 대상자가 많으면 더 받기도 하지요.

이 분야를 선택하려는 후배들에게 한 말씀 해주신다면?

모든 일이 그렇지만, 쉬운 일은 없어요. 수업 내용에 따라 재료 사러 다녀야 하고, 수업 내용도 새롭게 연구해야 해요. 새벽에 꽃시장에 가서 차에 한가득 꽃을 싣고 집에 와서 꽃을 다듬어야 하고, 무거운 식물과 흙을 직접 들고 날라야 해서 열정과 체력은 기본이에요. 꽃을 그냥 보기만 할 때는 우아해 보이잖아요. 꽃 뒤에 감춰진 노력이 있었기에 예쁘게 보일 수 있는 거거든요.

또 수강생들을 따뜻한 마음으로 바라봐야 하고, 이타심과 봉사 정신이 필요할 때도 있어요. 꽃을 사랑하고 보람 있는 일을 하고 싶은 분에게는 권장해드리고 싶어요.

앞으로 계획이 있으시다면?

화훼 분야에서 명성이 자자할 정도의 수준까지 끌어올리고 싶어요. 또 현재 하고 있는 꽃집&공방 '은플레르 가든'(수원시 화서동)이 번창할 수 있도록 열심히 할 거고요. 일이 없을 때를 대비해서 네이버 '스마트스토어'*에 2021년부터 비누꽃, 조화, 원예키트를 전문으로 하는 '은플레르' 판매자로 입점하여 활동 중인데 많이 알려지지 않아서 아직 미미하지만, 정상을 향해 열심히 달려가고 있습니다.

---

* 나만의 온라인 쇼핑몰로 상품 판매를 하고 싶은데 쇼핑몰이 없을 때 네이버에서 온라인상에 판매할 수 있는 공간을 마련해준다.

※ 네이버 스마트스토어센터(https://sell.smartstore.naver.com/#/home/about)

꽃집&공방 '은플레르 가든'(수원시 화서동)

23 절대 돈보고 일하지 마세요

도배 · 인테리어필름 사업

구도심 지역이라 그런지 사무실 외양에 대한 첫인상은 화려하지 않고 수수한 분위기였다. 낡은 사무실 대부분을 박종욱 씨가 자체 수리하셨단다. 5~6평 정도 되는 공간에 책상 두 개와 성인 키만 한 책장 그리고 상담 테이블이 적절히 자리 잡고 있었다. 벽에는 각종 자격증, 수료증, 위촉장과 뭔가 새로운 일을 구상하는 듯 도면도 여러 개 붙어 있었다.

특별히 이곳에 사무실을 내신 이유가 있나요?

도로에 접해있는 1층 빈 사무실이 하나 나온 게 있었고, 집과도 가까이 있는 등 여러모로 좋은 조건이어서 임차계약을 하게 되었어요. 지인들은 중·상동 신도시 쪽으로 하라고 그랬는데, 신도시는 임차료도 비싸고 집과도 멀어서 출퇴근하기 불편할 것 같아서 지금 이 자리를 선택하게 되었어요.

박종욱(65세)

2018년 6월 말 공무원 명예퇴직, 2019년 2월부터 도배와 인테리어필름 시공 '봉당인테리어' 사무실 운영

◎ 다년간의 공직생활 후 완전히 새로운 사업을 시작하시면서 두려움은 없으셨나요?

두려움이 없을 리 있나요? 퇴직 후 5~6개월은 적응이 잘 안 되더라고요. 학원에서 배우는 과정이었으니까요. 학원 수강이 끝나고 1~2개월 정도 공백기였는데, 그때는 멍한 상태로 갈 데도 없었고 제일 심란한 시기였지요. 그런 과정에서 내 주변 많은 지인이 좋은 얘기를 많이 해주더라고요. 처음에는 두려움이 있을 테지만, 그걸 잘 극복해서 가야 한다고 하면서 예를 들어주었지요.

운전면허 땄다고 바로 운전하지 못하잖아요. 그러나 일단 몰고 나가면 어떻게든 되더라는 거지요. 절대 두려워하지 말고 밀고 나가라는 얘기를 듣고 용기를 얻어서 하게 된 거지요. 운전하다 보면 크고 작은 접촉사고가 날 수도 있지만, 그게 무서워서 운전을 안 하면 평생 장롱면허 신세가 되는 거지요.

사무실 외부 전경

이 사업을 하시기 전에 주변에서 하는 것을 보고 '아! 이거다' 하고 선택하게 되셨나요?

내가 가장 하고 싶은 것이 뭔지를 먼저 찾으려고 했어요. 남들이 하니까 잘될 것 같다고 따라 하다가 내 적성에 안 맞으면 나중에 계속 끌고 갈 수 없거든요. 그런데 나는 어릴 때부터 손재주가 있다는 얘기를 많이 들어왔기 때문에 그걸 이용해서 뭔가 할 수 있는 게 없을지 고민했지요.

예순이 넘어서 춥고 더울 때 바깥에서 일하는 건 싫고 실내에서 할 수 있는 게 뭐가 있을까 찾다가 '도배'가 떠올라서 그걸 한번 해봐야겠다고 생각하고 준비하기 시작했어요. 사람들이 '도배'라고 하면 "야! 힘들게 그걸 왜 하냐? 얼마나 힘든 건데"라고 얘기들을 많이 하더라고요. 그렇지만 '일단 목표를 정했으니까 가보자' 하고 출발한 거죠.

이걸 해보고 싶다는 사람이 있다면 어떤 부분을 미리 준비하면 좋을까요?

2018년 6월 말 퇴직 후 바로 고용노동부 홈페이지에 들어가서 '내일배움카드'*를 신청하고 200만 원 한도 내 국비 지원을 받아서 도배를 배웠지요. 신청하고 한 달 후에 카드가 나와서 도배 학원에 등록하고 2~3개월 열심히 배웠는데, 돈이 남아서 뭐 하나 더 배워야겠다고 생각한 것이 인테리어필름이에요. 이것은 주위 사람들이 소개해줘

---

* 고용노동부에서 취 · 창업을 위해 직무수행능력 습득이 필요한 실업자 등에게 직업능력개발훈련 참여 기회를 제공하여 (재)취직 · 창업 촉진과 생활 안정을 도모하기 위해 지원하는 제도(2023년 3월 현재 1인당 300~500만 원까지 실제 훈련비의 20~95% 지원 / 고객상담센터: 국번 없이 1350)

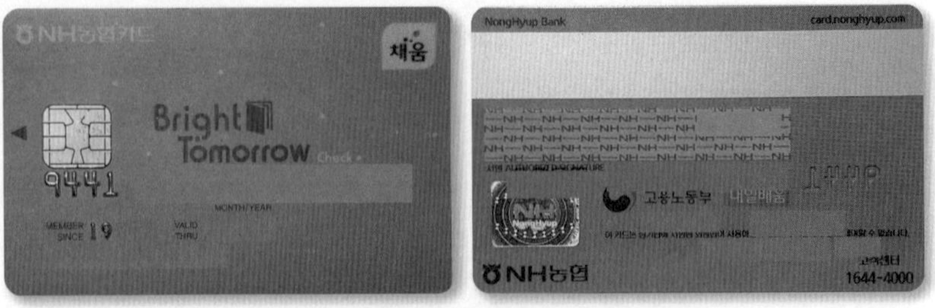

고용노동부 내일배움카드(2018년)

서 알게 되었고, 12월까지 학원에 다니면서 배웠어요.

원래는 창업을 목표로 하긴 했지만, 막상 창업하려니까 두렵더라고요. '아~ 이거 잘될까?' 하는 의문이 많이 생겼는데, 결국엔 '돈을 까먹더라도 한번 해보자' 하고 두려운 마음을 다잡아서 창업 준비 후 바로 사무실 임차계약을 하고 들어온 거예요.

이 사무실에서 도배 한 가지만 하시나요?

도배만 하는 것은 아니고 '인테리어필름'*이라고 기존의 무늬목이나 시트지에서 한 단계 발전한 형태로 필름 뒷면에 점착 처리가 되어 있어 벽이나 기둥, 문 등 실내 공간 어디든 별도의 가공 과정 없이 부착·시공할 수 있는 표면 마감재예요. 다양한 패턴과 질감 표현이 가능하여 무늬목, 도장, 도배 등 한 분야에 구애받지 않고 거의 모든 인테리어 현장에 적용되므로 수요가 지속적으로 늘어나는 추세이고 현재 인력이 부족한 상태예요. 이 아이템을 주 사업으로 해보려고 다양하게 구상하고 있어요.

---

* 인테리어필름은 2000년대 초에 처음 출현했다. 시트지보다 2배 두껍고, 시공 초기 접착력이 강하지 않아서 시공이 용이하며, 접착 후 접착력이 강해지기 때문에 하자가 거의 없다. 또한 방염 기능이 있어서 공사 현장에서 많이 사용한다.

도배는 일이 잘 들어와도 내가 감당이 안 돼요. 왜냐하면 나보다 훨씬 잘하는 베테랑들이 하도 많아서 단가를 따라갈 수 없어요. 내가 한 30~40만 원 부르면 그들은 20만 원 불러버리니까 가격경쟁에서 밀리는 거예요. 그 사람들은 10년 이상 노하우를 갖고 있기 때문에 여러모로 상대가 안 되더라고요. 그래서 도배뿐만 아니라 안전용품도 좀 팔아보고, 공구도 취급해보고, 친구들한테 구매 부탁도 하는 등 다양한 운영 노하우를 쌓아온 거지요. 아직까지 손해는 안 났어요.

초기사업자금은 어떻게 되나요?

한 2천만 원 정도 든 것 같아요. 임대보증금 들어가고, 집기 사고, 사무실 내·외부 인테리어 등 모두 합해서요. 그리고 평균적으로 한 달에 100~150만 원 정도 순이익이 남는 것 같아요. 일감은 많게는 1천만 원에서 적게는 30만 원짜리도 들어와요. 심지어 2만 원짜리도 있어요. (웃음) 집일을 전혀 해보지 않은 사람 중에 커튼을 달 줄 몰라서 의뢰한 사람도 있었어요. 그럴 때는 "그냥 담뱃값만 주세요" 하고 봉사하는 마음으로 하지요.

1년 정도 사업을 운영하셨는데, 단골고객은 많이 확보하셨나요?

단골은 아직 없어요. 제가 직장생활할 때 조그만 비영리법인 단체를 하나 하고 있었어요. 거기에 소속된 사람들과 활동해오던 중 우연한 기회에 경기도에서 생활 기술교육 공모전을 했는데 단체 사람들과 함께 공모전에 참여하게 되었어요. 7월에 강사 등록 준비를 해서 8월에 교육이 시작되어 11월에 끝났지요. 거기서 강의한 기술로 교육생들과 함께 재능기부도 했어요. 제가 강의한 '인테리어필름' 수강생이 약 30명 정도 되었어요. 그 강의 때 받은 강사료 수입이 나한테는 도움이 많이 되었지요.

또 경기도에서 분야별 생활 기술교육 강의가 끝난 후 평가했는데, 호응이 좋아서 2020년에도 하자는 의뢰가 들어왔어요. 내가 학원에서 배운 내용에다 조금 더 공부해서 강의하니까 교육생뿐만 아니라 내 사업에도 도움이 많이 됐지요.

좋아서 하시는 일인데, 이 일만의 매력이 있나요?

맡은 일을 끝내고 나면 고객분이 좋아하니까 그게 매력이지요. "와! 집이 싹 바뀌었네. 너무 깨끗해졌다! 완전 기대 이상으로 변했다~!"라고 할 때 보람을 느끼는 거지요.

그런 보람과 함께 돈도 많이 번다면 더 큰 보람을 느끼시겠네요?

그건 아닙니다. 일을 보고 해야지 돈을 보고 하면 일이 깔끔하게 끝나지 않아요. 돈이 더 들어가더라도, 즉 내가 이익을 조금 덜 가지고 가더라도 그 일을 깔끔하게 마무리 지어야 하는 것이지요. 그렇게 해야 현장도 깨끗해지거든요. 그리고 고객분도 마음에 들어 하게 되고요. "아이! 내가 시키지 않았다고 저것도 안 하고 가버렸네" 하게 되면 다음에는 일을 안 맡겨요. 신뢰관계가 깨져버리는 거죠.

그래서 후배들한테도 부탁하고 싶은 것이 "절대 돈을 보고 일하지 말라"는 겁니다. 돈 많이 벌면 좋긴 하지요.

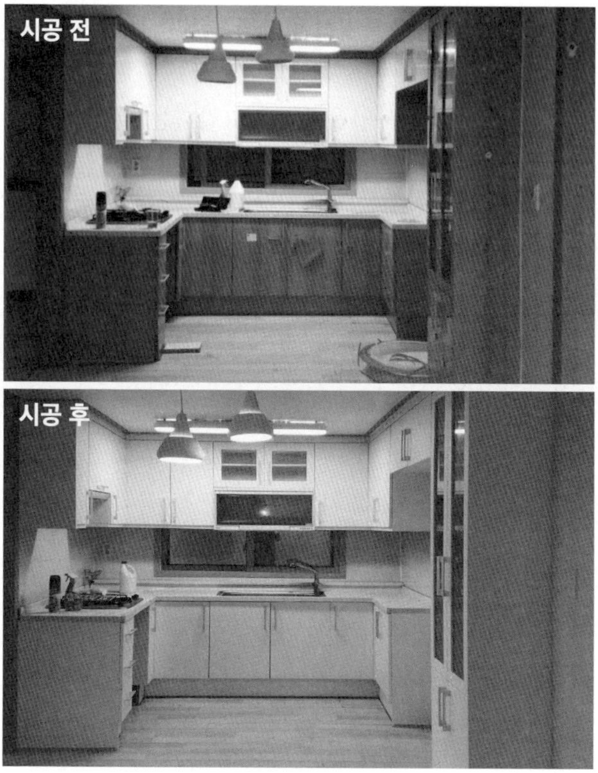

인테리어필름 시공 전후

가장 힘든 순간은 언제인가요?

사람과의 관계가 제일 힘들어요. 사업상 원만했던 사람이 어느 순간 갑자기 등을 돌릴 때가 있어요. 그 사람을 믿고 일을 시켰는데, 원하는 대로 하지 않으면 크든 작든 갈등이 생기게 돼요. 혼자서 모든 일을 다 할 수는 없잖아요. 사업을 하면서 가장 큰 것은 좋은 사람 선택이에요. 사람이 일하는 것이고, 사람이 일을 주는 거거든요.

이 일을 하시면서 특별히 보람을 느꼈던 적이 있으시다면?

생활 기술교육 사업을 한 후 고맙다는 말을 들었을 때 아주 기분이 좋았어요. 도배와 인테리어필름 등 교육 강사로 진출하여 내년에 경기도 사업을 또 하려고 해요. 교육 사업 홍보를 했더니 하겠다는 사람이 수십 명이나 있었어요. 여성들이 의외로 많아요. 남편 일 도와주려는 분, 원룸 운영하는 분 등 다양한데, 이분들이 열심히 기술을 배우고 적극적이어서 하나라도 더 가르쳐주고 싶어요.

기억에 남는 에피소드가 있으시다면?

경기 생활 기술교육 수강생들과 함께 재능기부를 한 적이 있어요. 부천시와 부천도시공사에 요청해서 기부 대상자 명단을 받고 내부 회의를 거쳐 최종 대상자를 선정했어요. 그중에 할머니들이 모여 계시는 경로당에 찾아가서 낡은 주방 싱크대에 인테리어필름을 새로 입혀드렸더니 그렇게 좋아하시면서 빈대떡까지 부쳐주시더라고요. 기부 행사에 참여했던 수강생들도 아주 만족해했어요. 좋은 일을 한다니까 주변 여기저기서 떡도 해서 갖다주고 수건도 맞춰주는 등 지원을 꽤 해줘서 굉장히 뿌듯했고 분위기도 좋았어요!

이 업종의 전망은 어떻게 보시나요?

생활 기술을 배워서 노후주택을 스스로 수리해보겠다는 분들도 많고, 앞으로 노후건물이 많아지면 많아졌지 줄어들지는 않을 거니까 또 이 일이 없어질 리도 없고, 자기만 열심히 하면 전망은 좋다고 봐요. 종업원, 즉 조공*으로 취직하는 경우도 많아요. 인테리어필름은 기술 습득 시간이 짧아 기술자로서의 성공 안착률이 매우 높은 직종이에요. 또한 사계절 실내 작업이라 비수기가 없어서 높은 소득도 얻을 수 있어요. 기술자의 임금은 일당 20만 원이 넘어요.

이 직업을 선택하려는 후배들에게 한 말씀 해주신다면?

첫째로 평소 체력관리를 꾸준히 해서 무슨 일이든 할 수 있도록 만들어놔야 해요. 두 번째로 공무원들을 많이 아는 것보다 외부 사회인을 더 많이 알아야 해요. 그 사람들이 돈도 주고 일거리도 주는 거예요. 사회인은 내가 노력하지 않으면 알기가 쉽지 않아요.

공직에 있는 동안 일반 사람들을 많이 만나고, 그들을 많이 도와주라고 얘기해주고 싶어요. 민원인들이 찾아왔을 때 민원이 해결되지 않더라도 해결해주려는 모습을 보여주면 그 민원인은 고맙게 생각하고 그 공무원을 마음에 항상 담아두게 되어 있어요. 이 일을 하는 동안 공직에 있을 때 내가 도와줬던 사람들이 찾아와서 일을 준 게 많아요.

사업 시작하신 지 1년 정도 되셨는데, 얼마나 더 운영하실 계획이신지요?

10년 이상 바라보고 있어요. 적어도 75세까지는 해볼 생각

---

* '조공'은 기술자의 조수, 즉 초보 일꾼, '중공'은 2년 안팎의 중간 경력기술자, '기공'은 최소 3년, 평균 5년 이상 숙련 기술자를 통칭한다. 도배 기사 인건비 일당 19만 원(식대 별도), 인테리어필름 시공비 18만 원, 마루 · 장판 · 타일 등 '조공' 인건비 12~13만 원(건설경제신문, 2017.9.26). 도배 기사는 국가 자격증을 받을 수 있지만, 자격증이 있건 없건 일당(21만 원)은 비슷하다(중앙선데이, 2019.6.22).

이에요. 저만이 가질 수 있는 새롭고 특별한 기술을 개발하려고 노력하고 있어요. 이렇게 설계도를 그려가면서 자꾸 해보는 거예요. 신기술 특허도 준비하고 있어요. 지금은 허름한 사무실에서 저 혼자 하고 있지만, 저도 번듯한 사무실도 갖고 싶고, 직원도 채용해서 회사로 키워볼 계획을 갖고 있어요. 혼자 사무실을 운영하는 동안 세무 관계 일이라든가 고용관계 업무 등등 해서 많이 접해보고 공부도 틈틈이 하고 있어요. 행정이 중요하다는 걸 이 사업을 시작한 후로 다시 한번 느끼게 되었어요.

박종욱 강사는 'Self 인테리어 필름 과정'(부천시 인생 이모작 교육)을 성황리에 마치고 교육생과 함께 경로당 2곳의 주방 싱크대를 새 단장해 주는 재능기부를 했다.(2021.11.26)

24 소액투자, 쉬운 노동, 여유가 매력

학교급식 배송 냉동탑차

퇴직 후 소감 한마디 하신다면?

직장생활 마지막 근무지가 감정노동을 하는 부서였어요. 감정노동으로 심적 부담이 많은 곳이라 퇴직하고 나니 홀가분했어요. 1년간 쉬었지요. 쉬는 기간 동안 처음 간 곳이 통영이에요. 30년 넘는 직장생활 동안 쌓였던 것을 섬에 모두 내려놓으려고 갔지요. 그 후 고향에 있는 과수원(2천 평)에서 사과나무 농사짓느라 몇 개월 있었지요. 그런데 과수원에 딸린 집이 없어서 새로 집을 사야 하는 문제가 있었어요. 저렴하다고 하는 이동식주택도 최소 2천만 원 이상 필요하더라고요. 소규모 과수원에서 그 비용을 어느 세월에 뽑을 수 있겠어요. 최하 1만 평은 되어야 수지를 맞출 수 있는데, 수익성이 너무 낮았어요.

두 번째 문제는 최근 고향에 소를 대량으로 사육하는 축사가 많이 생겨서 냄새 등 주변 생활 환경이 열악해져 있었어요. 이것저것 따져보고 안 되겠다 싶어서 과일 계절이 오기 전에 접고 나중에 과수원을 팔아버렸어요. 그 후 몇 개월 쉬다가 초등학교 동창을 만나 이 일을 시작하게 된 거죠.

김종기(69세)

2014년 6월 말 공무원 퇴직. 2015년 3월 (주)○○○에서 학교급식 배송 냉동탑차(지입) 운영

현재 어떤 일을 하고 계시나요?

지금은 학교급식 배송 일을 하고 있어요. 학교 노후 급식실을 개보수하게 되면 급식이 중단되기 때문에 공사가 완료될 때까지 민간 회사와 계약해서 도시락으로 대체하게 돼요. 학교급식 사업에서 제가 하는 일은 냉동탑차로 학교까지 배달하고 식판과 남은 음식을 회수하는 일을 하고 있어요. 통상 오전 9시까지 출근해서 납품 준비가 끝나면 상차를 하고 점심시간 전까지 납품한 후 오후 2시쯤이면 회사로 돌아오는 시스템이에요. 가끔 대형학원에도 납품해요. 식판, 수저, 국, 밥, 반찬 등을 팔레트(조립식 플라스틱 상자)에 담아서 탑차에 상차·하차하게 되면 제법 운동이 되거든요. 무게는 20kg 정도 되죠.

김종기 은퇴자와 냉동탑차 외부

어떤 과정을 거쳐서 이 일을 하게 되셨나요?

2015년 3월경 고향 초등학교 동창생이 남편이 하는 학교급식 사업에 저를 소개해주면서 "사업한답시고 허세 부리다가 돈 다 날리지 말고 중고 냉동탑차 하나 구매해서 우리 회사로 들어와라. 그냥 산에 가서 운동한다 생각하고"라고 말했어요. 그날로 냉동탑차를 알아보고 바로 1,500만 원(보험료 등 기타 비용 포함)에 중고차를 구매했지요. '(주)○○○'이라는 회사에 지입차량*으로 등록하고 보건증도 발급받아 제출했지요. 얼마 후 학교급식 배송 일을 시작했어요.

평소 어떤 식으로 업무가 진행되나요?

아침에 출근하면 납품 학교별로 음식과 식판 등이 준비되어 있어요. 2인 1조로 납품하고 회수까지 담당하는데, 학생 수가 500명 이상이면 탑차 2대가 가요. 대부분 1시간 이내 거리에 있는 학교나 학원에 배달하죠. 회사에서 한 달 일정을 보내주면 일정표에 있는 점심 메뉴가 제대로 나왔는지, 식판과 수저가 인원수에 맞게 준비되어 있는지 등을 확인하고 차량에 실어요. 냉동탑차는 음식 신선도를 유지하기 위해 온도를 10℃ 이하로 맞춰서 운행하고 있어요. 학교에 도착해서 반별로 음식을 운반해주면 학생들이 스스로 당번을 정하든지 해서 배식하니까 점심 식사가 끝날 때까지 쉬어요. 이때 우리도 학생들과 함께 식사해요.

---

* 지입차량: 운수회사에서 차량을 직접 소유하지 않고 회사 명의로 등록된 개인 소유의 차량. 차량 소유주가 일정한 돈을 받고 회사에 소속된 차량으로 운행하면서 그에 따른 책임도 진다.

팔레트(파란 용기)와 찬통 등

학교급식 사업 관련해서 냉동탑차는 특별한 면허는 필요 없고 일반 운전면허증만 있으면 돼요. 냉동탑차 운전자는 보건소에서 학교급식 관련 보건증*을 발급받아야 해요. 제가 회사 직원으로 소속되어 있는 것은 아니고 지입차량 운행에 따른 일용직 근로자로 일하고 있어요. 건당 기본 일당은 8만 원이고, 회사에서 주행 거리별 운임을 추가 지급해주지만, 기름값으로는 조금 모자라요. 그래서 한 달 20일을 근무한

---

* 학교급식 분야 종사자 '건강검진 결과서'(보건증)는 6개월에 한 번 발급한다. 양손 전염성 피부질환 검사, 임상병리실에서 장티푸스 감염 여부 면봉 채변 검사, 방사선실에서 폐결핵 여부 흉부 X-ray 검사를 한다.

학교급식 식단표와 음식

다면 160만 원 정도 벌고 있지만, 20만 원을 유류비로 공제하고 나면 140만 원 정도 벌게 되는 셈이죠. 욕심내지 않고 1건만 하고 용돈 번다 생각하면 편해요. 다른 사람들은 운동한답시고 돈 쓰면서 산에 올라가지만, 저는 돈을 벌면서 운동하는 거니까 그 사람들보다 훨씬 나은 거지요. 계속 움직이는 일을 하니까 몸이 아픈 날이 한 번도 없었어요.

생업으로 하는 다른 젊은 기사는 조식, 중식, 석식까지 급식 배달을 하는데, 저는 중식 하나만 해요. 욕심부리지 않으려고요. 생업으로 하는 사람들이 더 많이 벌 수 있도록 배려하는 차원에서 제가 제일 먼저 방학에 들어가요. 그렇게 하지 않으면 그 사람들과 함께 일하기 힘들어요. 자기들 일거리를 빼앗아간다고 생각되면 어울리지 않으려고 해요.

매년 전반기는 3월부터 7월 초까지 하고, 후반기는 9월에서 12월까지 해요. 학교 방학 때는 쉬어요. 학생 수가 줄어드니까 학교급식 사업도 사양 산업이라고 생각할 수 있는데, 학교 건물 자체가 낡은 것들이 많아서 개보수공사를 안 할 수 없어요. 공사 기간에는 급식이 중단되니까 자연스럽게 급식 배달사업이 번창하게 되는 거죠. 일종의 틈새시장인 거죠. 그리고 대금결제가 정확한 관공서를 상대로 하니까 이 사업은 부도가 없어요.

이 직업만의 매력은 뭔가요?

첫째, 시간이 많이 남아요. 아침 9시부터 일하기 시작해서 오후 2~3시면 끝나니까 이후 시간은 전부 자유예요. 그리고 공휴일 모두 쉬고, 여름방학, 겨울방학까지 쉴 수 있으니까요. 너무 많이 쉬나요? (웃음) 그래도 저는 고정적으로 일을 할 수 있다는 것에 만족해요.

둘째, 적은 투자로 일을 할 수 있다는 거예요. 중고 냉동탑차 구매비로 1,500만 원 정도 투자해서 특별한 사고만 없으면 체력이 되는 날까지 일할 수 있잖아요. 그리고 차량은 감가상각이 되긴 하지만 일단 내 소유 차량이고, 회사가 망하더라도 차량은 남고, 유사 업종 배송 일로 갈아타는 것도 가능하니까 걱정이 없어요.

셋째, 일 자체가 힘들지 않아요. 해볼 만해요. 복잡하지도 않고, 운동 삼아 한다고 생각할 정도의 노동 강도이기 때문에 어렵지 않게 할 수 있어요. 일하면서 내 건강도 챙길 수 있으니 일거양득이죠. 일 성격상 제가 부득이 며칠 일을 못 하게 되더라도 다른 사람으로 언제든지 대체할 수 있어요.

아내한테 용돈 달라고 하지 않고 제 용돈은 제가 벌어 쓴다는 생각으로 일하니까 아내도 제 수입에 대해서는 간섭하지 않아요.

가장 힘든 순간은 언제였나요?

아침에 출근해서 급식 물품을 차량에 실을 때 동료들끼리 서로 도와가면서 싣게 되는데, 맨 마지막에 나가는 사람은 혼자 남는 경우가 있어요. 이때는 모든 것을 혼자 해야 하니까 제일 힘들지요. 그런데 대부분 2인 1조로 움직이니까 혼자 남는 경우는 그리 많지 않아요. 그리고 혹시 물품 목록을 잘못 챙겨서 빠지는 일도 있기는 한데, 그런 경우를 대비해서 식판의 경우엔 한 상자를 미리 학교에 남겨놓죠. 교통사고가 날 수도 있는데, 저는 서두르지 않고 운전하는 습관을 들여서 그런지 한 번도 사고가 난 적 없어요. 교통법규를 잘 지키고, 빨리 가려고 하지 않는 한 사고는 거의 나지 않죠.

이 일을 하면서 가장 보람을 느꼈던 순간은 언제인가요?

학생들이 식사하면서 맛있다고 할 때가 가장 보람되죠. 급식 배달이라는 것이 너무 단순해서 특별한 게 없어요. 그만큼 일이 쉬우니까요. 보람이 있는 만큼 급식 서비스의 질 향상을 위해 학생들한테 뭐가 맛있었는지, 뭐가 맛이 없었는지 항상 점검해서 회사에 보고해요. 그래야 회사도 발전하게 될 거고, 회사에서 거래하는 업체도 맛 개선을 위해 노력할 것이니까요.

앞으로 이 직업의 전망은 어떨까요?

일이 단순하고 육체적으로 힘들지 않기 때문에 많은 사람이 선호하고 전망이 밝은 직업이라고 생각해요. 한 젊은 친구는 해장국집 20~30군데에 콩나물 배달을 하는데, 밤 10시에 나가서 새벽 2~3시에 끝나거든요. 그러고서 240만 원을 받는데요. 밤을 새워가면서 먹고 살려고 발버둥을 치는 거죠. 약간 다르긴 하지만 밤낮을 가리지 않고 할 수 있는 일이 배달 일이에요.

모 시청 퇴직자라면서 냉동탑차 없이 우리 회사에 들어와서 일하는 사람이 있는데, 최저임금 시급을 받고 아르바이트식으로 일하고 있어요. 집에서 놀면 뭐하냐면서 아침 8시부터 오후 3시까지 6시간 정도 일하고 5만 원 정도 벌어가요. 이 사람도 가만 보니까 채용 면접 봐서 들어온 게 아니라 회사에 아는 사람이 있어서 인맥으로 들어온 것 같더라고요. 이런 식으로 다른 업체 또는 다른 직종에도 찾아보면 일할 기회가 다양하게 있을 것 같아요. 뜻이 있는 곳에 길이 있다고 하잖아요.

이 직업을 선택하려는 후배들에게 한 말씀 해주신다면?

이 계통을 떠나서 "돈에 대한 욕심을 버려라"라고 얘기해주고 싶어요. 뭘 해서 돈을 벌어야겠다는 욕심을 앞세우면 수명도 단축되고, 반드시 사고가 나더라고요. 그리고 아시다시피 인맥이 참 중요하더라고요. 직장 대부분이 나이가 많으면 잘 안 쓰려고 하잖아요. 이때는 인맥밖에 없어요. 저도 이 일을 하게 된 것이 초등학교 동창생 추천이잖아요. 특별히 내가 채용시험을 보지 않는 한 어떤 경로든 사람 관계를 통해 연결되잖아요. 그래서 평소에 잘하라는 말이 있듯이 늘 상대방 처지에서 생각하고 이해하려고 노력하면 나중에 반드시 빛을 발하더라고요.

25 학생 교육에 보람

한국국제협력단 해외봉사단원

퇴직 직후 어떻게 지내셨는지와 소감을 말씀해주신다면?

돌이켜보면 공직을 시작할 때가 아득하게 느껴지는데, 공채 시험에 합격 후 첫발을 들인 것은 고등학교 3학년 2학기였던 1974년 10월로 첫 근무지는 강원도 정선군이었어요. 2015년 6월에 퇴직했으니까 약 42년간 공직에서 일한 셈인데, 절반은 강원도 태백시에서 절반은 부천시에서 일했어요.

퇴직 후에는 뭘 해야 할지 몰라서 또는 어떻게 쉬어야 할지 몰라서 허둥지둥했던 기억이 있어요. 집 근처의 복지회관에서 영어도 배우고 헬스장에도 다니고 친구들과 해외여행을 다녀오기도 했어요. 또 고

한국국제협력단(Korea International Cooperation Agency)

대한민국과 개발도상국가와의 우호 협력관계 및 상호 교류를 증진시키고, 개발도상국가의 경제·사회 발전을 지원하기 위해 각종 협력 사업을 함으로써 국제협력 증진에 이바지함을 목적으로 설립되었다.

손영숙(66세)

2015년 6월 말 공무원 퇴직, 2017년 8월부터 한국국제협력단(KOICA) 해외봉사단원 한국어 교육 봉사(~'20.8 - 3년 근무)

양시의 복지회관에서 결혼이주여성들에게 한국어 교육을 했고, 게이트볼 심판자격증*을 취득하여 게이트볼 경기장에서 심판을 보면서 경기 진행을 돕기도 했어요.

또한 친구의 권유로 보험회사에서 보험모집원 일을 했는데, 적성에 맞지 않아서 별다른 성과는 없었어요. 그 후 다른 일을 찾던 중 연금관리공단의 안내 문자를 보고 코이카 해외봉사단원 모집 설명회에 가게 되었고, 바로 지원했어요. 오랜 기간 출퇴근하면서 지내온 터라 퇴직 이후 출근할 수 있는 일터가 없는 것이 힘들었지만, 코이카 해외봉사단원에 선발되어 새로운 일에 대한 기대감이 높았어요.

KOICA 해외봉사단원으로서 현재 어떤 일을 하고 계시나요?

2017년 8월 우즈베키스탄에 오게 되었고, 8주간의 현지 적응 교육을 마치고 나서 10월부터 부하라** 국립대학교에서 한국어를 가르치고 있어요. 주요 대상은 고등학교나 대학교의 재학생, 졸업생들이에요. 한국어를 배워서 한국의 대학교·대학원으로 유학 가거나 한국에 가서 돈을 벌려고 공부하는 학생들이 대부분이에요.

우즈베키스탄어는 한국어처럼 우랄알타이어 계통의 언어이므로 어순이나 언어구조가 비슷해서 우즈벡 학생들이 다른 나라 학생들에 비해 한국어를 빨리 습득하는 것 같아요. 토픽(한국어 능력시험)***도 동

---

* 게이트볼 심판은 게이트볼협회가 있는 수원에서 교육을 받고 필기 및 실기시험을 거쳐 자격증을 받을 수 있다. 게이트볼은 주로 연세가 높으신 어르신들이 많이 하시고, 심판은 공직에서 퇴직한 분들이 많이 활약하고 있다.

** 수도 타슈켄트 남서쪽에 위치한다. 약 240만 명이 거주하는 우즈베키스탄 제2의 도시다. 2,500년 이상 된 고도(古都)로 도심 전체가 유네스코 세계문화유산으로 지정되었다.

*** 토픽(TOPIK, Test of Proficiency in Korean): 교육부 국립국제교육원 주관 · 시행. 한국어를 모국어로 하지 않는 외국인과 재외 동포를 대상으로 하며, 한국에서는 36개 대학,

우즈베키스탄 위치도

출처: 네이버지도(https://map.naver.com/)

남아 여러 나라의 학생들에 비하면 우즈벡 학생들의 성적이 아주 우수해요. 30명 학생 모집 공고를 하면 보통 100~200명이 지원해요. 최종 선발하여 수업을 진행하다 보면 2~3개월 내에 절반 이상의 학생이 포기해요. 끈기와 인내를 가지고 꾸준히 노력하는 학생들만이 목표를 이루고 원하는 대학에 진학하게 되더라고요.

어떤 과정을 거쳐서 이 일을 하게 되셨나요?

퇴직 전 공무원 연금관리공단에서 '미래설계 과정'이라는 교육을 받았어요. 초청 강사로 오신 분 중에 코이카에서 활동하셨던 분에게서 해외에서 봉사활동을 한 사례를 듣고 언젠가는 나도 지원해야겠다고 생각하고 있었어요. 2017년 2월 단원 모집 설명회에 참석해서 자세한 정보를 들었고, 3월에 지원서를 제출했어요. 서류 검토 및 건강검

국외에서는 70여 개국 200여 개 지역에서 실시한다. 초급 1급부터 6급까지 있는데, 6급은 한국인처럼 능숙하게 말할 수 있을 정도의 한국어 수준이며, 5급 이상이면 한국의 대학교 입학 시에도 장학금을 받으면서 공부할 수 있다.

진을 거친 후 6월부터 강원도 영월 연수원에서 8주간 교육을 받고 8월에 우즈베키스탄으로 파견되었어요.

평소 어떤 식으로 업무가 진행되나요?

부하라국립대학교에는 한국어과가 개설되어 있지 않아서 방과 후 수업으로 월요일부터 금요일까지 매일 수업을 진행하고 있어요. 이곳은 많은 학교가 2부제 수업을 하는데, 대학생들도 오전반과 오후반이 있기 때문에 월요일부터 오전·오후반으로 나누어 수업해요. 월~목요일까지 3개 반(신규반, 초급반, 중급반) 수업을 하는데, 학생들은 주 2회 강의를 듣게 돼요. 수업 시간은 쉬는 시간 없이 2시간 동안 진행돼요. 금요일 오전에는 고려인 어르신들을 위한 한글교실, 오후에는 동아리 형태의 수업이 2시간 있어요. 이곳은 토요일에도 일하지만, 단원들은 토·일요일에는 쉬어요.

특별히 해외봉사 분야로 진출한 이유가 있었나요?

퇴직을 앞두고 퇴직 이후를 대비한 여러 가지 자격증을 많이 취득했어요. 한국어 교원, 행정사, 평생교육사, 사회복지사, 보육교사 및 심리상담 자격까지 나름대로 10여 개의 자격증을 준비했지만, 어느 분야나 쉽게 뛰어들 곳은 없었어요. 이런저런 일로 시간을 보내다가 코이카에 지원했는데, 신청자를 보면 주로 학교 등 공직에서 일하셨던 분들이 교육 분야에 많이 지원하는 것 같았어요.

특별히 해외에서 봉사하겠다는 계획은 없었지만, 코이카에서 해외원조사업의 하나로 해외봉사활동을 하고 있어 이참에 해외에서 봉사다운 봉사를 해보는 것도 괜찮겠다고 생각하게 되었지요. 봉사자 선

부하라국립대학교 한국어수업 및 고려인 대상 한국어수업

발을 위한 심사를 할 때 건강검진이 굉장히 중요한데, 2차 검진까지 받은 후에야 합격할 수 있었어요. 해외 봉사활동을 나오게 되면 무엇보다 건강이 중요한 문제로 대두되는데, 그 이유는 예상할 수 있는 바와 같이 코이카 단원 파견지가 주로 개발도상국이므로 의료시설이 부족하거나 낙후되어 있어서 제때 적절한 치료를 받기 어렵기 때문이지요. 특히 은퇴 후에 지원하는 사람들의 경우 고혈압이나 당뇨 등 만성질환을 보유하고 있어 선발되지 못하는 경우가 많아요.

자신이 원하는 나라로 파견되는 경우는 그리 많지 않은데, 특히 한국어 교육의 경우 각 나라의 수요 신청과 한국 지원자의 공급이 딱 맞아떨어지기가 쉽지 않기 때문에 코이카 본부에서 적절히 배정해요. 저 같은 경우 태국, 캄보디아 등 동남아 국가로 지원했지만 우즈벡으로 배정되었고, 근무지역도 현지에서 적응교육을 받던 중 수도인 타슈켄트에서 부하라 지방으로 갑자기 변경되었어요.

이 일을 하려면 어떤 활동들이 도움이 될까요?

코이카 해외봉사단은 40여 개국에서 활동하고 있는데, 분야도 다양하므로 사전에 어떤 분야에서 활동할 것인지를 미리 계획하여 그 분야에 알맞은 자격을 취득하고 실무적인 능력을 기르는 등 경력을 쌓아야 해요. 주요 분야를 보면 한국어뿐만 아니라 음악, 미술, 초등교육, 요리, 미용 등의 교육 분야 및 컴퓨터, 자동차, 용접, 전기전자 등의 직업교육, 산림, 농수산업, 보건, 위생, 농촌 개발, 의료지원 등 아주 다양해요.

이 분야 진출을 위해 필요한 자격이나 기술 등이 있나요?

한국어 교육의 경우 국내의 많은 대학교에 개설되어 있고, 대학원의 석사과정도 많이 있다고 들었어요. 제 경우는 직장에 다니면서 자격증을 취득해야 했기 때문에 사이버 과정으로 수업을 듣고 휴일을 이용하여 실습하는 등의 과정을 거쳐서 한국어 교원 2급 자격증을 취득했어요. 한국어 수업을 진행하면서 느낀 점 중 하나는 좀 더 한국어를 체계 있게 배웠으면 좋았을 것이라는 아쉬움은 있지만, 수업 대상이 다양하고 또 인터넷을 통한 영상교육 자료도 많이 있으므로 열의만 있다면 계속적으로 한국어 지도능력을 길러나갈 수 있을 것이라고 생각해요.

이 직업만의 매력은 뭔가요?

자라나는 청년들에게 한국어를 가르치고 한국 문화를 알려줌으로써 좀 더 한국을 이해하고, 나아가 넓은 세상과 더불어 시야를 넓혀나갈 수 있도록 길을 열어준다는 측면에서 보람과 긍지를 느끼게 되죠. (태어나서 한 번도 출생지 바깥으로 여행해본 적이 없는 학생들도 많다.) 또한 토픽 시험에서 좋은 점수를 받았다고 감사의 말을 전하는 학생들, 그리고 한국으로 유학 가서 공부를 잘하고 있다는 20여 명 제자들의 소식을 들을 때면 가슴 뿌듯하고 진한 감동이 밀려오더라고요.

가장 힘든 순간은 언제였나요?

특별히 힘든 순간은 없었지만 몸이 피곤하거나 아플 때, 그리고 휴일이나 시간이 많이 있을 때는 혼자 지내기가 힘들 때도 있어요. 휴일이면 어디 갈 만한 곳도 변변치 않고 밖에 나가면 외국인을 쳐다보는 시선도 부담스러워서 주로 집에서 지내게 되는데, 이때 느끼는 외로움이나 고독감, 가족들에 대한 그리움, 한국 음식에 대한 향수 등으로 '내가 여기서 왜 이러고 있나?' 하는 생각을 하게 되더라고요. 이럴 때는 부정적인 생각을 이길 수 있는 강한 의지와 함께 신앙이 도움이 돼요. 또한 꾸준한 운동을 통한 체력 증진도 필수예요. 몸이 아프면 정신도 약해지니까요.

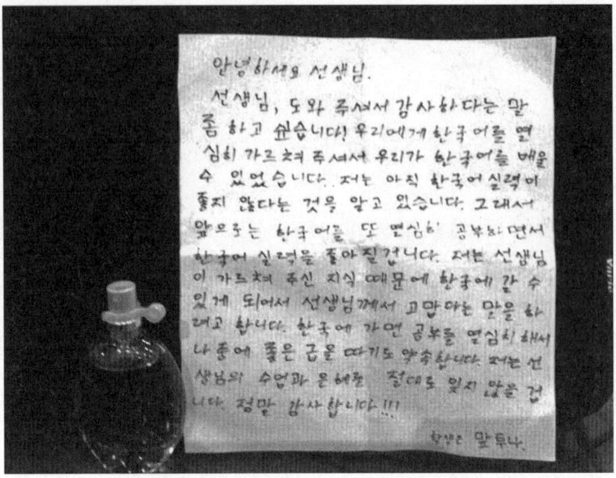
안녕하세요 선생님.
선생님, 도와 주셔서 감사하다는 말 좀 하고 싶습니다! 우리에게 한국어를 열심히 가르쳐 주셔서 우리가 한국어를 배울 수 있었습니다. 저는 아직 한국어 실력이 좋지 않다는 것을 알고 있습니다. 그래서 앞으로는 한국어를 또 열심히 공부하면서 한국어 실력을 좋아질겁니다. 저는 선생님이 가르쳐 주신 지식 때문에 한국에 갈 수 있게 되어서 선생님께서 고맙다는 말을 하려고 합니다. 한국에 가면 공부를 열심히 해서 나중에 좋은 곳을 따기도 약속합니다. 저는 선생님의 수업과 은혜를 절대로 잊지 않을 겁니다. 정말 감사합니다!!!
학생은 말두나.

부하라대학교 입학 시즌 학생의 감사 편지

이 직업의 전망은 어떨까요?

우리나라는 예전에 해외원조를 받던 나라에서 해외원조를 하는 유일한 나라라는 말을 들었는데, 앞으로도 지속적으로 해외원조 사업이 이루어질 거예요. 그중에서도 인적 지원을 통한 코이카 단원 활동은 우리나라와 지원 수혜국가와의 관계 증진과 협력은 물론 서로 함께성숙하고 번영해나가는 데 크게 기여할 것이라고 생각해요.

따라서 앞으로도 해외원조사업의 분야를 더욱 넓히고 지원 국가를 늘려나갈 것이 예상되므로 자신이 갈고닦은 지식과 경험을 다시 활용하고 알려줄 기회를 적극 활용하기 바랍니다.

이 직업을 선택하려는 후배들에게 한 말씀 해주신다면?

미리 준비해야 할 사항을 몇 가지 든다면 언어능력, 특히 영어 회화를 잘하면 의사소통이 편해요. 이곳은 러시아어를 많이 사용하고 있으며 수도 타슈켄트의 경우는 러시아어 사용자가 우즈벡어 사용자보다 더 많아요. 하지만 러시아어나 우즈벡어를 배우려면 많은 시간이 필요한데, 근무처(보통 학교나 직업훈련원, 병원 등 배치)에서는 영어로 소통하는 것이 가능하므로 평상시 영어회화를 미리 습득해놓을 필요가 있다고 봐요.

두 번째로는 음식 만들기를 미리 배우라는 거예요. 한국에서도 은퇴 후에는 아내의 도움을 받지 않고도 혼자 식사를 할 수 있어야 한다는 말을 많이 하지만, 특히 해외에서는 혼자서 직접 식사를 준비해야 하므로 간단한 음식을 만들 수 있으면 지내기가 훨씬 수월해요.

세 번째는 건강관리예요. 평상시 꾸준한 운동이나 섭생을 통해 건강관리를 잘해두어야 해외에서도 건강하게 지낼 수 있어요. 단원들이 파견되는 국가는 경제적으로 우리나라보다 취약한 경우가 대부분이므로 의료수준도 낮아요. 우즈벡의 경우 여기서 갑자기 큰 질병에 걸리면 응급구조 헬리콥터를 타고 두바이로 간대요.

물론 파견 전 보험에 가입하지만 한번 출동하면 1억 원의 경비가 지출된다고 하는데, 두바이에 도착하더라도 시급한 응급처치만 하고 다시 한국으로 가야 해요. 치아 관리도 필수예요. 치과 진료 시 시간도 많이 걸리고 치료 과정이 괴로울 뿐만 아니라 치료 결과를 신뢰할 수 없기 때문에 되도록이면 치아를 튼튼하게 유지할 수 있도록 각별한 노력이 필요해요.

코이카에 지원하려면 어떻게 해야 하나요?

코이카에서는 1년 또는 2년 과정으로 봉사단원을 연 8회 정도 모집하고 있어요. 자신에게 맞는 정보나 분야를 알아보려면 사전에 개최하는 설명회에 참석해서 질문하거나 홈페이지*를 통해 자세한 정보를 알아보면 돼요. 지원서 제출 후 1차 선발이 되면 건강검진을 하고, 최종 합격하면 영월이나 서울의 연수원에서 6~7주간의 교육을 받게 돼요. 교육 수료 후 현지로 파견되면 다시 현지어를 중심으로 7주간 적응훈련을 받은 후에 자신의 근무지로 파견돼요.

파견 시기는 국가별로 조금씩 달라서 교육 수료하자마자 가야 할 경우도 있고, 한두 달 기다렸다가 파견되는 경우도 있어요. 또 파견되는 근무지에 선임 단원이 있을 경우 적극적으로 도와주므로 비교적 쉽게 적응할 수 있어요. 모집 시기부터 파견될 때까지 소요되는 기간은 통상 6~8개월 정도예요.

현재 우즈벡에서 활동하는 단원은 약 50명으로 그중 한국어 교육 분야가 56%이고 컴퓨터 분야 14%, 농업, 전기 전력, 용접, 유아교육, 물리치료, 미술, 병원 등에 1~2명이 활동하고 있어요. 연령별로는 50대 이상이 거의 80%(우즈베키스탄에 특히 고령자 다수 배치)이고, 남녀 비율은 7 대 3 정도예요.

* KOICA 홈페이지(http://www.koica.go.kr) 〉 국민참여 · 일자리 〉 개발협력 좋은 일자리

26 도시개발 위에 토지보상 있다

토지보상전문 행정사

행정사 단독으로는 직업으로서 조금 부족한 면이 있어서 대부분 공인중개사, 직업소개소 및 다른 사무소와 겸업하는 경향이 강하다. 이재형 은퇴자는 각고의 노력으로 독보적인 전문분야를 개척하여 토지보상전문 행정사로서의 길을 넓혀가고 있었다.

퇴직 후 소감 한 말씀 해주세요.

퇴직하고 나니까 평생 직장생활로 매여있던 몸이 자유롭게 되었다는 것만으로도 좋았지요. 30년 넘게 고생했으니까 한두 달 쉬어 보자는 생각으로 아무것도 하지 않고 쉬었어요. 하지만 쉬는 것도 한계가 있더군요.

퇴직 후 처음엔 안 해본 걸 해보겠다는 생각으로 이곳저곳 돌아다녔어요. 오전에는 지하철 타고 안 가본 곳을 찾아다녔어요. 지하철이 닿는 곳이면 어디든 돌아다녔어요. 의미 없는 일이었지만, 지금은 그때

이재형(66세)

2017년 12월 말 공무원 퇴직, 2013년 12월 26일 직장 재직 중 '일반행정사' 자격증 취득, 퇴직 후 토지보상전문 강의 수강(3개월), 2018년 2월 토지보상전문 행정사 이재형사무소 개업(부천), 중앙토지보상학회 정회원

가 그립네요.

그리고 퇴직 후 가족들로부터 감사패를 받은 것이 무엇보다 뿌듯했어요. 가족들에게 가장으로서 인정을 받았으니 60년 세월이 헛되지 않았던 거지요.

이재형 행정사

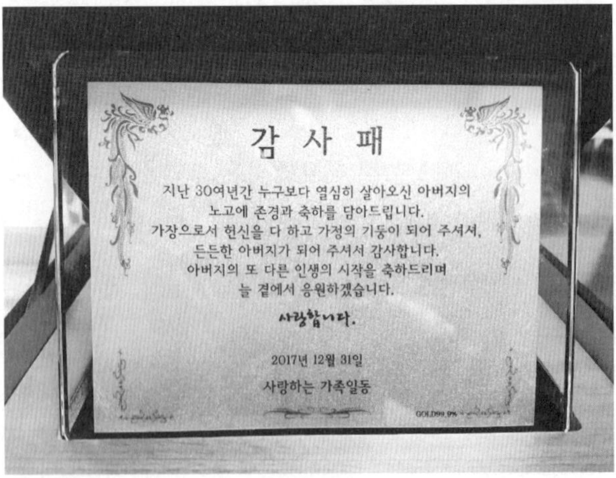

가족 감사패

퇴직 후 뭐든 해야 한다는 생각은 가지고 있었어요. 재직 중에 행정사 자격증을 딴 것 외에는 딱히 준비된 게 없는 상태에서 나이가 차서 후배들을 위해 정든 직장을 나와야 하니까 조금은 서글픈 면도 없잖아 있었어요. 그러다가 '아! 벌써 세월이 이렇게 갔구나'라는 생각을 하니까 많이 우울해지더라고요.

현재 어떤 일을 하고 계시나요?

간단하게 말해서 토지보상 관계 일은 토지 소유자의 보상금을 증액시켜주는 일이에요. 자기 땅 보상금을 더 받을 수 있다는 것조차 모르는 사람들에게 정보를 제공해주면서 보상금을 더 받게 해주는 일이지요. 시간은 좀 걸리지만, 토지 소유자들이 만족해하고 저도 이 일에 대한 자부심이 아주 커요.

저에게 처음 보상 의뢰가 들어온 곳은 충북 옥천이에요. 옥천은 대전 바로 옆에 있는 군 단위 시골 동네였는데, 거기 어르신들과 얘기하다 보니까 옛날 의식들이 아직도 남아 있어요. 토지보상과 관련해서 시·군청에서 어련히 알아서 잘 계산해주지 않았겠느냐며 무작정 믿는 거예요. 근데 실질적으로 제가 분석해보면 법정 금액에 못 미치는 경우가 상당히 많았어요. 지역 주민에게 그 금액을 알려줬는데도 그러냐고 하면서 생각을 못 바꾸고 반신반의하는 모습을 보였어요. 그냥 사업시행자가 던져주는 대로 합의해버리는 거죠. 그래서 '권리 위에 잠자는 자는 보호받지 못한다'라는 논리로 설명하지만, 그걸 이해하지 못하는 일이 많았어요.

그런 상황에서는 새로운 가격 형성이 안 되는 거죠. 하나라도 이의 제기를 해서 토지보상 가격을 높여놓으면 그게 표준이 되어 옆의 토지도 같이 올라가는 거거든요. 한 사람만 잘 뚫어놓으면 주변 사람들에게 소문이 퍼지고 연결되어서 일이 계속 이어져요.

행정사라는 직종이 아직 완전히 정착되지 않아서 안타까운 일들이 많아요. 일을 시작할 때 변호사처럼 착수금 조로 받아야 하는데, 그것도 못 하고 있어요. 보상금 증액분의 10%를 수수료로 받고 있는데, 모두 후불제예요. 한 건이 완결될 때까지 드는 비용은 행정사 본인 부담으로 해야 하는 부분이 과도기적 진통이지요. 시간이 좀 걸릴 것 같아요. 그러나 경험적 노하우가 쌓여가고 영업적 측면에서 수입 확대로 이어지면서 행정사의 기반을 탄탄하게 다져가는 중이에요.

어떤 과정을 거쳐서 현재의 일을 하게 되셨나요?

퇴직 후 좀 쉬다가 '이렇게 넋 놓고 있어서는 안 되겠구나. 뭘 좀 해야겠구나'라는 생각을 하고서 뭐든지 할 수 있는 일, 또는 시간을 보낼 수 있는 일을 찾아서 정신없이 돌아다녔어요. 정해진 것 없이 막연히 찾으러 다녔지요. 그 와중에 자비를 들여서 경매사 자격증 공부를 몇 개월 했고요. 품질관리사 자격증도 몇 개월 공부해봤고, 토지보상 관계 강의도 강남에 있는 학원에 가서 자부담으로 3개월 수강했지요.

저에게 맞는 일을 찾는 데 6개월 정도 걸린 것 같아요. 이 기간에 뭔가를 찾을 수 있었다는 것은 저에게는 대단한 행운이었지요. 현직에 있을 때 좀 더 일찍 발견했으면 좋았을 텐데 하는 생각도 해봤어요.

이런 노력이 열매를 맺어서 지금 하는 일로 정착된 거예요. 보상 관련 일이라는 게 쉬운 일이 아닐 뿐만 아니라 전문적인 공부를 많이 해야 해요. 보상 관련 서류인 행정심판 이의서를 작성하는 방법부터 토지 감정평가 자료를 분석하는 법, 토지 현장 분석법, 판례 보는 법까지 체계적으로 알려주는 강의를 3개월 정도 들으니까 '아! 이게 내가 해야 할 일이구나!' 하는 느낌을 받았어요.

행정사 교육을 받을 당시에는 출입국관리, 음주운전, 토지보상이 경쟁이 많지 않은 시장이었어요. 토지보상을 하겠다고 하는 사람이 별로 없었어요. 어렵기도 하거니와 교육비가 꽤 비쌌기 때문에 수강하는 사람들이 소수였어요.

한국토지주택공사(LH), 철도공사에서 한 분야만 30~40년 동안 일한 사람들은 보상 쪽 일이 할 만해요. 그런데 군인처럼 다른 분야에서 일하다가 보상 일을 공부해서 새로 하면 조금 힘들 거예요. 제가 배울 때도 그랬지만, 잠재적 경쟁자들이기 때문에 새로 진입하려는 사람들에게 잘 안 가르쳐줘요. 저도 이 일을 배운 후에 한 분야에서 하나둘씩 사례별로 전문지식이 쌓이기 시작하고, 업무적으로도 세세한 부분까지 노하우가 축적되다 보니 전문가가 되어가는 거지요.

평소 어떤 식으로 일이 진행되나요?

전국 토지를 대상으로 하는 사업이니까 일이 있으면 어디든 출장 가는 거예요. 충북 옥천을 시작으로 김포, 대전, 파주, 연천, 양평, 춘천 등 현장으로 달려가서 기본 현황을 파악하고 올라오는 거예요. 현장에 답이 있으니까 거기서 뚜렷한 쟁점을 찾아요. 의뢰인과 계약 후 정보공개 요청을 하고 감정평가서를 확인해보면 관련 규정에 있는 현황대로 평가되어야 하는데, 그렇지 않은 것들이 있어요. 그래서 현장조사가 가장 중요해요.

토지보상은 전국 공공기관에서 추진하는 도시개발 공공주택 등 사업시행방식이 '수용·사용 방식'*으로 고시된 것들이 모두 저한테는 일거리가 되는 거예요. '토지의 세목조서'에 나오는 토지별 소유자에게

---

* 정부나 지방자치단체가 토지보상금을 주고 강제로 취득하여 도시개발 토지를 조성하는 방법으로 계획적이고 체계적인 도시개발이 필요할 때 사용하는 방식

토지보상 관련 자료를 보내요. DM(direct mail, 우편물 광고)이라는 영업 행위를 통해 나를 알리는 거죠. 그분들에게서 연락이 오면 가서 일해주는 거예요. 토지 소재지 현장을 꼼꼼하게 조사·분석한 다음에 감정평가서도 현장과 비교 분석하면서 쟁점을 찾고, 또 이의신청해서 행정심판에서 이기는 방안도 함께 찾아야 해요. 최종적으로 이기는 방안은 판례에 있어요. 그걸 잘 찾아내는 것이 관건이에요.

제가 처음 보상금 증액에 성공한 곳은 김포였는데, 협의금액이 4억 원 정도였어요. 증액된 보상금이 3천만 원이었으니까 그 금액의 10%인 330만 원이었어요. 그동안 옥천에서 까먹은 것과 현장 조사한다고 쓴 비용 등을 생각하니까 까먹은 것 복구한 것밖에 안 되어서 기분은 좋았지만 크게 기뻐할 수는 없었고 이제야 뭐가 좀 되어가는구나 싶었지요.

◎ 이 일을 해보고 싶은 사람이라면 어떤 준비를 하면 좋을까요?

일단 행정사 자격증을 취득해야겠지요. 그다음에 '보상'이라고 하는 것이 법에 근거를 두고 있어서 가장 기본이 되는 「토지보상법」을 깊이 있게 공부해야 해요. 유튜브 같은 데서도 많이 소개되어 있으니까 강의를 많이 들어보고 나름대로 법 공부도 충실히 한 다음 실무를 익히는 것이 순서예요. 실무는 토지보상 전문 법인에 들어가서 하나하나 배울 수도 있고, 개인 행정사사무실에서 배울 수도 있어요. 자기 취향에 맞는 방법을 선택하시면 돼요.

처음에 토지보상 전문 강의를 들을 때만 해도 퇴직 후 해이해진 상태에서 '뭐 별거 있겠어?' 하고 만만하게 봤다가 진짜 어렵게 공부했던 기억이 나요. 늘 마음의 준비는 신입사원이라고 생각하는 것이 중요한 것 같아요.

일을 하면 할수록 업력이 쌓이고, 또 토지보상 관련 법이 살아있기 때문에 자꾸 바뀌니까 그에 맞춰서 공부를 계속해야 해요. 또 약간의 변화에도 적절히 응용해야 하는 부분이 있어서 연구하지 않으면 살아남을 수 없어요. 저도 이 일에 어느 정도 자신감이 붙기까지 2년이라는 세월이 필요했어요. 처음에는 토지 소유자와 만났을 때 설명하는 것도 힘들었거든요.

이 직종만의 매력은 뭔가요?

생각지도 못했던 추가 금액을, 그것도 큰돈을 받게 해주니까 토지 소유자들이 너무너무 좋아해요. 몇억 원이 증액되는 보상건도 있었어요. 오늘 최종 재결이 있는 날인데 확정만 된다면 아주 큰 돈을 추가로 받게 되는 거죠. 그런 면에서 자부심이 대단해요. 의뢰인의 재산을 불려준다는 측면에서 매력이 있는 것이고, 의뢰인의 재산이 불어나는 만큼 제게도 수익이 돌아온다는 것 또한 매력이라고 할 수 있죠.

가장 힘든 순간은 언제였나요?

토지보상금 증액 절차는 수용재결(지방토지수용위원회), 이의재결(중앙토지수용위원회), 행정소송(1·2·3심)의 세 종류가 있는데, 단계별로 감정평가를 다시 하고 보상금을 재산정하여 증액할 수 있는 여지가 있어요. 단계마다 보상금을 추가로 더 받을 수 있는 거지요.

한 의뢰인은 협의금액이 4억 원 정도였고 수용재결(1차 증액)에서 6천만 원 증액된 사례인데, 2차로 중앙토지수용위원회에 이의신청하여 이의재결(2차 증액)에서 최종 기각되었어요. 며칠 전 이의재결된 건으로 중앙토지수용위원회에서 저한테 우편물이 왔지만, 토지소유자한

수용대상 현황 조사서

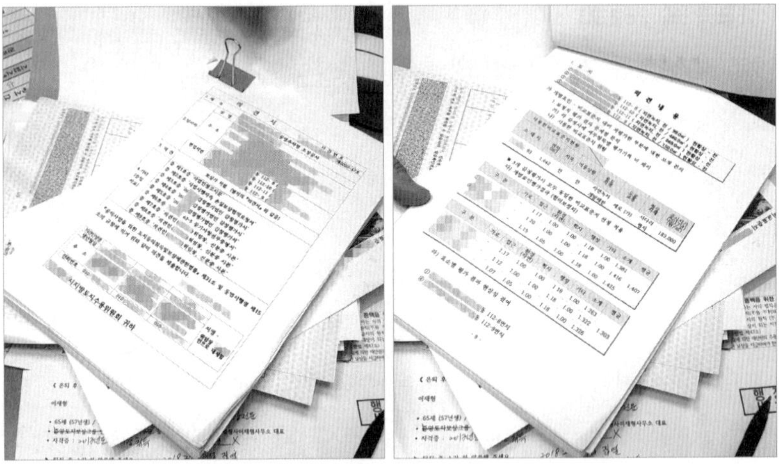

의견서, 의견 내용

테 얘기를 못 하고 있어요. 증액 가능성을 보고 열심히 일했는데, 기각되었을 때 제일 힘들어요. 처음 겪는 일인데 토지 소유자도 추가 금액을 못 받지만, 열심히 일한 저도 수수료를 못 받는 거지요.

이 일을 하시면서 보람을 느꼈던 일이 있으시다면?

토지보상에서는 돈과 관련된 거라 많이 받는 것이 가장 보람되지요. '천왕~광명(금오로) 광역도로 시흥구간 개설공사'가 있었는데 그와 관련된 토지 소유자 한 분은 1억 원 이상 증액된 금액을 보상받았고, 저는 수수료로 1천만 원을 받은 적이 있었어요. 그때가 제일 보람된 순간이었죠.

전망은 어떨까요?

"도시개발이 있는 한 토지보상은 계속된다."

토지보상과 관련된 전망은 아주 좋다고 봐요. 3기 신도시 개발한다고 정부에서 발표한 것도 있지만, 시 · 군에서 여러 가지 개발사업을 계속해야 하니까 일이 생길 수밖에 없거든요. 그런 측면에서 통일까지 바라본다면 일거리는 어마어마하지요.

저와 행정사 일을 협업하는 분으로 서울에 있는 40대 여성 한 분은 본인에게 완전히 생소한 행정사에 도전해서 자격증을 취득했어요. 잘 알지도 못하는 분야이지만 도전하니까 되더라고요. 지금까지 아주 잘하고 계시고, 토지보상과 건축 분야는 좀 미흡한 부분이 많아서 저와 상호 업무 협의를 하며 상부상조하고 있어요.

수입은 어느 정도 되나요?

수입은 예상하다시피 들쑥날쑥해요. 10~20% 수수료가 제 수입이 되는 건데, 하기 나름이거든요. 저하고 같이 교육받은 사람 중에 열심히 일해서 한 달에 1천만 원 이상 벌기도 해요. 영업행위를 열심히 하는 만큼 수입은 늘어나요.

변호사 소개비, 감정평가사 소개비, 법무사 소개비, 세무사 소개비도 가끔 수입이 돼요. 행정사 업무가 다양한 분야와 얽혀 있기 때문이지요.

초기사업자금은 어떻게 되나요?

보상 일 자체가 컴퓨터만 있으면 할 수 있어요. 제 컴퓨터는 제2 인생 출발을 축하한다며 우리 애들이 퇴직 기념으로 사줬어요. 책상과 의자는 중고가구점에서 샀지요. 현재 사무실 임대료는 월 25만원이에요. 업무 성격상 사무실 입지 조건이 좋아야 하는 것은 아니거든요. 상가 쪽에서 약간 뒤편에 위치해도 상관없어요.

토지보상과 관련해서 한 건의 일을 해결하려면 행정사, 변호사, 법무사, 세무사, 은행 등 이런 시스템이 유기적으로 작동할 수 있어야 빠르고 정확하게 일할 수 있어요. 이 시스템을 갖추려면 1년 이상 소요돼요. 그래서 1년 정도는 고정비용을 최소화할 방법을 찾아야 해요. 예를 들면 큰 사무실 한편을 얻어 쓴다든지, 아니면 임차료 조금 보태는 식으로 고정비용을 최소화해야 한다는 얘기죠.

27 시골에도 일자리 많아

탁구 강사 · 공공기관 계약직 근로자

퇴직 후 어떻게 지내셨는지와 소감을 말씀해주신다면?

은퇴할 날이 오겠지만, 은퇴에 대해 크게 생각하지는 않았어요. 막상 해보니까 첫날부터 적응이 안 되는 거예요. 딱 퇴직하니까 없어진 게 있어요. '자리', '명함', '직위'. 이런 것들이 없는 날이 오니까 딴 사람이 된 것 같았어요. 제가 가장 두려워한 것은 그래도 퇴직 전에는 '○○장님'이라고 불러줬는데, 퇴직 후에는 존재감 없는 동네 아저씨가 된 거지요. 알고는 있었지만, 그냥 '김 씨'로 살아가야 하는 나의 모습에 일주일 동안 힘들었어요. 그래서 '숲 해설사' 자격증을 따려고 공부를 시작하게 되었어요. 숲 해설사를 하면 선생님이라고 불러주잖아요. (웃음) 숲 해설사 자격증은 취득했으나 현재는 활동하지 않아요. 지금 활동하고 계신 분들이 그만둬야 할 수 있어요. 그분들을 밀어내고 들어가고 싶지는 않았어요.

여기서 탁구 강사를 하게 된 동기가 있어요. 차로 3~4분 거리에 있는 칠성면사무소에 놀러 갔다가 탁구동호회 회원들하고 탁구를 하

김세일(65세)

2018년 6월 말 공무원 퇴직, 탁구 강사 활동(탁구지도자 자격증 보유, 괴산군 칠성면사무소 주민자치프로그램), 국립농산물품질관리원 충북지원 괴산사무소(공익직불제 이행점검요원, 7개월 계약직 근로), 숲 해설사(자격증 취득), 느티울합창단(테너) 취미 · 봉사활동

김세일 은퇴자

게 되었어요. 그 이후 탁구 실력이 좋다는 걸 알아보고 회원들이 나를 찾아온 거예요. 탁구 좀 가르쳐달라고. 재능기부 좀 해달라고. 흔쾌히 승낙했지요. 그때부터는 '김 씨'가 아니라 '강사님', '코치님' 이렇게 불리게 되었던 거지요.

'코치님'이라고 불러주면서 인사도 하고, 차 한잔 대접도 받고, 하지 말라고 해도 해주는 이유는 내 탁구 실력을 인정해주는 거거든요.

지금은 현직에 있을 때보다 더 바빠요. 현직은 주어진 업무 하나만 하면 되잖아요. 지금은 기간제 근로자, 탁구 강사, 합창단, 전업주부 역할도 해야 하니까 엄청 바빠요.

충북 괴산으로 내려오신 특별한 사연이 있으신가요?

아내와 제가 전원생활을 너무나 좋아해서 퇴직을 앞두고 '전원마을'로 인터넷 검색을 하니까 충북 괴산군 칠성면 사은리 1만 5천평에 '저탄소 녹색 전원마을'을 조성한다고 나오더라고요. 아내와 함께 현장에 가봤지요. 괴산군과 미루마을추진위원회가 협약식도 한 것으로 봐서 믿을 수 있었어요. 주변을 둘러보니까 풍경이 너무 좋아서 바로 계약했지요. 2011년 4월 총 57가구가 입주를 시작하여 지금에 이르고 있지요. 대학생, 고3 자녀가 있음에도 아내는 먼저 내려와서 집 관리를 할 정도로 전원주택 생활을 좋아했어요. 일을 저질러버렸지요.

탁구는 어떻게 시작하셨나요?

1980년대 말 직장 회의실 한켠에 탁구대가 하나씩 있었어요. 점심 먹고 나면 탁구대로 모였지요. 처음에는 초보 실력이라 핀잔을 많이 들었어요. 그때 결심했어요. 탁구 교습도 받고 독학도 열심히 해서 여기 있는 사람들 모두 물리치겠다고 결심하고 탁구에 미치다시피 빠져들었어요. 직장 탁구동아리 대표를 하면서 승승장구 발전한 거지요. 탁구를 열심히 했더니 지금 신체 나이가 40대래요.

탁구 강사 자격증을 취득하게 된 특별한 사유가 있나요?

뭔가 의미 있는 일을 해보고 싶어서 탁구 강사 공부를 하게 되었어요. 전라북도 무주에 가서 2박 3일 합숙훈련까지 받고 나서 강사 자격증을 취득했어요. 30년 이상 탁구를 했지요. 은퇴 후에 이렇게 써먹게 될 줄은 꿈에도 몰랐어요. 준비하는 자만이 기회를 잡을 수 있다는 걸 느꼈어요. 지금은 생활체육과 엘리트체육이 합쳐져서 강사 자격증 취득하기가 힘들다고 하더라고요.

탁구 자격증

탁구 강사 활동을 여러 군데서 하시나요?

괴산군 칠성면사무소 주민자치프로그램인 탁구교실 강사를 하고 있으니까 소문이 나서 중학교 방과후교실로 한 군데 더 하게 되었는데, 코로나 사태로 보류되었어요. 수강생이 프로그램당 10~15명 정도 되고 주 2시간씩 가르쳐요. 강사료는 월 30만 원으로 두 군데서 하니까 한 달에 60만 원은 고정적으로 벌죠. 어떤 직업에 온종일 매어 있는 것이 싫어서 시간제로 할 수 있는 일을 찾다보니까 제 재능도 살리고 시간에 구애받지 않고 할 수 있는 일이 탁구 강사였던 거죠.

국립농산물품질관리원 계약직 근로자는 어떻게 아시고 시작하게 되셨나요?

퇴직 후 아내가 직장에 가고 나면 제가 집에서 요리해야 하는데 아는 게 없어서 올해(2020) 2월에 괴산군 농업기술센터에서 운영하는 '혼밥족을 위한 생활 요리 교육'을 받으러 갔어요. 교육 중에 질문도 많이 하고 솔선해서 일도 하는 등 재미나게 했지요. 3주째 되던 날 농산물품질관리원에서 공익직불제 계약직 근로자 공개모집이 있다는 얘기를 듣고 응모하게 되었지요. 저는 어디를 가든 활동적으로 사람들과 어울리고, 일을 적극적으로 하기 때문에 면접에서도 무난히 통과될 수 있었던 것 같아요.

계약직 근로는 몇 년 계약하신 건가요?

올해 5월부터 11월까지 7개월 동안 근무하고 겨울에는 쉬었다가 내년에 다시 뽑으면 응모하는 거예요. 주민이 공익직불제* 직불금 신청을 하면 우리가 신청 농가와 농업인들에게 부과되는 준수사항 의무 이행 여부를 점검하게 돼요. 올해 공익직불제는 준수사항**이 기존 3개에서 17개로 확대됐고, 이를 이행하지 않으면 받을 수 있는 직불금이 감액돼요.

---

* 2020년부터 새롭게 시행하는 공익직불제는 농업활동을 통해 환경보전과 농촌 공동체 유지, 먹거리 안전 등 공익증진을 위해 농업인이 실천해야 할 준수의무사항 강화를 위해 분야별 이행 여부를 확인하여 농업인들에게 보조금을 지원하는 제도다. 그동안은 '쌀직불, 밭직불, 조건불리직불 등'으로 분리해서 직불제를 신청했으나, 올해부터는 '기본형 공익직불제로 통합'하여 신청하고 '친환경직불, 경관보전직불, 논활용직불'은 기본형공익직불제에 추가하여 신청할 수 있다.

** ① 농지형상 · 기능 유지 ② 농약 · 비료 사용기준 준수 ③ 농업 · 농촌 공익기능 증진 관련 교육 이수 ④ 마을공동체 공동활동 참여 ⑤ 개인 영농기록 작성 및 보관 등이 있다.

◎ 탁구 강사와 계약직 근로자의 매력은 뭔가요?

탁구 강사로서 수강생들을 가르쳐야 하는 상황이니까 유튜브를 본다든지 책을 읽는다든지 해서 새로운 기술을 연구하고 스스로 더 노력하게 돼요. 자기 발전도 되고 재능기부도 하게 되니까 일거양득이죠. 그리고 계약직 근로자는 퇴직 후에 제가 다시 옛날같이 직장생활을 한다는 데 큰 매력이 있는 거죠. 새로 시작하는 그 느낌이 정말 좋아요. 친정 같아요. 같이 일하는 근로자 남자 넷은 저와 연령대가 비슷하고, 여자 둘은 40대 후반으로 아주 잘 통해요.

◎ 힘들 때도 있었을 것 같은데요.

현직에 있을 때는 스트레스를 많이 받았는데, 은퇴 후에는 내가 좋아하는 일을 하니까 그렇게 힘든 줄은 모르겠어요. 그런데 시골의 특성은 '텃세'라고 할 정도의 자기들만의 영역 또는 벽이 있어요. 외지인에게는 그런 부분에서 드러내놓고 얘기를 잘 안 해요. 굴러온 돌이 박힌 돌을 뺀다는 말이 있듯이 확실히 알 때까지는 경계하면서 마음을 잘 안 열어요. 그걸 뚫고 나가기가 조금 힘들 때가 있지요. 여기서는 내가 마음을 확 열고 적극적으로 뚫고 나가야 그들과 섞일 수 있어요. 사람과의 관계가 제일 힘들었지만 제가 적극적으로 파고들면서 친해지니까 지금은 괜찮아요.

◎ 기억에 남는 에피소드가 있다면 소개해주세요.

다양한 탁구대회에 출전해서 각종 상을 많이 받았어요. 전국대회뿐만 아니라 소규모 대회까지 나갔지요. 괴산에 와서는 저와 견줄

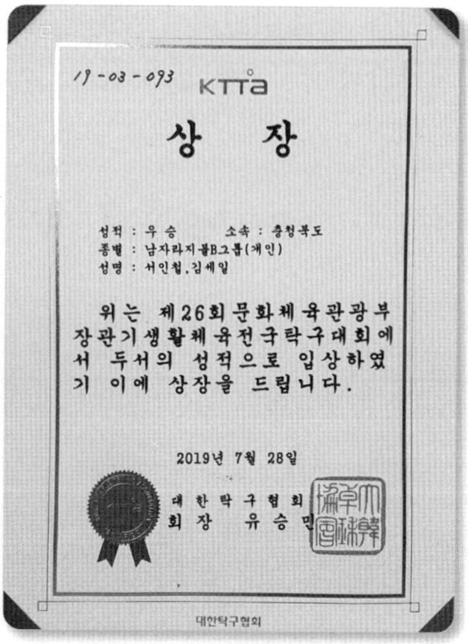

탁구 경기 우승 상장

사람이 없어요. 그래서 괴산을 벗어나 충주, 청주, 증평, 진천, 음성 등 대회에 출전해서 탁구로 저를 홍보하고 다녔어요. 그랬더니 지금은 충청북도 60대 대표선수가 되었어요.

2018년도엔 120만 원 자부담으로 일본 '라지볼' 탁구 모임에도 다녀왔어요. 국가대표는 아니지만, 실질적으로는 국가대표와 비슷한 자격으로 일본사람들을 상대로 탁구 시합을 했지요. 마지막 날 일본 주최 만찬에서 자기소개 시간이 있었는데, 저는 소개 대신 「오! 솔레미오」 노래를 불렀어요. 굉장히 좋아하더라고요.

기간제 근로자 일에서는 현장 조사하러 나가니까 밭에 집이 지어져 있었어요. 집주인은 작년에 집을 지었다는 거예요. 네이버나 다음 포털 위성 사진을 참고해서 활용하는데, 보통 2년 전에 촬영한 사진이라 작년에 지은 집은 안 나타나죠. 그래서 괴산군청 건축 담당 팀장한테 전화해서 건축허가 후 착공신고한 명세 1년 치 700건을 공문으로 신청한 후 자료를 확보했지요. 이 자료를 신청내용과 대조하면 걸리지

잖아요. 이걸 착안해서 업무에 활용한 예도 있어요. 이 착안 사항을 품질관리원 괴산지부 우수사례로 쓰겠다고 하더라고요.

전망은 어떨까요?

농촌도 고령사회이고, 여가활동에 관심이 높아지고 있기 때문에 은퇴자들이 지역주민과 함께할 수 있는 것이 있다면 그 이상 좋은 것이 없을 거예요. 탁구는 모르는 사람이 없으니 접근하기도 쉽지요. 그러나 탁구 강사는 면 단위 주민자치프로그램 강사를 채용할 때도 자격증이 있어야 해요. 시골에서는 강사료가 적기 때문에 지원자가 거의 없어서 저 같은 사람에게는 희소식이죠. 그러나 시골은 특성상 사람들과 먼저 친해져야 해요. 그런 다음 다양한 방법으로 지역사회에 파고들어 자기를 홍보하다 보면 기회가 오더라고요.

생각보다 시골에 일자리가 많더라고요. 강 지킴이, 산불감시원 등 은퇴 후 일할 수 있는 분야를 찾아보면 많아요. 그리고 직장생활해보신 분들을 어느 정도 선호하는 분위기도 있어요. 작업 후 서류정리, 전산작업 등 업무적으로 도움을 줄 능력이 있는 분들이니까요. 저도 마찬가지예요. 은퇴한 지 얼마 안 되어 서류작업이나 새로운 착안 사항 등 업무에 조금이라도 도움을 주게 되니 담당자가 굉장히 좋아해요. 그래서 시골에서는 은퇴자에게 오히려 기회가 더 많을 것 같아요. 지금 기간제 근로자로 함께 일하고 있는 남자 네 명 모두 은퇴자예요.

수입은 어느 정도 되나요?

현재는 탁구 강사 1개 프로그램에 30만 원, 계약직 월급 170만 원에 출장비 매월 20만 원(기름값) 합해서 200만 원 조금 넘게 벌고 있어요. 돈을 번다는 생각보다 봉사활동이나 재능기부한다는 생각으로 일하니까 건강도 챙기고 용돈도 벌 수 있게 되었어요.

이 직업을 선택하려는 후배들에게 한 말씀 해주신다면?

퇴직 10년 전부터 자기가 좋아하고 재미있게 할 수 있는 일 하나를 꼭 준비하라고 얘기해주고 싶어요. 나오면 바로 이어질 수 있도록. 무엇보다 좋아해야 해요. 좋아하지도 않으면서 돈만 벌겠다고 하면 오래 못 가요. 좋아하니까 극복할 수 있는 길도 생기는 거예요.

퇴직자를 위한 은퇴 설계 교육 때 강사가 하는 말이 "현직에 있을 때 받은 월급의 10%만 벌면 된다"라고 했어요. 지금 저는 그것보다 훨씬 많이 벌고 있잖아요. 성공한 거지요. 탁구 하나로 인해 재능기부하죠, 사람 사귀죠, 선생님으로 대우받죠, 제가 좋아하는 거 하죠, 돈도 벌죠.

28 나 자신을 내려놔라
대리운전기사

2019년 11월 인터뷰를 시작할 때부터 대리운전에 대해 관심이 많았다. 대리운전은 본업이든 부업이든 투자금 없이 맨몸으로 뛰어들 수 있어서 선호도가 높을 것으로 판단했다. 은퇴자는 아니지만, 특수 직종의 정보 공유 차원에서 대리운전을 투잡으로 하고 계시는 한 분을 추천받아서 인터뷰하게 되었다. 바로 강삼용 씨다. 대리운전은 자유롭기 때문에 건강만 허락된다면 은퇴 이후에도 본업이든 부업이든 충분히 해볼 만한 업종이다.

투잡을 하게 된 동기가 있나요?

식당에 식자재 납품사업을 운영할 때 납품 이후 시간이 많이 남아서 다른 일을 투잡으로 하면 시간 낭비도 없게 되고 돈도 벌 수 있는 일석이조가 될 것 같아서 이런저런 일을 찾아보게 되었어요. 일반 알바는 몇 시부터 몇 시까지라는 시간적인 제약과 불가피한 사정이 생

강삼용(50세)

본업: 식당 식자재 납품사업체를 운영하다가 중소기업 영업관리로 업종 변경
부업: 대리운전기사(퇴근 후 19:30~다음날 최장 02:00) 2018년 3월 식자재 납품사업체 운영 중 여유시간을 활용하기 위해 '카카오T대리'에서 대리운전 시작

겼을 때 시간 내기가 어려웠기 때문에 선택할 수 없었어요. 제가 운전을 좋아하니까 자연히 그쪽 관련 일을 찾게 되었어요.

투잡을 안 하면 여유 있는 시간이 친구와 술로 연결되어 불가피하게 낭비되는 부분들이 많더라고요. 술을 자제하니까 건강도 좋아지고 가계에도 도움이 되더군요.

대리운전 분야에 대해 소개 부탁드립니다.

대리운전에 대해서는 너무나 많이 알려져 있어서 따로 설명할 필요는 없을 것 같고요. 대리운전은 기본적으로 만 19세 이상(민법상 성인) 그리고 2종 보통 이상 운전면허 소지자여야 할 수 있어요.

오늘 바로 하고 싶다면 대리운전 사업자(회사) 상황실에 전화해서 대리운전하고 싶다고 얘기하면 돼요. 카카오T대리는 일단 구글 '플레이스토어'에서 카카오드라이버 대리기사용 앱을 다운받아 깔면 그곳에서 접수해요. 기본 자격조건은 2종 보통 이상 운전면허를 취득하고 1년 이상 경과된 사람만 지원 가능하더라고요.

강삼용

◉ 어떤 과정을 거쳐서 이 일을 하게 되셨나요?

몇 년 전 음식점에 식재료 부자재 납품하는 사업을 했어요. 경기가 점점 안 좋아지니까 주문은 줄어들죠, 직원 봉급날은 빨리 다가오죠, 어쩔 수 없이 남는 시간을 활용하여 가계에 보탬이 되기 위해 투잡을 하기로 결심했지요. 가장 접근하기 좋은 것이 대리운전이었어요. 일하는 시간이 자유롭고, 금전적 투자 부분도 없으면서 가계에 어느 정도 뒷받침이 되니까 저에게는 가장 적합한 투잡 직종이어서 부담 없이 뛰어들 수 있었어요. 앞서 얘기한 사업은 접고 지금은 중소기업 영업관리직에 종사하고 있어요.

대리운전을 하려고 인터넷 검색을 해보니까 마침 '카카오T대리'에서 기사 모집을 한다는 소식을 알게 되었어요. 응모했는데 취업조건이 좀 까다로웠어요. 심사 기간이 3일에서 일주일 정도 소요되었고, 음주운전 경력이나 운전면허 소지 여부 등 결격사유가 없어야 합격할 수 있더라고요.

가장 많은 대리운전자가 가입한 업체는 '카카오T대리'로
2020년 4월 기준 15만 명 수준

▷ '20년 대리운전자별 사용하는 관제 프로그램 조사 결과, '카카오T대리'가 90.7%, '로지'(68.4%), '아이콘'(26.9%) 순

▷ '13년 실태조사 결과, '로지' 사용 운전자 비율이 75.9%, '콜마너'(65.7%), '아이콘'(27.8%)

▷ '16년 카카오T대리 서비스가 개시된 이후로 로지 및 콜마너 이용자가 크게 감소함

국내 대리운전 산업 현황

구분	2013	2020
대리운전 업체 수	3,851개	3,058개
대리기사 수	87,000명	163,000~165,000명
대리기사 평균 사용 프로그램 수	2.1개	3.0개
월평균 대리운전 근로일 수	24.1일	21.7일
일평균 대리운전 운행횟수	5.5회	5.4회
대리운전 알선 수수료율	-	평균 22.7%

출처: 국토교통부 '대리운전 실태조사 및 정책연구' 최종보고서(2020.4)
※ 2021.7.13. 내비게이션 1위 '티맵(TMAP)'이 서울, 인천, 경기도 등 수도권에서 대리운전 호출 서비스 '티맵 안심대리' 시작

회사에 다니면서 야간 투잡이 쉽지 않을 것 같은데 어떠세요?

투잡을 한다고 해서 일주일 모두 대리운전을 나갈 수는 없어요. 너무 힘들기도 하고, 또 가정에 대소사가 있을 수도 있고, 회사에 일이 갑자기 생길 수도 있으니까 상황에 맞게 일하고 있어요. 대리운전은 자유롭게 일할 수 있으니까요.

그 당시 '카카오T대리'를 2~3개월 하다가 '로지'로 옮겼어요. 카카오T대리가 생긴 지 얼마 안 된 상황에서 제가 일을 시작했기 때문에 호출(콜)이 많이 뜨지 않았어요. 호출이 뜬다 해도 제가 잘 모르는 지역만 나왔기 때문에 그런 지역을 제가 들어가서 대리운전하고 출발지로 복귀하기가 힘들어지더라고요. 수익성이 떨어져서 베테랑 선배님들한테 여쭤봤죠. 그러자 '로지'를 쓰라고 추천을 많이 해주시더라고요. 로지가 카카오대리보다 호출이 많을 거라고 하셨어요.

로지 프로그램은 대리운전 어느 한 회사에 소속된 것이 아니라 공용 프로그램이기 때문에 어떤 기사든 다 사용할 수 있어요. 로지로 바

꾸고 나서 수입이 갑절 이상 늘었어요. 현재는 로지뿐만 아니라 카카오 대리도 같이하고 있어요. 2~3개 프로그램을 사용하지 않으면 일을 할 수 없어요.

◎ 평소 어떤 식으로 업무가 진행되나요?

처음 시작할 때는 아무것도 모르는 시절이었으니까 본업 일이 끝나면 바로 시작했어요. 대부분 저녁 식사 할 시간인데 욕심 때문에 일찍 나간 거죠. 2~3시간씩 바깥에서 대기하다 보니 확 짜증이 나더라고요. 그러다가 그냥 들어오는 일이 많았죠. 그런 일들이 반복되다가 어느 정도 시간이 지나니까 어느 시간대에 나가면 호출이 많고, 어느 지역에 가면 빨리 대리운전을 할 수 있는지 감이 잡히더라고요.

감이 잡힌 후로는 회사 퇴근 후 집에서 저녁 식사를 한 다음 저녁 7시 30분에서 8시 사이에 나가요. 대리운전을 하고 다음날 새벽 1시에서 2시 사이에 들어오고, 늦으면 2시쯤 돼요.

일단 호출 하나를 잡으면 의뢰인을 찾아가지요. 되도록 가까운 거리, 즉 최장 20분 내로 도착할 수 있는 거리라야 손님이 호출 취소를 하지 않아요. 가는 도중에 호출 취소를 해버리면 난감하지요. 의뢰인을 찾아갈 때는 도보로 가요. 킥보드를 이용하는 사람들도 있는데, 사고 발생률이 높고 고객이 싫어하는 경우도 있어서 저는 이용하지 않아요.

그리고 일단 일하러 나왔으면 집에서 멀리 떨어져야 여러 호출을 뛸 수 있어요. 나갔다가 집 근처로 돌아오게 되면 사람 심리가 묘하게도 다시 집으로 들어가게 되더라고요. 그래서 저는 가능한 한 집 가까이로 안 돌아오려고 해요. 멀리 간다 하더라도 맨 마지막 행선지는 집 근처로 설정하여 돌아오고 있어요. 예를 들어 오늘은 서울 쪽으로 가고 싶다면 설정을 서울로 해놓아요. 그러면 프로그램 화면에 그쪽 호출이 모두 뜹니다. 복귀할 때도 마찬가지로 설정하면 원하는 지역을 우선 배정해줘요.

보험료는 나이에 따라 다르지만, 대리운전 소속회사에서 단체보험으로 약 4,800원 정도 매일 빼가요. 카카오T대리 그리고 로지가 별도로 빠져나가요. 사고 경력이 많으면 프로그램 가입했던 것이 취소되어버려요. 당연히 다른 데 가입도 안 되지요. 1년에 2회 사고 나면 호출에서 제외해요.

또 '충전금'이라는 것이 있는데, 일종의 예탁금이에요. 대리운전 프로그램에 일정 금액을 충전하는 것으로 콜 배차 수수료 20%를 공제하는데, 이것도 충전금에서 빠져나가기 때문에 충전금이 없으면 콜을 잡을 수 없어요. 그런데 카카오대리는 달라요. 카드로 결제한 대리비에서 수수료 20%를 공제하고 다음날 입금해주는 시스템이에요.

업체를 선정할 때 주의할 점이 있나요?

어떤 업체를 선택해도 상관은 없어요. 나에게 콜(호출)이 많이 오는 게 중요하지요. 저도 처음에 잘 알지 못한 상태에서 카카오T대리를 썼다가 콜이 많은 '로지'로 바꾼 경험이 있어요. 그건 대리운전을 하다가 바꾸면 돼요. 더 중요한 것은 손님과 갈등, 마찰이 없어야 해요. 본인이 성격이 까다롭거나 작은 일에도 욱하는 성격이라면 대리운전을 권하고 싶지 않아요. 그리고 대부분 약주를 드신 손님들이기 때문에 정치, 종교 관련 이야기는 안 하는 게 좋아요.

또 저는 대리 출발 전에 손님에게 선호하는 경로를 먼저 물어봐요. 내가 좋아하는 경로가 A이고 손님이 좋아하는 경로가 B라면, B로 가는 거예요. 그래야 다툼을 피할 수 있어요.

이걸 해보고 싶다는 사람이 있으면 어떤 준비를 하면 좋을까요?

기본적으로 면허증*이 있어야 하고요. 일단 체력이 뒷받침되어야 하니까 건강해야 하고, 운전 자체를 좋아해야 해요. 그리고 속된 말로 간, 쓸개 다 내놓고 일할 자세만 되어 있으면 돼요. 긍정적인 효과는 술 많이 드시는 분이 대리운전을 하시면 100% 술 끊게 돼요.

'필요경비'라는 게 있는데 충전금(콜 배정 예탁금 3~5만 원), 프로그램 사용료(매월 1일 1만 5천 원), 사무실 일비(4,800원)가 소속회사로 빠져나가요.

이 일만의 매력은 뭔가요?

자유롭게 일할 수 있다는 게 최고의 매력이지요. 다양하고 많은 사람을 만날 수 있다는 것도 좋은 점이고요. 손님들과 얘기하다 보면 각계각층의 다양한 정보를 얻을 수 있는 것도 장점이 되겠네요. 또 한 가지는 회사마다 약간씩 다르기는 하지만, 매일 현찰을 가지고 들어올 수 있다는 거예요. 계좌 입금되는 것도 있지만, 아무튼 속된 말로 현찰 박치기 업종이라고 할 수 있지요.

가장 힘든 순간은 언제였나요?

겨울이 제일 힘들어요. 장갑을 끼어도, 두꺼운 양말을 신어도 찬바람 속에 있으면 못 움직일 정도로 손발이 얼어버려요. 눈이 내

---

* 1577-1577 자격조건: 신체 건강한 만 26~59세까지의 남 · 여성, 1종 보통(수동) 가능자만 지원. 카카오T대리 자격조건: 2종 보통 이상 운전면허 소지 1년 이상 경과자

리면 더 골치 아파요. 빙판길에 사고 위험을 감수하고 달려야 하니까 그때가 제일 힘들지요. 눈이 많이 내릴 때는 쉬어요. 그 대신에 콜수는 많아지죠. 그리고 대리비도 올라가요. 그럴 때는 내가 가고 싶은 지역을 고를 수 있지요. 선택의 폭이 넓어지는 거죠. 수·목·금요일이 다른 요일보다 수요가 많아요.

그리고 손님과 여러 가지 원인으로 시비가 붙었을 때가 힘들어요. 대리비가 올랐다는 불평이라든지, 자기가 원하는 길로 가지 않았다든지, 약주 많이 드신 손님이 괜히 트집을 잡는다든지 해서 시비가 붙을 때가 있어요. 만약 주먹질한다 그러면 대리기사님들의 원칙이 있어요. 절대 맞서 싸우지 말고 그냥 맞고 경찰에 신고하라고 해요.

약간 다른 경우지만, 저도 경찰서에 신고한 적이 있어요. 치마 입은 여성분이 손님이었어요. 목적지에 도착했는데도 일어나질 않는 거예요. 이럴 때는 무조건 문 닫고 차에서 내려야 해요. 깨우다가 잘못하면 성희롱으로 걸려들 수도 있거든요. 바로 경찰서에 신고했죠. 자초지종을 설명하면 고맙게도 경찰들이 바로 와주더라고요. 또 남자 손님 중에는 집 앞에 왔는데도 대리비 안 주려고 진상을 부릴 때가 있어요. 그럴 때도 경찰을 부르면 오셔서 다 정리해주세요. 저는 112를 정말 고맙게 생각해요. 제 직업의 천사들입니다. 이 자리를 빌려서 감사드리고 싶어요.

◎ 이 일을 하시면서 보람을 느꼈던 일이 있으시다면?

손님들이 먹을 걸 사올 때 대리기사 것도 같이 사와요. 같이 먹자고. 제일 기억에 남는 에피소드는 인천 송도에 사는 사장님이 한 분 계셨어요. 제가 운전을 차분하게 해드렸더니 운전을 너무 잘한다고 칭찬해주시더라고요. 그러더니 다음에 한번 연락해도 되냐고 물어보시길래 언제든지 연락해주시면 맞춰보겠다고 했지요. 몇 주 뒤에 경북 칠곡으로 골프 치러 가야 하는데 시간 되냐고 해서 주말이라 할 수 있다고 했지요. 한 번이 아니고 그런 식으로 서너 번 했어요. 골프 성적이 좋으면 더 얹어주시고 해서 최고 30만 원까지 받아봤어요. 요즘엔 코로나 때문에 연락이 없네요.

기억에 남는 에피소드가 있다면?

아직은 대리운전 자체에 대한 부정적인 시각이 많아요. 일부 손님들은 대리기사를 하층민으로 취급해요. "대리운전하는 주제에~ " 라는 식으로 하대나 무시하는 경우가 많아요. 그럴 때는 정말 서글퍼요. 울컥하지만 간, 쓸개 다 내려놓고 일하기 때문에 참는 거죠.

어떤 대리기사분은 식당을 운영하시는데, 코로나 때문에 직원들 월급 줄 돈이 없어서 대리운전을 할 수밖에 없다고 하시더라고요. 경제적으로 어려운 분들이 본업이든 투잡이든 열심히 살아가시는데 하대하지는 않았으면 좋겠어요. 다른 방법으로 살아가는 것이고 서비스의 한 종류일 뿐인데, 대신 운전한다고 해서 하층민이 되는 건 아니잖아요. 저는 운전을 좋아하기 때문에 돈이 많아도 계속하고 싶어요. 저한테 잘 맞는 업종인 것 같아요.

전망은 어떨까요?

대한민국에서 술이 없어지지 않는 한 계속될 거라고 생각해요. 본업이든 투잡이든 열심히 하는 만큼 벌 수 있는 구조이기 때문에 전망은 좋을 것 같아요. 어떤 대리기사분은 해외여행 가기 위해 몇백만 원 벌려고 열심히 대리 뛰는 것도 봤어요.

수입은 어느 정도 되나요?

저는 대략 월 230~240만 원 정도 돼요. 거기에서 20% 수수료 공제하고 보험료, 프로그램 사용료, 사무실 일비 등 공제하면 50~55만 원 정도 빠지겠네요.* 연말 특수인데 코로나 때문에 매출이 많이 줄었어요. 투잡이 아니고 본업으로 하는 사람들은 더 많이 벌 수 있어요.

이 분야를 선택하려는 사람들에게 한 말씀 해주신다면?

제일 중요한 것은 자기 자신을 내려놔야 한다는 거예요. 술과 관련된 업종이기 때문에 머리를 숙여야 하고, 갑을 관계에서 손님들의 비위를 다 맞춰줘야 하는 열악한 근무환경이라는 것을 염두에 두시고 심사숙고하셨으면 좋겠어요. 시비가 붙었을 때 맞고 병원에 입원하는 것이 낫다는 원칙 아닌 원칙이 생긴 것도 그런 맥락이지요. 이렇게 본인을 낮추지 않고 맨날 싸우게 되면 일을 계속할 수 없어요. 회사에서 배차 거부시켜버려요. 감정노동이라는 것을 꼭 기억해주세요.

---

* **필수 공제 기본 구조**

- 배차 수수료 20%: 무조건 20% 공제. 프로그램에 충전금이 입금되어 있어야 배차 접수 가능
- 보험료: 나이와 회사에 따라 다르지만, 대리운전 소속회사에서 단체보험으로 4,800원 정도 빼감. 5,000원 × 3개 회사 = 15,000원
- 사무실 일비: 카카오대리를 제외한 모든 대리운전회사에서 사무실 관리비 형태로 받음. 4,000원 × 3개 회사 = 12,000원
- 프로그램 사용료: 카카오대리를 제외한 모든 프로그램(앱)은 월 15,000원(매월 1일 충전금에서 공제). 보통 3개 운영하므로 45,000원
- 교통비: 도보, 버스, 택시, 셔틀 등 이동 수단에 따라 다름
- 평균 월 매출에서 20~30%가 필요경비로 나감

※ 초기준비자금: 보험료 약 12만 원(50대), 프로그램 이용료(보통 3개 정도, 각 월 15,000원), 충전금 각 5만 원, 일 관리비 각 4천 원 - 합계 34만 원

29 환자 완치는 저의 행복!

병원 경영지원실 원무부장

퇴직 후 소감 한 말씀 해주세요.

여행도 다니고, 못 만났던 친구들도 만나고, 퇴직 전 해보고 싶었던 것도 해보느라 1년 동안 쉬었어요. 강원도 양구 아버지께서 살고 계시는 시골집에 몇 개월 있으면서 집 주변에 나무도 심는 등 정리해가고 있었어요. 그렇게 하다 보니 어느새 2018년 한 해가 후딱 지나가버렸어요.

처음에 퇴직하고 나서는 그냥 '놀아야지' 했어요. 나 홀로 여행도 해보고 아내와 둘이서 다녀보기도 했는데, 한계가 있더라고요. 쉬는 동안 일자리를 찾아봤지만, 제가 원하는 직장은 거의 없었어요. 친구가 하는 공사판에 따라가서 며칠 막노동을 하다가 손을 다쳐서 두 달 동안 치료하느라 고생했지요. 직장생활만 하다가 예순이 넘어서 노동판에 뛰어드는 건 무모한 짓이더라고요.

돌이켜보면 20대 초반부터 지금 이 지역에서만 40년 넘게 살았어요. 여기가 제2의 고향이라고 할 수 있어요. 이 지역에서 오랜 기간 터 잡고 살아오면서 30년이 넘는 직장생활을 통해 다양한 사람과 접촉하

김두원(66세)

2017년 12월 말 공무원 퇴직, 2019년 2월 ○○○○병원 경영지원실 원무부장 재직 중

고 인맥을 쌓아왔기 때문에 병원 원장님이 그 점을 높이 평가하셔서 저와 같이 일해보자고 하셨던 거지요.

어떤 과정을 거쳐서 이 일을 하게 되셨나요?

시골집에 있는데 친구로부터 "너 빨리 올라와야겠다"라고 하면서 사유도 얘기하지 않고 다짜고짜 올라오라는 연락이 왔어요. 이 병원 건물 관리소장이 제 친구예요. 이 지역 출신이 아닌 원장님이 평택에서 병원을 운영하시다가 부천으로 오셔서 폐업한 병원을 인수했대요. 개업을 위해 실내인테리어 공사를 하는 과정에서 제 친구에게 하소연 비슷하게 "병원을 총괄 관리해줄 사람이 필요한데 마땅한 분이 있으면 소개해달라"고 얘기했대요.

부천에는 아는 사람도 없고 너무 생소한 곳이라 부천을 잘 아시는 분이면 좋겠다고 하는 말에 제 얼굴이 번개처럼 스쳐서 바로 연락했다는 거예요. 얼떨결에 준비도 없이 원장님을 만났는데, 그게 채용을 위

김두원 은퇴자와 사무실

한 면접이었던 거예요. 원장님은 앞뒤 가리지도 않고 "병원일 좀 도와달라"고 부탁하셨어요. 나중에 들은 얘긴데 친구가 저에 대해 많은 얘기를 해줬고, 막상 얼굴을 보니 첫인상이 너무 좋아서 망설임 없이 도와달라고 말씀하셨다고 하더라고요.

처음에는 병원 일이 생소하기도 하고, 아무것도 모르는 상태이다 보니 자신이 없었어요. 가장 어려운 것이 병원 전문용어였어요. 우리 몸과 관련된 한자 용어와 영어로 된 의학용어를 익히느라고 고생 좀 했죠. 6개월 정도 지나니까 익숙해지고 자신이 생기더라고요. 직장생활할 때 많은 사람을 응대해야 하는 부서에서 그 사람들 처지를 이해하고 공감해주는 자세로 일한 것이 병원 업무에도 많은 도움이 되었어요.

2019년 2월 7일 개원식을 하고 근무를 시작했어요. 예순이 넘어서 아침에 일어나 내 몸을 단장하고 출근할 직장이 있다는 게 얼마나 가슴 뿌듯한지 겪어보지 않은 사람은 모를 거예요. 다른 일도 마찬가지겠지만, '인맥'이 중요하다는 걸 병원 근무를 하면서 뼈저리게 느꼈어요. 40년 넘게 이 지역에 살면서 알고 지내온 사람들과 길거리에서 만날 때마다 병원 명함을 건네며 홍보했어요.

이게 한 6개월 정도 지나니까 엄청난 효과를 발휘했어요. 지금도 활동하고 있지만, 부천시 적십자사봉사회 회원으로서 봉사활동을 해오면서 동네 사람들과 따뜻한 관계를 계속 이어왔기 때문에 그분들이 저에게 찾아오고 있어요.

평소 어떤 식으로 업무가 진행되나요?

경영지원실은 말 그대로 병원을 운영하는 데 다양한 방법으로 지원해주는 역할을 하고 있어요. 병원 홍보, 간호사 관리, 그리고 제일 중요한 업무가 환자 관리예요. 수시로 환자들의 상태를 체크하고 애로사항이나 불편사항을 물어보면서 확인하고 있어요. 출근하자마자 가는 곳이 환자들이 있는 병실이에요. 연세 드신 어르신들이 간밤에 더 아프지는 않았는지 아침 일찍 파악해서 원장님께 직접 보고하고 있지요.

퇴근 시간에도 병실을 한 바퀴 돌면서 오늘 치료받은 것에 대해 불만은 없었는지 또는 애로사항이 있는지 등을 모두 체크해서 오전 9시에 대표원장님께 보고드리고 있어요. 원장님*과 병원 내 모든 일에 대한 정보를 공유하면서 문제점을 해결해나가고 있지요. 저녁 6시가 퇴근이지만, 정확히 6시에 퇴근해본 적이 없어요. 환자들이 시간을 정해놓고 필요한 것을 요구하는 게 아니기 때문에 퇴근이 1~2시간 정도 항상 늦어져요.

병원 전경

* 한의사 4명, 양방 의사 1명

또 하나는 병원 홍보예요. 병원 규모가 작아서 특별한 계획을 세워서 대대적인 홍보를 하는 것은 아니고 저 혼자서 할 수 있는 일대일 주민 홍보를 수시로 하고 있어요. 병원 홍보를 위해 특별한 경우 외에는 출장도 걸어서 다니고 있어요. 필요하실 때 언제든지 찾아오시라고 하면서 명함을 드리면 그걸 보고 찾아오시는 분들도 있어요.

이 직종만의 매력은 뭔가요?

병원 근무한 지 1년 정도 지났어요. 처음에는 병원에 대한 지식이 없어서 생소했지만, 보람된 일도 많이 있었어요. 어려운 병원 용어라든지 의학 전문용어 등을 하나하나 깨쳐가면서 환자들에게 자세히 설명도 해주고, 원장님께는 환자 요구사항 등을 전달해주는 역할을 하니까 환자들이 정말 고마워하더라고요. 이런 것이 또 입소문이 퍼져서 다른 환자분들이 우리 병원으로 오기도 하더라고요.

환자들과 자주 대화하다 보면 자연스럽게 친해지게 되고 수많은 인생 경험담을 듣게 돼요. 각계각층의 다양한 사람을 만날 수 있고, 또 그들과 대화할 수 있는 시간이 많아서 좋아요. 그들은 제게 도와달라는 얘기를 많이 해요. 그들의 요구사항을 잘 들어주고 해결되었을 때 보람을 많이 느끼게 돼요. 휠체어 타고 왔던 사람이 걸어서 나갈 때 가장 기분이 좋지요. 환자가 나아서 좋고 그걸 바라보는 저 자신도 행복해지니까 요즘 저를 찾아오는 옛 동료 직원들이 제 얼굴이 좋아지고 젊어졌다고 무슨 좋은 일 있느냐고 물어봐요. 작은 행복이 쌓이고 쌓이면 건강 또한 덤으로 굴러들어오는 것 같아요.

가장 힘든 순간은 언제였나요?

환자 중에서 100명에 1명 정도 사소한 것 가지고 좀 지나치다 싶을 정도로 불만을 표시하는 경우가 있어요. 입원 후에 직장 때문에 빨리 치료받고 원하는 시기에 나갈 수 있게 해달라고 요구하는 사람들도 있는데, 원하는 대로 되지 않았을 때 불만을 강하게 표출하기도 해요. 돈으로 해결되는 것도 아니고 의술로 되는 것도 아니고 시간이 지나야 하는데, 그걸 이해 못 해요.

기억에 남는 에피소드가 있다면?

서울대학교 인근에 사시는 모자(母子) 두 분이 ○○병원에서 수술 후 재활치료를 위해 우리 병원에 왔어요. 거의 비슷한 날짜에 70대 엄마는 무릎 수술, 40대 아들은 허리 척추 수술을 했어요. 아들이 원래 뇌출혈로 인해 한쪽 팔·다리를 자유롭게 쓰지 못하는 상태에서 척추 수술을 하게 된 거죠. 병원 입원실은 남녀 분리 사용이 원칙이라 처음엔 모자가 함께 있을 수 없었어요. 어머니가 몸이 불편한 아들을 도와줄 수 없게 된 거죠.

병원에서 이 모자를 어떻게 도와줄지 고민하다가 하나 남는 병실에서 같이 있을 수 있도록 해드렸어요. 두 모자가 굉장히 고마워했어요. 많이 호전되어 퇴원할 때 감사하다는 말을 입에 침이 마르도록 하고 갔어요. 얼마 후 몸이 불편한 아들이 계단을 내려오다가 넘어져서 발목 수술을 했대요. 모자가 우리 병원을 잊지 못하고 다시 연락이 왔어요. 우리 병원에서 재활치료를 하고 싶다고 해서 제가 서울 사당동까지 차를 가지고 가서 모셔왔고, 재활치료 후 다시 사당동까지 모셔다드렸던 일이 있었어요. 아주 흐뭇했지요.

전망은 어떨까요?

양·한방 협진 병원*이 도입된 지 10년 가까이 되었지만, 앞으로도 전망은 좋다고 봐요. 이런 병원이 계속 늘어나는 추세예요. 그만큼 수요가 많다는 거죠. 양자 간 단점을 보완해서 양·한방 협력 치료를 하니까 환자 만족도도 높고 회복도 훨씬 빨라요. 환자들 반응이 아주 좋아요. 앞으로 더 가파른 성장세를 보일 것으로 전망하고 있어요. 우리나라는 고령화**가 빨라지는 추세라 환자 수는 더 많아질 것으로 전망하고 있어요.

수입은 어느 정도 되나요?

월급을 얼마를 주든 상관하지 않고 제가 일하는 것 보시고 거기에 맞춰서 달라고 했지요. 한 달 급여는 200만 원 넘게 받고 있어요. 저는 그 이상 일하려고 노력하고 있어요. 시키는 일만 할 게 아니라 제가 환자들을 위해, 그리고 병원을 위해 뭘 할 수 있을지 찾아서 하고 있어요.

---

* 보건복지부는 2010년부터 기술 융합을 통한 의료기술 발전 촉진과 의료 서비스 향상을 위해 양·한방 협진 제도를 도입했다. 「의료법」 제43조(2009.1.8. 개정, 2010.1.31. 시행)

** UN은 고령인구(만 65세 이상) 비율이 7%를 넘으면 '고령화사회', 14%를 넘으면 '고령사회', 20% 이상이면 '초고령사회'로 분류한다. 한국은 2000년 고령화사회, 2017년 고령사회에 진입했다. 2017년 한국 고령인구 7,115,000명(전체 인구의 14.2%) / 2040년 33.9%, 2067년 46.5%로 증가 전망 - 통계청(2019.9.2) '2019년 세계와 한국의 인구 현황 및 전망'